D1722703

C. H. Spurgeon
Lehre uns beten

Charles Haddon Spurgeon

Lehre uns beten

1. Auflage 2022
© der deutschen Ausgabe 2022
Sola Gratia Medien®
Reformations-Gesellschaft-Heidelberg e. V.
Postfach 100141 · 57001 Siegen · Deutschland
www.solagratia.de
Gestaltung: Velimir Milenković (einsrauf.com), unter Verwendung
eines Motivs von Albrecht Dürer (*Betende Hände,* 1508)
Druck: TOTEM
ISBN: 978-3-948475-52-9

Die Bibelstellen sind in der Regel der Lutherbibel 1912 entnommen.
Vereinzelt wurden andere Bibelübersetzungen verwendet und im Text
gekennzeichnet. Alle Bibelzitate wurden den Regeln der geltenden
Rechtschreibung angepasst. Hervorhebungen einzelner Wörter oder
Passagen innerhalb von Bibelstellen sind hinzugefügt.

Dieser Titel ist eine sprachlich geringfügige Überarbeitung der Ausgabe:
Spurgeon, *Das Geheimnis unserer Kraft – Vierzig Ansprachen über und
in Gebetsversammlungen,* autorisierte Übersetzung von Hermann Liebig
(Prediger in Stettin), nach der 2. Auflage 1904, Verlag J. G. Oncken.
Die englische Originalausgabe erschien bei Passmore and Alabaster 1901
unter dem Titel *Only a Prayer-Meeting. Forty Addresses at Metropolitan
Tabernacle and other Prayer Meetings.*

Wir bedanken uns bei unserem Kooperationspartner,
der *Stiftung Freunde von Heidelberg und Dordrecht*

STIFTUNG FREUNDE VON

HEIDELBERG & DORDRECHT

Im Jahr 2003 gründeten verschiedene Pfarrer und Gemeindeglieder aus mehreren reformierten Kirchen der Niederlande
die *Stichting Vrienden van Heidelberg en Dordrecht*. Ihr Ziel war
es, die Verbreitung bibeltreuer Literatur in Deutschland zu fördern. Denn es war ihnen aufgefallen, dass selbst grundlegende
Werke der *Nadere Reformatie* und des *Puritanismus* in Deutsch
nicht verfügbar waren. Gerade diese Werke haben aber in den
Niederlanden einen großen Segen hinterlassen. Sie werden von
den niederländischen Christen bis heute gerne gelesen und als
sehr hilfreich für das Glaubensleben empfunden. Diese Literatur
zurück in das Land Luthers zu bringen ist das Kernanliegen der
Stiftung Freunde von Heidelberg und Dordrecht.

info@svvhed.org
www.svvhed.org

Inhaltsverzeichnis

III. Zwischenfälle und Illustrationen

IV. Gemischte Ansprachen

Vorwort des Herausgebers

C. H. Spurgeon gilt als *der* größte Prediger des viktorianischen Zeitalters. Er erlebte in seinem Dienst in London eine große Erweckungsbewegung. Seine Predigten wurden weltweit verbreitet. Bis heute gilt er aufgrund seiner bibelzentrierten und strengcalvinistischen Theologie als einer der letzten Puritaner.

Das Gebet nahm in seinem Dienst eine wichtige Rolle ein. Die Gebetsversammlungen seiner Gemeinde, dem Metropolitan Tabernacle, wurden in den Zeiten der ausbrechenden Erweckung von bis zu 500 Personen besucht.[1] In diesen Versammlungen predigte Spurgeon kürzer als an den Sonntagen, aber seine Botschaften sind nicht minder wertvoll oder wirkmächtig. Sie sind im Ton sogar viel familiärer und vertrauter, als die von ihm überlieferten Sonntagspredigten. Sie sind zwar kürzer, aber dennoch enthalten sie das volle Spurgeon-Dynamit. 40 dieser Ansprachen wurden kurz nach seinem Tod ausgewählt und von seinem Hausverlag Passmore and Alabaster 1901 im Englischen unter dem Titel *Only a Prayer-Meeting. Forty Addresses at Metropolitan Tabernacle and other Prayer Meetings* publiziert. Kurz darauf folgte eine deutsche Übersetzung, die nunmehr erneut aufgelegt wird.

Dieses Buch darf nicht mit dem Buch »Betet ohne Unterlass« von C. H. Spurgeon verwechselt werden, in dem er eher Ausführungen über das Gebet an sich gemacht hat. In diesem Buch hingegen sind Ansprachen wiedergegeben, wie er sie im O-Ton

---

1   Vgl. Murray, *Spurgeon wie ihn keiner kennt* (Sola Gratia Medien 2020), S. 33.

in bzw. vor Gebetsversammlungen gehalten hat. Der Originaltitel der deutschen Erstübersetzung dieses Buches lautete: »*Das Geheimnis unserer Kraft – Vierzig Ansprachen über und in Gebetsversammlungen*«. Der vorliegende Text folgt der 2. Auflage von 1904 und wurde moderat sprachlich aktualisiert und überarbeitet. Die Fußnoten sind i. d. R. vom Verlag hinzugefügt, um ein besseres Verständnis des Textes zu ermöglichen.

Dr. Sebastian Merk

Vorwort zur deutschen Ausgabe (1904)

C. H. Spurgeon hatte schon bei Lebzeiten die Absicht, eine Auswahl seiner bei Gelegenheit von Gebetsversammlungen gehaltenen Ansprachen in einem besonderen Buche herauszugeben, nachdem schon verschiedene derselben im »See-len-gewinner«, in »Die Bibel und die Zeitung« und in anderen Büchern erschienen waren. Da er jedoch niemals Zeit fand, diesen Gedanken auszuführen, hat nunmehr sein Verleger vierzig dieser Ansprachen ausgewählt und herausgegeben, und dieses in der englischen Literatur sehr günstig besprochene Buch wird nun hiermit auch in deutscher Sprache dargeboten.

Man könnte es für unnötig halten, aus dem reichen Nachlass des so hoch begnadeten Gottesmannes noch immer wieder neue Bände auf den deutschen Markt zu bringen, zumal an sonstigen neuen Erscheinungen auf dem Büchermarkt kein Mangel ist. Dieses Buch dürfte indessen einem wirklichen Bedürfnis entsprechen, und für alle Freunde des längst Heimgegangenen, die ihn in seiner Vielseitigkeit noch näher kennen lernen möchten, wäre es aus verschiedenen Gründen ein wirklicher Nachteil, wenn dieses Buch, das zur Vervollständigung des bereits Herausgegebenen fast nötig ist, nicht erscheinen sollte.

Denn es ist in mehr als einer Beziehung ein besonderes. Einmal enthält es mit Ausnahme eines niedergeschriebenen kurzen Artikels (es ist dies der zweite, der Spurgeons Auffassung von dem, was eine Gebetsversammlung sein sollte, so genau wiedergibt, dass er zur Vervollständigung des Buches mit aufgenommen ist) nur Ansprachen, die er bei Gelegenheit von Gebetsversammlungen gehalten hat. Wer da hört, dass Spurgeons wunderbare Gebetsversammlungen an den Montagabenden von 1000–1200 Personen besucht wurden, wird daraus auf die Bedeutung dieser Versammlungen und auch auf die Ansprachen selbst schließen können. In seiner Monatsschrift »The Sword and the Trowel« schrieb Spurgeon seinerzeit: »Ein Prediger der Wesleyaner sagte kürzlich, dass er in seinem Leben nie größeres Erstaunen empfunden, als da er eines Montagabends das Tabernakel zu einer Gebetsversammlung betrat und unten den ganzen Raum des Gebäudes und teilweise auch die Galerie besetzt sah. Er glaubt, dass so etwas in London ohne Parallele sein dürfte, dass es aber den wundervollen Erfolg der Wirksamkeit erkläre. Wir stimmen mit seinem unparteiischen Urteil überein. Wollen nicht alle Gemeinden die Macht des Gebetes erproben?« Wenngleich Spurgeon selbst gewohnt war, seine großen Erfolge auf die Gebete seiner Gemeinde zurückzuführen, so ist doch unbestritten, dass es ihm durch Gottes Gnade gegeben worden war, diese Gebetsversammlungen durch seine zündenden Ansprachen so mächtig zu beleben. Den Predigern und allen, die sich für Gebetsversammlungen verantwortlich fühlen, wird in den nachfolgenden Ansprachen viel Gelegenheit geboten zu lernen, dem guten Beispiel nachzueifern, um auf die Belebung ihrer Gebetsversammlungen hinzuwirken.

Eine Eigentümlichkeit dieser Ansprachen ist, dass sie sämtlich aus dem Stegreif gehalten sind. Im ersten Bande seiner »Vorlesungen in meinem Predigerseminar«, in seinem Vortrage über »Die Fähigkeit des Redens aus dem Stegreif« sagt Spurgeon unter anderem: »Seitdem ich in London bin, habe ich vor der Montagabendgebetsversammlung nie studiert oder mich auf diese Stunde vorbereitet, um mir die Gewohnheit des freien Redens anzueignen. Ich habe mir diese Versammlungen stets als Gelegenheit zu reden aus dem Stegreif ersehen, und ihr werdet bemerken, dass ich zu solchen Zeiten nie schwierige Schriftstellen oder schwer verständliche Themata wähle, sondern mich auf das einfache schlichte Reden über die Grundwahrheiten unsers Glaubens beschränke. Wenn man sich bei solchen Gelegenheiten zum Reden erhebt, blickt man im Geiste umher und fragt sich: ›Welcher Gegenstand hat meine Gedanken während des Tages beschäftigt? Was ist mir bei meiner Lektüre im Lauf der vorigen Woche aufgefallen? Was drängt sich mir gerade in dieser Stunde auf? Welche Gedanken haben die soeben gesungenen Lieder und die Gebete in mir angeregt?‹« So sind denn auch diese Ansprachen entstanden. Der dritte Hauptteil dieses Buches zeigt zum Erstaunen, wie geschickt Spurgeon jedes Vorkommnis, ja, selbst eine Unterbrechung der Gebetsversammlung auszunutzen und stets Gedanken an Gedanken zu reihen verstand, so dass fast jede Ansprache zu einer mit reichen Illustrationen ausgestatteten Sermonette wurde. Und das ist sehr erbaulich und ungemein lehrreich.

Die schönste Eigentümlichkeit jedoch ist vielleicht der Ton, welchen der geliebte Knecht Gottes in diesen Gebetsversammlungen anzuschlagen wusste. Es ist, als ob man ihn von einer ganz neuen Seite kennen lernt. Seine Größe als Prediger und Ausleger ist hinlänglich bekannt. Während er in seinen »Reden hinterm Pflug« als der Mann erscheint, der für das Volk Verständnis hat, zeigt er sich in seinem »Seelengewinner« als großer Evangelist; während er in seinem »Dienst am Evangelium« als der Fürst unter den Predigern hervorragt, der seine Vorträge mit größter Sorgfalt durchdacht hat, tritt er in diesem Buche als der geistliche Führer und Hirte der ihm anvertrauten Herde – man möchte sagen, als der Vater unter seinen Kindern – vor uns hin, der auf alle nur erdenkliche Art und unter Anwendung der verschiedensten Bilder in der zärtlichsten Weise die großen Vorrechte zeigt, die die Gläubigen genießen, der ihnen ihre hohe Bestimmung vor Augen führt und sie auf die ihnen drohenden Gefahren aufmerksam macht; als der, der in die verschiedensten Verhältnisse eingeht und unermüdlich bestrebt ist, Trauernde zu trösten, Verwundete zu verbinden, Niedergeschlagene aufzurichten, Unwissende zu unterrichten, Ratlose zu beraten, Gleichgültige zu ermahnen, fleischlich Sichere aufzurütteln, Abgeirrte zurückzurufen, Suchende zu Jesus zu führen und alle, alle dem

Herzen des himmlischen Vaters näher zu bringen, damit alle rechte Beter werden. Es sind wundervolle Eindrücke, die der Leser erhält. Aber es ist auch begreiflich, dass solche Gebetsversammlungen große Resultate zeitigen mussten.

Gott, der Herr, begleite dieses köstliche Buch mit seinem reichen Segen!

Hermann Liebig

Kurzbiografie über
Charles Haddon Spurgeon

19. Juni 1834 bis 31. Januar 1892

Damals wie heute ist das Verlangen nach eindrucksvollen Zahlen und Superlativen groß, und es ist ein Leichtes auf dieser Ebene Staunen über den »Fürsten unter den Predigern« zu bewirken: Die Zeitungen nannten Spurgeon den »populärsten Prediger«. Als Zwanzigjähriger füllte er die größten Säle Londons, sprach mit 23 vor 23 654 Personen. Rund 38 Jahre lang wirkte er in derselben Gemeinde, die von 314 auf 5311 Mitglieder wuchs; er taufte circa 15 000, die sich unter seiner evangelistischen Verkündigung bekehrten. 25 000 Mal pro Woche wurden seine Predigten gekauft, übersetzt in 20 Sprachen. Er publizierte rund 140 Bücher, schon damals übersetzt in fast 40 Sprachen. Er begründete einige Glaubenswerke, arbeitete oft 18 Stunden am Tag und investierte Zeit, Kraft und Finanzen zur Ehre Gottes ... und selbst der technische Fortschritt der letzten 50 Jahre hat keinen »größeren« Prediger hervorgebracht. Doch ihn mit sicher bemerkenswerten Zahlen charakterisieren zu wollen, wäre ein Irrweg. Entscheidend ist seine Liebe zum Wort Gottes und zu Jesus Christus, weshalb er das Vorwort in einem seiner Bücher mit den Worten unterzeichnete: »Sein bereitwilliger Diener, C. H. Spurgeon«.

Die Eckdaten seines Lebens sind rasch zusammengefasst: Charles Haddon Spurgeon wurde als erstes von 17 Kindern in Kelvedon/Essex geboren, doch nur acht erreichten das Erwachsenenalter. Er liebte das Lesen und »Die Pilgerreise« von John Bunyan begeisterte ihn, obgleich er dadurch nicht zu Christus fand. Mit 15 Jahren erlebte er seine Wiedergeburt, als er den Gottesdienst in einer Methodistenkirche besuchte, wo der Verkündiger »nicht einmal die Worte richtig aussprechen konnte«. Rückblickend verglich er seine aus Gnaden erlebte Veränderung mit der Auferweckung eines Toten:

> »Wie gut erinnere ich mich daran, als ich in dem Tal voller vertrockneter Gebeine lag, so verdorrt wie jedes dort! Gesegnet war der Tag, als die freie und souveräne Gnade den Mann Gottes sandte, mir zu predigen! Ehre sei Gott für das Wachrütteln, das jenes Wort des Glaubens unter den vertrockneten Gebeinen bewirkte. [...] Nun kenne ich den belebenden Geist des ewig-lebenden Jehovah. Wahrlich, Jehovah ist der lebendige Gott, denn ER machte mich lebendig. Mein neues Leben ist selbst in seinem Sehnen und in seinen Traurigkeiten ein klarer Beweis für mich, dass der Herr töten und lebendig machen kann. ER ist der einzige Gott. ER ist alles, was groß, gnädig und glorreich ist, und meine lebendig gemachte Seele betet IHN als den großen ›ICH BIN‹ an. Seinem heiligen Namen sei alle Ehre! So lange ich lebe, will ich IHN preisen.«

In Cambridge schloss sich Spurgeon einer Baptistengemeinde an und begann Predigtvertretungen zu übernehmen, bis er 1851 als Pastor an die Baptistengemeinde in Waterbeach berufen wurde. Schon im April 1854 zog er nach London, um als Verkündiger und Seelsorger der Gemeinde der New Park Street-Kapelle auf der Südseite der Themse zu dienen; diese Region der Stadt war arm, zerfallen und hatte einen schlechten Ruf. Die Gemeinde konnte ihn zuerst nicht bezahlen, so dass er selbst für Reinigungs- und Beleuchtungskosten aufkam. So blieb es bis zu seinem Tod selbst dann, als die Gemeinde – ab 1861 im neu errichteten Metropolitan Tabernacle – enorm gewachsen war; auch für die Baukosten der 6000 Personen fassenden Kirche trug er selbst rund 50 Prozent bei. Sein Einkommen setzte sich einzig aus dem Ertrag seiner gedruckten Predigten und Bücher, und aus Vortragshonoraren zusammen; zu seinen Lebzeiten lag die Gesamtauflage der Predigten bei 56 Millionen.

Spurgeon war ein Mann voller Dynamik und Eifer, was sich in seinem ganzheitlichen Dienst widerspiegelt. So begründete er über 60 Glaubenswerke und Institutionen, darunter zwei Waisenhäuser, eine Arbeit unter Prostituierten, eine unter Polizisten, 17 Häuser zur Versorgung von Witwen, sowie einen Zufluchtsort für Frauen, die daheim unter Gewalt und Missbrauch litten. Er initiierte eine Vereinigung zur Verbreitung christlicher Literatur und seine Frau startete einen Fond, damit Pastoren biblisch fundierte Literatur empfangen konnten. In Zusammenhang mit seiner Gemeindearbeit in London startete er 1865 die geistliche Monatszeitschrift »The Sword and the Trowel« (Schwert und Kelle). Deren Zielsetzung war:

> »Mit nie ermüdender Hand möchten wir die Kelle für den Wiederaufbau der zerfallenen Mauern Jerusalems handhaben und das Schwert möchten wir mit Durchschlagskraft und Tapferkeit gegen die Feinde der Wahrheit schwingen.«

Zu all diesen Tätigkeiten, die jahrelang sichtbar unter dem Segen Gottes standen, gehörte seit 1856 das Freie College zur Ausbildung von Pastoren, dessen Präsident C. H. Spurgeon war. Die gründliche christozentrische und in der Heiligen Schrift verankerte Ausbildung lag ihm am Herzen, wie jeder seinem Buch »Vorlesungen und Ansprachen für Prediger und Studenten« erkennen kann. Während der ersten 20 Jahre wurden durch die Studierenden im Raum Londons 53 Baptistengemeinden gegründet; bis 1892 wurden am College rund 900 Männer ausgebildet, die dann in Gemeindearbeit oder Evangelisation und Mission wirkten.

Soweit wir wissen, hatte Spurgeon eine recht kurze und geringe Ausbildung, so dass er sich das meiste durch Lektüre schrittweise selbst beibrachte. Jede Woche versuchte er sechs Bücher zu lesen, wobei ihm zu Gute kam, dass er ein ausgezeichnetes Gedächtnis hatte. Am Ende seines Lebens enthielt seine Bibliothek etwa 12 000 Bände. Sein Wissen teilte er gerne mit anderen, und noch heute profitieren viele von uns davon: Zu den Kommentaren, die er las oder die ihm seine Frau vorlas, publizierte er kurze wertende Notizen. Das Resultat ist das kostbare Buch »Kommentieren und Kommentare«, gedacht als Hilfe für Studenten und Pastoren; knapp und prägnant sagt Spurgeon, weshalb ein Bibelkommentar sehr empfehlenswert ist oder ob er einzig zum Anheizen des Kamins zu gebrauchen wäre ...

Seine Predigten – sie werden bis heute nachgedruckt – sind in der Sprache einfach, direkt und anschaulich. Einige verspotteten ihn deshalb, anderen wurde das zum bleibenden Segen. Beständig machte er sich Notizen und hielt so Beispielgeschichten, Anekdoten, Zeitungsnotizen oder Zitate fest, um sie bei passender Gelegenheit weiterzugeben. Einige davon wurden in Buchform publiziert, um so anderen Evangelisten und Predigern zu dienen. So notierte er sich beispielsweise zur Unveränderlichkeit Gottes ein Zitat von Samuel Rutherford (1600–1661):

> »Es gibt viele Christen, die jungen Seeleuten gleichen, die – wenn sie auf dem Schiff sind und segeln – meinen, dass sich die Küste und das feste Land bewegen. Gar nicht so wenige bilden sich ein, dass sich Gott bewege, dass ER segelt und die Orte wechselt, nur weil ihre aufgedrehten Seelen dahinsegeln und Veränderungen wie Ebbe und Flut unterliegen. Doch das Fundament des Herrn bleibt zuverlässig-fest.«

Gewissheiten wie diese waren es, die C. H. Spurgeon und seine Ehefrau Susannah (geb. Thompson, Heirat 1856) lebenslang gestärkt und getragen haben. Sie war jahrelang invalid und er selbst litt teilweise schwer unter Rheuma, Gicht und der Brightschen Krankheit, dazu immer wieder unter Depressionen. In den dunkelsten Stunden wusste er sich von Gottes allumfassender Güte getragen. »*Ich schäme mich von Herzen, dass ich in Niedergeschlagenheit hineinfalle, bin aber gewiss, dass es kein Gegenmittel gibt als nur einen heiligen Glauben an Gott!*« Aus dieser Haltung heraus konnte er auch andere Pastoren ermutigen, weil dies viele in ihrem Gemeindedienst ebenso erlebten. »*Anfechtung ist das beste Möbelstück in meinem Haus. Es ist das beste Buch im Bücherschrank eines Pastors,*« konnte er aus eigenem Erleben sagen.

Hier muss auf das bei uns unter dem Titel »Kleinode göttlicher Verheißungen« seit bald 125 Jahren in unzähligen Auflagen und Ausgaben weit verbreitete Andachtsbuch verwiesen werden. Der englische Titel wäre auf Deutsch eigentlich: »Scheckbuch der Bank des Glaubens. Tägliche Andachten«. 366 biblische Verheißungen werden knapp erläutert, um so ermutigenden und geistlichen Zuspruch aus dem Reichtum des Wortes Gottes zu geben – für Generationen von Christen bis heute ein stärkender Fundus, auch für mich. Darin finden sich auch sehr persönliche Bemerkungen, so wie: »*Dies Wort hängt als Motto an der Wand unseres Schlafzimmers*«, womit er auf Jes. 48,10 verweist: »Ich habe dich geprüft im Glutofen des Elends.«; darin sieht Spurgeon eine Verheißung, wenn er schreibt: »*Wir werden als angefochtene Elende erwählt und nicht als Erfolgreiche, erwählt nicht in einem Palast, sondern im Schmelzofen.*«

Von seinen geistlichen Publikationen seien hier erwähnt: Eine Sammlung seiner Briefe, seine Gebete aus den Morgengottesdiensten vieler Sonntage, die Erweckungspredigten von 1859 oder sein letztes Manifest, wobei es sich um eine Botschaft von der alljährlichen Konferenz am College handelt, gerichtet an Studierende und Pastoren. Das Thema war »Der größte Kampf in der Welt«, der Kampf gegen Irrtum und Sünde; seine drei Schwerpunkte sind darin: (1) Unsere Waffenrüstung ist die Heilige Schrift, (2) unsere Armee ist die Gemeinde, der Leib Jesu, und (3) unsere Stärke ist der Heilige Geist. Diese Botschaft von 1891 ist wie ein Vermächtnis, bis heute beachtet und gelesen – aber wird sie auch umgesetzt?

Die letzten zwölf Jahre seines Lebens brachten Spurgeon die schwersten Auseinandersetzungen in seinem langjährigen Verkündigungs- und Lehrdienst. Der biblisch-theologische Zerfall seiner Zeit wurde immer offensichtlicher. Viele gaben die Inspiration und die Autorität der Heiligen Schrift preis, verleugneten ihre Irrtumslosigkeit oder die leibliche Auferstehung des Herrn Jesus Christus von den Toten. Ihn schmerzte es, diesen Zerfall in der Gemeinschaft der Baptistengemeinden zu sehen. Und so wie etwa zeitgleich der evangelische Bischof von Liverpool, John Charles Ryle (1816–1900), in der anglikanischen Kirche ein Bollwerk gegen den Zerfall des biblischen Glaubens war, so kämpfte Spurgeon auf dem Fundament der Bibel und christozentrisch unter den englischen Baptisten. Er verlangte eine klare Stellungnahme, ein deutliches Bekenntnis – doch man wollte nicht. Schlussendlich erklärte er am 26. Oktober 1887 seinen Austritt aus der Vereinigung der Baptisten.

Als jemand, der biblisch keine Kompromisse machen wollte, weil er vor dem Angesicht Gottes stand, als jemand, der für das freimachende Evangelium der Gnade Gottes brannte und Straßenprediger unterstützte, als jemand, der an der Heiligkeit und Gerechtigkeit Gottes festhielt war er Auseinandersetzungen gewöhnt. Der Kontrast zwischen Licht und Finsternis wurde immer wieder offenbar. Sprach er sich gegen Glücksspiele und andere Sünden aus, gab es Widerstand. Sprach er gegen die Sklaverei, so verbrannte man seine Bücher in den USA ... Um der Wahrheit Gottes willen konnte er nicht schweigen, weshalb er die biblische Reformation Calvins sehr schätzte und sich – wohl wissend um die theologische Diskrepanz zwischen Wesley und Whitefield – auch klar für die Lehre der Gnade Gottes aussprach, so unter dem Titel »Eine Verteidigung des Calvinismus«. Tragischerweise haben einzelne Verleger in der Vergangenheit die Texte Spurgeons gekürzt, um seine diesbezügliche Klarheit zu verbergen ...

Seine Leidenschaft war die Verkündigung der unverkürzten Wahrheit Gottes, die Predigt gesunder biblischer Lehre, ein Wort, das dem Sünder den Weg zur Gnade Gottes in Jesus Christus zeigt, zum ewigen Leben! Mit Ernst und mit Humor, gegründet in der Bibel und zugleich spürbar verankert in der persönlichen Erfahrung von Gottes Barmherzigkeit war Spurgeon ein vollmächtiger Zeuge des lebendigen Gottes. Trotz mancher Schwachheiten hat Gott ihn in seiner Zeit auf eindrückliche Weise mächtig gebraucht, zu Seiner Ehre! Wohl auch in Bezug auf eigene Lebensführungen konnte er sagen: »*Eine Bibel, die auseinanderfällt, gehört in der Regel jemandem, der nicht auseinanderfällt!*«

»Der Kampf tötet mich«; mit diesen Worten verabschiedete Spurgeon sich von Freunden, als er im Oktober 1891 mit dem Zug nach Südfrankreich aufbrach. Drei Monate später starb er dort in Menton an der Côte d'Azur, wo er sich in den Wintermonaten öfters zur Erholung aufgehalten hatte. Er wurde lediglich 57 Jahre alt – doch die Frucht jener Jahre kommt uns bis heute zugute, primär durch die Fülle seiner Predigten und Bücher. Erwähnung verdient auch, dass die von Spurgeon begründete Zeitschrift »*Schwert und Kelle*« weiterhin erscheint. Und soweit ich höre und sehe wirkt seine Londoner Gemeinde auch jetzt noch in biblischer Klarheit auf demselben Fundament wie vor 150 Jahren. Welch eine Gnade Gottes!

Pfarrer Reinhard Möller (2022)

I.
Ansprachen über das Gebet und über Gebetsversammlungen

»Nur eine Betstunde!«

Welche stattliche Versammlung hat sich heute Abend hier zusammengefunden! Es erfüllt mein Herz mit Freude und meine Augen mit Freudentränen, so viele hundert Personen zu dem versammelt zu sehen, was manchmal gottloserweise als »nur Betstunde« bezeichnet wird! Es ist unsere Freude, dass wir uns im Gebet zu Gott halten und besonders gut, wenn wir zu solchem Zweck große Versammlungen bilden. Wir haben uns gefreut, an kleinen Gebetsversammlungen von vier oder fünf Personen teilnehmen zu können, weil wir die Verheißung von der Gegenwart des Herrn haben durften; aber unsere Herzen sind betrübt, sehen zu müssen, dass viele unserer Gemeinden dem vereinten Gebet so wenig Aufmerksamkeit zuwenden. Wir haben uns lange danach gesehnt, das Volk Gottes in großen Scharen zum Gebet hinaufziehen zu sehen, und nun dürfen wir uns dieses Anblicks freuen. Lasst uns Gott dafür preisen. Wie können wir auch einen Segen erwarten, wenn wir zu träge sind, um denselben zu beten? Wie können wir ein Pfingsten erwarten, wenn wir uns nie einmütig an einem Ort versammeln, um des Herrn zu harren? Brüder, wir werden im Allgemeinen in unseren Gemeinden keine Änderung zum Besseren sehen, wenn der Wert der Gebetsversammlung von den Christen nicht höher geschätzt wird. Eine Gebetsversammlung an einem Wochenabend mit einer kurzen Betrachtung zu verschmelzen und ihr damit das Grab zu graben, ist ein betrübendes Zeichen des Verfalls. Wo dies geschieht, da soll es mich nicht wundern, wenn sich zwei oder drei ernste Seelen miteinander verbinden, um wieder eine Gebetsversammlung ins Leben zu rufen und sie aufrecht zu erhalten, gleichviel ob sich der Prediger daran beteiligt oder nicht.

Aber nun, da wir zusammengekommen sind – wie sollen wir beten? Lasst uns nicht in leeres Formenwesen geraten, sonst gehen wir in den Tod, während wir uns einbilden, dass wir leben.

Lasst uns nicht zweifeln durch Unglauben, sonst werden wir vergebens beten. Der Herr spricht zu seinem Volk: »*Tue deinen Mund weit auf, lass mich ihn füllen*« (Psalm 81,11). Oh, dass wir großen Glauben hätten und in demselben beten könnten! Als eine köstliche Mischung von Spezereien haben wir Dank und Bitten miteinander verbunden; diese Mischung eignet sich dazu, durch Christus, unseren Herrn, auf den Rauchaltar gebracht zu werden. Könnten wir diesmal nicht besonders weitgehende Bitten aussprechen? Es drängt sich mir der Gedanke auf, **dass wir um eine wahre und echte religiöse Erweckung über die ganze Welt beten sollten.**

Ich freue mich über jedes Lebenszeichen, selbst wenn dasselbe etwas fieberhaft und vorübergehend sein sollte, und ich bin nicht so eilig, irgendeine wohlgemeinte Bewegung zu verurteilen, und doch fürchte ich, dass sich manche sogenannte »Erweckung« im Laufe der Zeit mehr nachteilig als vorteilhaft erwiesen hat. Aber während ich alle falschen Münzen auf den Zahltisch nageln möchte, unterschätze ich doch das echte Gold nicht, sondern halte es überaus wünschenswert, dass der Herr eine wirkliche und dauernde Erweckung des geistlichen Lebens sende. Wir bedürfen eines übernatürlichen Werkes des Heiligen Geistes und sehnen uns danach, dass er Kraft in die Predigt des Wortes lege, dass er alle Gläubigen mit himmlischer Energie erfülle und die Herzen der Sorglosen ernstlich berühre, auf dass sie sich zu Gott wenden und leben. Wir möchten nicht trunken werden von dem Wein fleischlicher Erregungen, sondern möchten voll Geistes werden. Wir möchten nicht um den Altar herumspringen und schreien: »Baal, erhöre uns!«, aber wir möchten in Erhörung der Gebete der Gerechten Feuer vom Himmel kommen sehen. Können wir den Herrn, unseren Gott, nicht angehen, dass er in dieser Zeit des Verfalls und der Eitelkeit vor allem Volk seinen starken Arm zeigen möchte?

Wir bedürfen einer Neubelebung **der altmodischen Lehre.** Wir fürchten, dass, wenn die »moderne Theologie« noch viel weiter fortschreitet, unsere Religion eine ebenso mohammedanische wie christliche Gestalt annimmt; tatsächlich wird sie dem Unglauben ähnlicher werden als beide genannten. Ein bekehrter Jude, der sich in London aufhielt, besuchte eine Dissidentenkapelle, die ich näher bezeichnen könnte, und als er zu seinem Gastgeber zurückkehrte, fragte er, welche Religion dort wohl gelehrt werde, denn er habe von dem, was er als den christlichen Glauben kennen gelernt hätte, nichts hören können. Die Lehren, die im Neuen Testament klar niedergelegt sind, mögen zwar tatsächlich nicht geleugnet werden, aber man lässt sie einfach unbeachtet; es werden bekannte Phrasen gebraucht, aber man weiß ihnen einen neuen Sinn unterzuschieben.

Gewisse moderne Prediger sprechen viel von Christus und verwerfen doch das Christentum. Indem sie den Lehrer erheben, vertauschen sie seine Lehre mit Theorien, die mehr mit dem Zeitgeist im Einklang stehen. Zuerst war der Calvinismus zu streng, dann wurde die evangelische Lehre zu veraltet, und jetzt muss sich die Heilige Schrift selbst den Abänderungen und Verbesserungen der Menschen beugen. Es gibt heute Predigten in Fülle, in denen der Verderbtheit der menschlichen Natur, des Werkes des Heiligen Geistes, des Blutes des Versöhnungsopfers oder der Bestrafung der Sünde gar keiner Erwähnung geschieht. Die Gottheit Christi wird zwar nicht geradezu angegriffen, aber das Evangelium, das er uns durch seine und seiner Apostel Lehren gegeben hat, wird angezweifelt, kritisiert und beiseitegestellt. Eine der großen Missionsgesellschaften setzt uns tatsächlich durch einen ihrer Sekretäre davon in Kenntnis, dass sie nicht Missionare aussende, die Heiden von dem zukünftigen Zorn zu erretten, sondern sie »auf höhere Gebiete vorzubereiten, die ihrer jenseits des Todesstromes warten«. Ich bekenne, dass ich für die Zukunft der Heiden größere Hoffnungen habe als für den Zustand derer, die mit Bezug auf sie so schreiben können. Die Heiden dürften nur wenig Vorteil von dem Evangelium haben, das solche Spieler mit der Heiligen Schrift ihnen bringen können.

Ich kenne keine einzige Lehre, welche zur Stunde nicht eifrig unterminiert würde von denen, die ihre Verteidiger sein sollten. Es gibt nicht eine Wahrheit, die der Seele köstlich ist, die nicht von denen geleugnet würde, deren Aufgabe es ist, sie zu verkündigen. Mir ist klar, dass wir einer Neubelebung der altmodischen Evangeliumspredigt wie der eines Whitefield nötig haben. Wir bedürfen mehr Glauben; die Heilige Schrift muss wieder die untrügliche Grundlage aller Lehre werden; das Verderben, die Erlösung und Wiedergeburt der Menschheit muss in deutlicher Sprache verkündigt werden, und zwar recht bald, sonst wird der Glaube seltener als das Gold von Ophir. Wir müssen von unseren Lehrern fordern, dass sie uns ein »So sagt der Herr« geben, denn gegenwärtig geben sie uns ihre eigenen Gedanken. Gegenwärtig trifft das Wort des Herrn bei Jeremia zu: *»Gehorcht nicht den Worten der Propheten, so euch weissagen. Sie betrügen euch, denn sie predigen ihres Herzens Gesicht und nicht aus des Herrn Munde. Sie sagen denen, die mich lästern: ›Der Herr hat's gesagt, es wird euch wohlgehen‹; und allen, die nach ihres Herzens Dünkel wandeln, sagen sie: ›Es wird kein Unglück über euch kommen‹«* (Jeremia 23,16 f.). Hütet euch vor denen, die da sagen, dass es keine Hölle gebe, und die neue Wege zum Himmel verkündigen. Möchte der Herr sich ihrer erbarmen!

Wir bedürfen dringend einer Neubelebung **der persönlichen Gottseligkeit.** Diese ist in Wahrheit das Geheimnis des Wohlergehens der Gemeinde. Wenn gewisse Personen ihrer eigenen Festung entfallen, wird die Gemeinde hin und her geworfen; wenn der persönliche Glaube standhaft ist, bleibt die Gemeinde ihrem Herrn treu. Man sage, was man will – von den wahrhaft Gottseligen und geistlich Gesinnten ist unter Gottes Beistand die Zukunft der Religion abhängig. Oh, dass wir mehr wahrhaft heilige Männer hätten, die, des Heiligen Geistes voll, dem Herrn geweiht und durch seine Wahrheit geheiligt sind! Was kann auch durch weltliche Bekenner, durch vergnügungssüchtige Gemeindeglieder, durch halb ungläubige Lehrer und philosophische Prediger erreicht werden? Wenn sie überwiegen, so kann daraus nur Verderben kommen. Brüder, jeder Einzelne unter uns muss leben, wenn die Gemeinde lebendig sein soll. Wir müssen Gott leben, wenn wir erwarten wollen, dass des Herrn Vornehmen durch unsere Hand fortgehen soll. Geheiligte Menschen sind das Bedürfnis jeder Zeit, denn sie sind das Salz der Gesellschaft und die Heilande ihres Geschlechts.

Wir fühlen tief, dass eine Neubelebung **der häuslichen Religion** nötig ist. In den Tagen der Puritaner war die christliche Familie das Bollwerk der Gottseligkeit, aber in dieser bösen Zeit haben Hunderte sogenannter christlicher Familien keine Familienandachten, keine Macht über heranwachsende Söhne und keine gesunde Belehrung oder Zucht. Seht, wie die Familien vieler Bekenner ebenso protz- und vergnügungssüchtig und ungöttlich sind wie die Kinder der Religionslosen! Wie können wir hoffen, das Reich unseres Herrn fortschreiten zu sehen, wenn seine eigenen Jünger ihre eigenen Söhne und Töchter nicht im Evangelium unterweisen? Haben wir nicht nötig, Jeremias Klage zu wiederholen: »*Auch Schakale reichen die Brüste ihren Jungen und säugen sie; aber die Tochter meines Volks muss unbarmherzig sein wie ein Strauß in der Wüste*« (Klagelieder 4,3)? Wie verschieden von dem Vater der Gläubigen, von welchem der Herr sagte: »*Denn ich weiß, er wird befehlen seinen Kindern und seinem Hause nach ihm, dass sie des Herrn Wege halten und tun*« (1.Mose 18,19)!

Der sicherste Weg, die Gottseligkeit draußen zu fördern, ist, sie daheim zu pflegen. Möchten unsere lieben Kinder von früh auf so gut unterwiesen werden, dass sie nicht nur den gewöhnlichen Lastern der Zeit entfliehen, sondern aufwachsen, um Muster der Heiligkeit zu sein! Dies ist eine große Schwierigkeit für unsere ärmeren Freunde in der Abscheu erregenden Großstadt, die so schmutzig wird wie das Heidentum. Eine liebe Schwester, welche nicht weit von hier wohnt, kam mit ihrem kleinen Knaben vom Lande hierher und wurde jüngst sehr erschreckt, ihn hässliche Worte aussprechen zu hören, deren Sinn er augenscheinlich nicht verstand. Er hatte sie auf der Straße dicht vor der Tür seiner Mutter gehört. Wo sollen die Kinder der Arbeiter hin, wenn sie sich nicht einmal mehr auf der Straße bewegen können? Überall macht sich das Laster so breit, dass man einen Blinden beneiden könnte, aber selbst dieser hat Ohren und bleibt darum von dem schmutzigen Gerede der Gottlosen nicht unberührt. Wenn Christen jemals rein sein und mit einer heiligen Eifersucht über ihre Kinder wachen sollten, so ist das in dieser Zeit nötig, und dies ist ein würdiger Gegenstand für das tägliche Gebet.

Ich möchte lieber die Lehren von der Gnade neu belebt, die persönliche Frömmigkeit vertieft und die Familienreligion zunehmen sehen, als mich über den rasenden Haufen freuen, der mit geräuschvoller Musik und wildem Geschrei die Straßen entlang paradiert. Ich kann in den Trommeln und Tamburinen keine besondere Kraft oder Tugend erblicken. Macht Geräusch, so viel ihr wollt, um die Sorglosen anzuziehen, wenn ihr ihnen nachher gesunde Belehrung in der Wahrheit geben und sie mit dem Sinn des Wortes des Herrn bekannt machen wollt. Wenn es aber nur auf eine Erregung und auf Gesang und Aufschneiderei abgesehen ist – was soll das für einen Zweck haben? Wenn die Wahrheit des Evangeliums nicht gelehrt wird, so ist eure Arbeit nur ein Bau von Holz, Heu und Stoppeln, der bald verzehrt wird. Schnelles Bauen ist selten andauernd. Gold, Silber und Edelsteine sind seltenes Material, das nicht leicht zu finden ist, aber es kann das Feuer ertragen. Was hat eine Religion für einen Zweck, die an einem Abend auftaucht und ebenso bald wieder vergeht? Und oh, wie viel leeres Prahlen haben wir gehört! Es wurde etwas getan, das des Tuns nicht wert war, denn es war, als ob nichts getan worden wäre, und außerdem hat die trügerische Art solches Tuns dem wirklichen Arbeiter nur schwerere Arbeit verursacht.

Oh, ihr christlichen Männer und Frauen, seid gründlich in dem, was ihr tut und wisst und lehrt! Haltet die Wahrheit wie mit eiserner Hand fest, erzieht eure Familien in der Furcht Gottes und seid selbst »heilig dem Herrn«, denn so könnt ihr inmitten der euch umtosenden Wellen des Irrtums und der Gottlosigkeit wie feste Felsen dastehen.

Wir bedürfen auch je länger je mehr einer Neubelebung **ausdrücklich geweihter Kräfte.** Ich habe zugunsten der wahren Frömmigkeit gesprochen und nun erhebe ich meine Stimme für eines der höchsten Resultate derselben. Wir haben Heilige nötig. Es mag sein, dass wir nicht alle zu »den ersten Dreien« hinankommen, aber wir müssen Helden haben. Wir bedürfen gottseliger Männer und Frauen, die durch den verborgenen Umgang mit Gott zu einer hohen Stufe des geistlichen Lebens herangebildet sind. Sie sind die Fahnenträger der Armee, deren jeder eines Königs Kind ist. Ein solcher war Abraham, der durch seine Gemeinschaft mit Gott es zu mehr als einer königlichen Haltung brachte. Der König von Sodom schrumpft zusammen vor diesem hochherzigen Scheich, der von seinem rechtmäßigen Raube nicht einen Faden oder Schuhriemen nehmen will, damit der heidnische König nicht sagen könne, er habe Abraham reich gemacht. Heilige erlangen durch ihr beständiges Zurückziehen zu dem Ort, wo der Herr mit ihnen zusammentrifft, einen besonderen Adel. Dort erlangen sie im Gebet auch die Kraft, deren wir so sehr bedürfen. Oh, dass wir mehr Männer hätten wie John Knox, dessen Gebete der Königin Maria schrecklicher waren als zehntausend Mann! Dass wir mehr Eliasse hätten, durch deren Glauben die Fenster des Himmels verschlossen oder geöffnet werden! Diese Kraft wird uns nicht durch eine plötzliche Anstrengung, sie ist das Ergebnis eines Lebens, das dem Gott Israels geweiht ist. Wenn unser ganzes Leben öffentlich zugebracht wird, so ist es nur eine schaumige, verdampfende, unwirksame Existenz; wenn wir aber im Verborgenen viel Umgang mit Gott haben, können wir uns draußen mächtig erweisen. Die Puritaner hatten viel Betrachtung und Gebet, und in jenen Tagen gab es Riesen auf Erden. Wer mit Gott gekämpft hat und obsiegt hat, nimmt nach dem rechten Maß des Adels eine hohe Stellung unter den Menschen ein.

Möchte uns der Herr viele feste und gesetzte Christen geben, deren Gottseligkeit sich ganz auf Gott stützt und nicht von anderen her bezogen ist! Wir sehen zuweilen Christen, die sich aneinander lehnen gleich leicht gebauten, »aus der Erde aufgewachsenen« Häusern, die so leicht gebaut sind, dass, wenn man das letzte der Reihe niederreißt, alle anderen nachfallen. Hütet euch davor, nur angelehnt zu sein; seid bestrebt, auf euren eigenen Mauern des wirklichen Glaubens an den Herrn Jesus zu ruhen. Ich zittere für eine Gemeinde, deren Fortbestehen von dem Talent und der Begabung und Tüchtigkeit eines Mannes abhängig ist. Möchte niemand unter uns in die niedrige, armselige Abhängigkeit von Menschen geraten! Gebt uns eine Schar Männer, welche fest und unbeweglich sind und immer mehr zunehmen im Werk des Herrn, dann wird die Herrlichkeit der Gnade Gottes deutlich offenbar werden, nicht nur in ihnen, sondern auch in denen um sie her. Der Herr sende uns eine Neubelebung geweihter Stärke und himmlischer Tatkräfte, dass der Schwächste unter uns sei wie David und David wie der Engel des Herrn!

Was euch betrifft, die ihr nicht zu Gott bekehrt seid, so werden eurer mehrere von der großen Segenswelle, wenn Gott dieselbe über uns hereinbrechen lässt, mit erfasst werden. Wenn Heilige Gott leben, werden Sünder zu Gott bekehrt werden. »Ich bin«, sagte jemand, »nicht dadurch bekehrt worden, dass ich eine Predigt gehört habe, sondern dadurch, dass ich eine gesehen habe.« Man fragte ihn: »Wie ging denn das zu?« »Mein Nachbar war in der ganzen Straße der einzige Mann, der zum Gottesdienst ging, und als ich ihn regelmäßig nach dem Glockenschlag gehen sah, sagte ich bei mir selbst: ›Dieser Mann beachtet den Sonntag und den Gott des Sonntags und ich tue das nicht.‹ Mit der Zeit kam ich in sein Haus und sah, welche Ordnung und Annehmlichkeit darin herrschte, während es in meinem Hause kümmerlich aussah. Ich sah, wie seine Frau und Kinder in Liebe miteinander verkehrten, und ich sagte mir: ›Das ist ein glückliches Haus, weil der Vater Gott fürchtet.‹ Ich sah, wie mein Nachbar in Trübsal ruhig und bei der Verfolgung geduldig blieb. Ich lernte ihn als aufrichtig, wahr und freundlich kennen und sagte bei mir: ›Ich will das Geheimnis dieses Mannes ausfindig machen‹, und so wurde ich bekehrt.« Predigt mit euren Händen, wenn ihr nicht mit euren Zungen predigen könnt. Wenn unsere Gemeindeglieder die Früchte der wahren Gottseligkeit zeigen, werden sich bald Seelen finden, die nach dem Baum suchen, der solche Früchte trägt.

Liebe Freunde, in unserer neulichen Gebetsversammlung redete der Herr sehr huldvoll zu dem einen und zu dem anderen der unter uns befindlichen Unbekehrten. Welche Barmherzigkeit, dass sie soweit interessiert waren hierherzukommen! Wir haben ihnen nicht sehr viel gesagt, aber wir haben für sie gebetet und wir haben von den Freuden unseres heiligen Glaubens gesprochen, und einer nach dem andern hat, während er in der Gebetsversammlung war, sein Herz Gott gegeben. Ich fühlte mich sehr glücklich darüber; das war alles, was wir nötig hatten, um diese Versammlungen zur Pforte des Himmels zu machen. Solche Bekehrungen sind besonders schön, sie rühren so ganz von dem Herrn her und sind so sehr das Resultat seiner Einwirkung durch die ganze Gemeinde, dass ich mich doppelt darüber freue. Oh, dass jede Versammlung gläubiger Menschen ein Lockmittel wäre, andere zu Jesus hinzuziehen! Wie viele Seelen fliehen zu ihm, weil sie andere nach dieser Richtung eilen sehen! Und warum nicht? Das Zusammenkommen der Heiligen ist der erste Teil von Pfingsten und die Einsammlung von Sündern ist der zweite Teil. Pfingsten begann »nur mit einer Betstunde«, aber es endete mit der großartigen Taufe von Tausenden von Bekehrten. Oh, dass die Gebete der Gläubigen als ein mächtiger Magnet auf Sünder einwirken möchten!

Es sind einige wenige unter uns, welche nicht gerettet sind, und nur wenige. Ich glaube nicht, dass sie sich lange dem segensreichen Einfluss entziehen können, der diese Versammlungen durchflutet. Um ihrer etliche haben wir einen heiligen Ring gebildet und sie müssen unserer Dringlichkeit bald nachgeben, denn wir reden sowohl zu Gott als zu ihnen. Ihre Frauen beten für sie, ihre Brüder und Schwestern beten für sie und es sind in diesem heiligen Bündnis noch andere, die es auch tun, darum müssen sie gewonnen werden. Dass sie doch sogleich kommen möchten! Wozu solches Widerstreben, gesegnet zu werden? Wozu dieses Zögern, sich retten zu lassen? Herr, wir wenden uns von diesen armen, törichten Zauderern zu dir und bitten für sie um deinen gnadenvollen Geist! Herr, bekehre sie, so werden sie bekehrt! Beweise durch ihre Bekehrung, dass heute Abend eine wirkliche Neubelebung ihren Anfang genommen hat! Lass sich dieselbe verbreiten über alle unsere Familien und Häuser und sich dann von einer Gemeinde zur andern fortpflanzen, bis die ganze Christenheit von dem vom Himmel herabgekommenen Feuer ganz Feuer und Flamme geworden ist! Lasst uns beten.

Gebetsversammlungen, wie sie waren und wie sie sein sollten

Unter den Fehlern, die den in meinen früheren Tagen gehaltenen Gebetsversammlungen anhafteten, die aber nun größtenteils verschwunden sind, zählen die hier erwähnten zu den hervorragendsten.

Die ungewöhnliche Länge der Gebete. Es konnte sich ein Bruder auf die Rückenlehne der vor ihm stehenden Bank stützen und zwanzig Minuten bis eine halbe Stunde lang beten und dann damit schließen, dass er wegen seines Zukurzkommens um Verzeihung bat – eine Bitte, die schwerlich kräftig unterstützt wurde von denen, die sich der Bußübung unterzogen hatten, seinem lang gewundenen Vortrage so aufmerksam wie möglich zu folgen. Eine gute Heilung von diesem Übel ist es, wenn der Prediger wohl überlegt und vorsichtig den betreffenden Bruder ermahnt, sich möglichster Kürze zu befleißigen, und wenn dies nicht helfen sollte, ihn sanft an den Ellbogen zu stoßen, wenn er merkt, dass die Leute müde werden. Dieser Fehler, der alle Inbrunst erstickt, muss auf jeden Fall aus den Gebetsstunden verbannt werden, selbst wenn es auf Kosten der persönlichen Gefühle des Missetäters geschehen müsste.

Affektierte, künstliche, scheinheilige und kauderwelsche Phrasen waren ein anderes Übel. »**Wir möchten nicht vor dein Angesicht gestürmt kommen, wie das gedankenlose (!) Ross sich in die Schlacht stürzt.**« Als ob Rosse jemals denken könnten und als ob es nicht viel besser wäre, lieber den Mut und die Energie des Rosses als die Trägheit und den Stumpfsinn des Esels zu zeigen. Da der Vers, dem unserer Vermutung nach dieser feine Satz entnommen ist, es mehr mit dem Sündigen als mit dem Beten zu tun hat, freuen wir uns darüber, dass diese Phrase bald ganz ausgestorben sein wird. »**Gehe von Herz zu Herz wie Öl vom Gefäß zum Gefäß.**« Dies ist wahrscheinlich ein

Zitat aus einem Ammenmärchen von »Ali Baba und den vierzig Räubern«, aber so völlig sinnlos und so weit von der Schrift und von der Poesie entfernt, wie nur irgendein Satz es sein kann. Wir sind uns dessen nicht bewusst, dass Öl in irgendeiner geheimnisvollen oder wunderbaren Weise aus einem Gefäß ins andere läuft, es ist vielmehr wahr, dass es langsam ausfließt, und insofern ist es ein passendes Symbol von dem Ernst mancher Leute. Jedenfalls aber wäre es besser, die Gnade direkt vom Himmel und nicht aus einem anderen Gefäß zu beziehen. Wenn das Bild überhaupt einen Sinn hat, so ist es jedenfalls eine päpstliche Idee, die es andeutet.

Eine sehr beliebte Beschreibung eines Beters war: **»Dein armer unwürdiger Staub«** – eine Bezeichnung, die sich im Allgemeinen die Stolzesten in der Versammlung beilegten, und nicht selten geschah es von den Vermögendsten und Kriechendsten, und in solchem Falle waren die letzten zwei Wörter gar nicht so unangemessen. Wir haben von einem lieben Mann gehört, welcher, als er für seine Kinder und Großkinder betete, von dem blendenden Einfluss dieses Ausdrucks so vollständig umwölkt war, dass er ausrief:»O Herr, segne deinen Staub und deines Staubes Staub und deines Staubes Staubes Staub!« Als Abraham sagte:»*Ich habe mich unterwunden zu reden mit dem Herrn, wiewohl ich Erde und Asche bin*« (1.Mose 18,27), da war diese Äußerung eine kräftige und ausdrucksvolle; aber in dieser falsch angewandten und verkehrten Form – je früher sie ihrem eigenen Element überliefert wird, desto besser ist es. Der Leser wird sich hierbei an manche anderen Verdrehungen der Schrift, an ungeschlachte Gleichnisse und lächerliche Bilder erinnern, die er in Gebeten gehört hat; wir haben weder Zeit noch Geduld, sie hier aufzuzählen. Sie bilden eine Art geistlichen Jargon und sind das Erzeugnis einer unheiligen Unwissenheit, einer unmännlichen Nachahmung oder unverschämten Heuchelei; sie sind eine Unehre für die, die sie beständig wiederholen, und eine unerträgliche Plage für die, deren Ohren damit gequält werden. Sie haben die nachteiligsten Wirkungen auf unsere Gebetsversammlungen gehabt und wir freuen uns, daran mithelfen zu können, dass sie ihrem wohlverdienten und schimpflichen Ende zugeführt werden.

Ein anderes Übel war, **irrigerweise zu predigen anstatt zu beten.** Die Freunde, welche den Ruf hatten, »begabte« Männer zu sein, ergingen sich im öffentlichen Gebet, indem sie einen Rückblick auf ihre eigenen Erfahrungen taten, ihr Glaubensbekenntnis hersagten, einen gelegentlichen Kommentar zu einem Kapitel oder Psalm lieferten oder auch eine Kritik an dem Prediger und seinen Predigten übten. Es wurde nur zu oft ganz vergessen, dass der Bruder die göttliche Majestät anredete, vor deren Weisheit es eine Ungehörigkeit ist, unsere Erkenntnis auskramen zu wollen, und vor deren Herrlichkeit mit schwülstigen Worten und pomphaften Perioden zu erscheinen mindestens Unehrerbietigkeit ist. Der Vortrag war offenbar mehr für Menschen als für Gott bestimmt und bei manchen Gelegenheiten enthielt er auch von Anfang bis zum Ende keine einzige Bitte. Wir hoffen, dass gläubige Männer diese ungeheiligte Praxis aufgeben und anfangen werden einzusehen, dass Predigten und dogmatische Erörterungen klägliche Substitute für ernste Gebete sind, wenn wir unseren Platz vor dem Gnadenstuhl einnehmen und wenn das Gebet vor dem Allerhöchsten unsere Aufgabe ist.

Monotone Wiederholungen kommen noch oft vor und sind noch nicht ausgestorben. Christen, welche sich gegen Gebetsformen auflehnen, gebrauchen dessen ungeachtet dieselben Worte, dieselben Sätze und beim Beginne die gleiche Anrede und genau die gleichen Schlussworte. Die Gebete mancher Brüder hatten wir auswendig gekannt, so dass wir in wenigen Sekunden ausrechnen konnten, wann sie schließen würden. Nun, das ist auch von Übel. Alles, was gegen Kirchengebete – und manche von diesen rühren von ausgezeichneten Christen her und sind schön, weil sie biblisch sind – gesagt werden kann, das gilt mit zehnfacher Gewalt von jenen ermüdenden Zusammenstellungen, welche keinen Sinn haben. Oh, dass wir brennende Herzen hätten, deren glühende Wünsche sich in brünstigen

Worten durch die Lippen drängten! Dann würde folgende Klage nie erhoben werden: »Welchen Zweck hat es, zur Gebetsstunde zu gehen, da ich schon im Voraus weiß, was Soundso sagen wird, wenn er aufgefordert werden sollte!« Dies ist für das Fernbleiben keine ungewöhnliche Entschuldigung, und solange das Fleisch schwach ist, ist es auch gar kein sehr unvernünftiger Entschuldigungsgrund; wir haben für schlimmere Vergehen schon viel schlechtere Entschuldigungen hören müssen. Wenn unsere (sogenannten) Beter durch ihre beständigen Wiederholungen die Leute wegtreiben, so tragen sie an diesem Fehler wenigstens die halbe Schuld.

Wir hoffen, dass es für die meisten dieser Krankheiten eine Heilung gibt, aber der wäre doch sehr kühn – will nicht sagen dummdreist – der da behaupten wollte, dass man sich nicht mehr bessern könnte. »Fortschritt« muss noch immer unser Motto sein und in Sachen der Gebetsversammlungen ist es erst recht angebracht und passend.

Unsere Brüder wollen es entschuldigen, wenn wir ihnen Ratschläge geben, sie wollen sie nur für das annehmen, was sie wert sind. Aber da wir eine große Gemeinde zu beaufsichtigen und Gebetsversammlungen zu leiten haben, die kaum je weniger als zehn- bis zwölfhundert Besucher zählen, wollen wir hinsichtlich der wirksamsten Methode, diese heiligen Versammlungen zu stützen und zu fördern, einfach unsere eigenen Gedanken aussprechen.

1. Der Prediger selbst lege diesem Gnadenmittel ein sehr großes Gewicht bei. Er spreche oft davon als von etwas, das seinem Herzen teuer ist, und er beweise seine Worte damit, dass er seine ganze Kraft hineinlege, dass er so selten als möglich abwesend sei und alles tue, was in seiner Kraft steht, der Versammlung Interesse zu verschaffen. Wenn unsere Prediger das schlechte Beispiel geben, zu spät zu kommen oder des Öfteren fern zu bleiben oder den Gang der Dinge in einer schläfrigen, formellen Weise zu leiten, werden wir bald sehen, wie unsere Glieder gering von den Stunden denken und die Versammlungen bald ganz verlassen.

Eine warmherzige Ansprache von zehn Minuten und einige lebendige Worte zwischen die Gebete gestreut werden unter Gottes Segen mit dazu beitragen, die Liebe zur Gebetsversammlung zu nähren.

2. Er wirke daraufhin, dass die Brüder sich der Kürze befleißigen. Wenn jede Person die Bitte vor dem Herrn ausspricht, die der Heilige Geist ihr ins Herz gelegt hat, und dann einem anderen Platz macht, wird sich der Abend als viel vorteilhafter erweisen und die Gebete werden unvergleichlich brünstiger werden, als wenn jeder Bruder den Rundlauf der vorhandenen Bitten durchmacht, ohne sich bei einem besonderen Punkte aufzuhalten. Vergleiche die Gebetsgegenstände mit ebenso vielen Nägeln: Es ist besser, wenn ein Bruder einen Nagel mit wiederholten Schlägen eintreibt, als wenn er einen nach dem anderen einen unwirksamen leisen Schlag gibt. Es sollten sich an dem Aussprechen der Wünsche der Gemeinde so viele als möglich beteiligen. Der Wechsel der Stimmen beugt der Ermüdung vor und die Mannigfaltigkeit der Gegenstände wird Aufmerksamkeit erregen. Besser, dass sechs ernstlich beten, als dass zwei es in schläfriger Weise tun. Es ist für die ganze Versammlung viel besser, dass die vielen Bedürfnisse von vielen Betern erfahrungsgemäß dargebracht werden, als dass es in formeller Weise von zweien oder dreien geschehe. Es ist eine allgemeine Regel, dass die Versammlungen, in welchen kein Gebet länger dauert als zehn Minuten und in welchen die meisten Gebete keiner fünf Minuten bedürfen, die größte Wärme und das meiste Leben zeigen. Die Länge ist tatsächlich der Todesstreich auf den Ernst und die Kürze hilft dem Eifer wesentlich. Wenn wir bei der Abwechslung von dem Singen einzelner Verse zehn Gebete im Laufe der Stunde haben, sind wir viel öfter im Geist, als wenn sich nur vier Personen an den Gebeten beteiligen. Dies ist eine Beobachtung, die durch die ausgesprochene Meinung unserer Mitbeter bestätigt wird. Es mag sich nicht in allen Fällen so erweisen, aber bei uns ist es so und darum bekunden wir es.

3. Suche alle Brüder zu bewegen, laut zu beten. Wenn die jüngeren und weniger geübten Glieder vor dem Vorrecht zurückschrecken, so sage ihnen, dass sie nicht zu Menschen, sondern zu Gott sprechen. Gib ihnen die Versicherung, dass es uns allen nützlich sei, ihre Seufzer und unwirksamen Versuche, sich auszusprechen, zu hören. Was uns anbetrifft, so tun uns einige Zusammenbrüche sehr wohl. Indem sie unsere Sympathien erwecken, nötigen sie uns, dem Bruder durch unser ernsteres Ringen beizustehen. Es gibt der ganzen Sache Wirklichkeit und Leben, wenn wir hören, wie von jenen zitternden Lippen der Dank für das neu empfangene Leben kommt und wenn wir die fast erstickende Stimme hören, die die Sünde bekennt, welcher der Beter soeben entronnen war. Der Schrei der Lämmer muss sich mit dem Blöken der Schafe vermischen, sonst fehlt der Herde viel von ihrer natürlichen Musik. Beecher sagt mit Recht: »Wenn ein Kind nicht reden darf, bis es seine Muttersprache fließend sprechen kann, wird es dann jemals lernen, gut zu sprechen? Es sollte ein beständiger Erziehungsprozess vor sich gehen, zu welchem alle Gemeindeglieder in den Stand gesetzt werden, von ihren Erfahrungen und Gaben beizutragen, und in solchem Laufe der Entwicklung kann das erste zögernde, strauchelnde, ungrammatikalische Gebet eines schüchternen Christen für die Gemeinde von größerem Wert sein als das beste Gebet des beredtesten Predigers.«

Ein jeder, der da fühlt, dass er zu der einen oder anderen Zeit sich an der Versammlung zu beteiligen hat, wird sogleich dafür interessiert werden, und er kann vom Interesse zur Liebe fortschreiten. Manche von denen, die jetzt die besten Gaben haben, sich auszusprechen, hatten wenig genug, als sie den Anfang machten.

4. Ermutige die Besucher, besondere Gesuche um Fürbitte einzureichen, so oft sie sich dazu gedrängt fühlen. Diese kleinen Papierzettel, die an und für sich schon die wahrsten Gebete sind, können gebraucht werden, das Feuer in der ganzen Versammlung anzufachen.

5. Dulde nie, dass ein Lied oder ein Kapitel oder eine Ansprache das Gebet verdränge. Wir erinnern uns, sieben Verse eines Liedes gehört zu haben, die mit den Worten endeten: »Er hasst es, abzutun«, bis wir allen Geschmack an der Feier verloren, und wir haben uns seitdem kaum mit dem Liede wieder aussöhnen können. Beachte, dass wir uns zum Gebet versammeln, und darum muss gebetet werden, oh, dass dies Beten der echte, wirkliche, familiäre Verkehr mit Gott wäre, der alles Formenwesen und allen Prunk verdrängt, der so oft unsere öffentlichen Gebete verunziert!

6. Es ist nicht unstatthaft, zwei oder selbst drei fähige Brüder ohne Unterbrechung aufeinander folgen zu lassen, aber dies muss in sehr verständiger Weise geschehen; und wenn einer von den dreien langweilig werden sollte, dann muss die Pause eintreten, sobald er geendet hat. Lass zwischen den Gebeten nur einen, höchstens zwei Verse singen, und wähle solche Verse aus, die die Gedanken nicht von dem Gegenstand ablenken, der berührt worden ist. Warum sollte es nötig sein, nachdem soeben ein ernstes Gebet um die Bekehrung von Sündern zum Throne hinaufgesandt worden ist, über die Versuchungen des Satans zu singen? Oder wenn ein Bruder soeben freudige Gemeinschaft mit Christus im Gebet bekundet hat, warum sollte er herabgezerrt werden durch das Lied: »Was klagst du, trübe Seele, dass dir's an Frieden fehle, an Mut und Glaubenslicht?«

Natürlich hätten wir allerlei Gutes über die Notwendigkeit des Heiligen Geistes sagen sollen; allein in Bezug darauf stimmen wir alle überein und wissen es sehr wohl, dass ohne seine Gegenwart alles, alles vergeblich ist. Es ist ebenso unsere Absicht gewesen, Steine auf dem Wege aufzulesen, als von dem göttlichen Leben zu sprechen, das uns allein in den Stand setzen kann, darauf zu gehen.

Geschäftsgebete

Teure Freunde, ich hoffe, dass viele dieser Montagabendversammlungen uns, die wir das Vorrecht hatten, gegenwärtig sein zu können, unvergesslich bleiben werden. Vielleicht werden wir uns noch in aller Ewigkeit dankbar der segensreichen Stunden erinnern, die wir hier vereint um den Gnadenthron zugebracht haben. Ich weiß, dass ich sehr oft, wenn ich heimgekehrt war, noch fühlte, dass der Geist des Gebets sich so offenbarlich über uns ergossen hatte, dass wir uns auf den Schwingen gläubigen Gebets zu den Pforten des Himmels emporgetragen fühlten, und die heilige Salbung, welche wir durch des Heiligen Geistes gnadenvolle Einflüsse erhielten, ließ noch lange nachdem wir die Versammlung verlassen hatten einen heiligen und segensreichen Duft bei uns zurück.

Wenn wir heute Abend und stets, wenn wir im Namen Jesu zu Dank und Bitte zusammenkommen, solchen Segen empfangen wollen, müssen wir es aufrichtig wünschen, müssen wir es vertrauensvoll erwarten und direkt zu Gott gehen und darum bitten. Wir haben nicht nötig, auf den Busch zu klopfen oder es dem Herrn erst bestimmt zu sagen, was es ist, das wir aus seinen Händen begehren. Es würde uns auch nicht ziemen, irgendwelche Versuche zu machen, um uns einer feinen Sprache zu bedienen; lasst uns vielmehr Gott in der einfältigsten und direktesten Weise um die Dinge bitten, deren wir für uns selbst oder für andere oder für seine Sache und sein Reich bedürfen. Dann lasst uns der Worte des Herrn gedenken: »*Alles, was ihr bittet in eurem Gebet, glaubet nur, dass ihr's empfangen werdet, so wird's euch werden*« (Markus 11,24), und dann lasst uns nach Schluss der Versammlung fröhlich unsere Straße ziehen und dankbar sein für das, was wir empfangen haben.

Ich glaube an **Geschäftsgebete** und verstehe darunter Gebete, in denen ihr eine der vielen teuren Verheißungen, die Gott uns in seinem Wort gegeben hat, vor Gott bringt und erwartet, dass sie ebenso gewiss erfüllt wird, wie wir erwarten, dass uns Geld ausgezahlt wird, wenn wir mit einem Scheck oder einem Wechsel oder einer Anweisung zur Bank gehen. Es würde uns nicht einfallen, dort hinzugehen, uns über den Zahltisch zu legen und mit dem Kassierer über alle möglichen, denkbaren Dinge zu sprechen und dann ohne die nötige Münze wieder davonzugehen, sondern wir haben unseren Zweck im Auge, mit dem wir zur Bank gingen. Wir legen dem Kassierer unser Papier vor, sagen ihm, in welchen Münzsorten wir den Betrag erheben möchten, zählen das uns dargelegte Geld nach und gehen unserer Wege, um andere Geschäfte zu erledigen. Das ist eine genaue Illustration von der Methode, nach welcher wir unsere Vorräte aus der himmlischen Bank beziehen. Wir sollten diejenige Verheißung auswählen, die für unsere besondere Lage passt, uns vor dem Herrn im Glauben darauf berufen und erwarten, dass uns der Segen werde, auf welchen sie sich bezieht, und nachdem wir ihn empfangen haben, sollten wir uns der nächsten uns obliegenden Pflichten zuwenden.

Da sind uns für diesen Abend viele Gesuche zugesandt worden, die wir dem Herrn unterbreiten sollen. Unter diesen befindet sich eins von einem ehrwürdigen Geistlichen, der uns schon öfter gebeten hat, seiner im Gebet zu gedenken, und der noch unter solcher Gedrücktheit des Geistes leidet, dass er nicht imstande ist, die Pflichten seines heiligen Amtes in befriedigender Weise zu erfüllen. Dann sind hier Briefe von Freunden, welche sich in verschiedenen Stadien geistlicher Krankheit befinden und nun wünschen, dass wir ihre Fälle in gläubigem und mitfühlendem Flehen vor dem Herrn ausbreiten.

Wir wollen beten, dass das geistige Leiden dieses lieben Knechtes Christi, wenn es Gott gefällt, gehoben werde, und dass die Seelenkrankheiten dieser anderen Geprüften ebenfalls von dem großen Arzt geheilt werden. Wahrlich, es gibt einen Gott, der Gebet erhört. Zweifelt jemand unter euch daran? Wenn das der Fall ist, so werden eure Bitten keine Erhörung finden, »denn *wer zu Gott kommen will, der muss glauben, dass er sei und denen, die ihn suchen, ein Vergelter sein werde«* (Hebräer 11,6).

Ich muss jedoch eben in warnender Weise erwähnen, dass ich manche Personen gekannt habe, welche die Tatsache, dass Gott Gebet erhört, aus durchaus verkehrten Beweggründen zu ganz ungeeigneten Zwecken auszunutzen versucht haben. Sie haben ihre Herzen auf etwas gerichtet, davon sie sich einbilden, dass sie es nötig haben, und obgleich sie vernünftigerweise nicht erwarten können, dass Gott tun werde, was sie bitten, weil dazu durchaus kein wirkliches Bedürfnis vorhanden ist, so beten sie doch weiter und fühlen sich schmerzlich enttäuscht, wenn sie nicht erhört werden. Wenn du zu deinem Kinde sagen solltest: »Ich will dir geben, um was du mich bittest«, so würdest du nicht so unfreundlich sein, ihm eine Dosis Blausäure zum Frühstück zu verabreichen oder ihm ein Rasiermesser zu geben, damit es sich den Hals durchschneide, und wenn es auch noch so ernstlich um dergleichen Dinge bitten sollte. In deinem Versprechen ist allezeit der natürliche Vorbehalt eingeschlossen, dass du dich weigern werdest, deinem Knaben, wenn er etwas Törichtes erbittet, das zu geben, was er bittet.

Wenn Gott mir jemals absolute Macht im Gebet gegeben hätte, so würde er praktisch die Zügel des Universums in meine Hände gelegt haben, und ich würde es sehr bald nötig finden, niederzuknien und auszurufen: »Herr, willst du mir solche gefährliche Waffe nicht wieder abnehmen? Wenn sie in meinen Händen verbleibt, fürchte ich, dass ich sie sehr wahrscheinlich zu dem verwende, was meinen besten Interessen und deiner Verherrlichung direkt entgegen ist.« Wir dürfen weder Gottes Platz einnehmen noch uns selbst zu einem Gott machen. Gott will auf die Rufe seiner Kinder achten, aber er will ihr Vater sein und nur auf ihre Bitten eingehen, wenn er sieht, dass sie richtig und geeignet sind.

Wenn du deinem Kinde sagst, dass du ihm geben willst, was es bittet, so ist es offenbar so zu verstehen, dass sein Begehren ein vernünftiges sein muss, wenn es ihm gewährt werden soll.

Du beabsichtigst damit nicht, dass dein Knabe Herr der Familie sein und dass sein Wille den ganzen Haushalt regieren soll, sondern du willst damit sagen, dass du ihm geben willst, um das ein liebevolles und gehorsames Kind bitten sollte, und dass seine Bitte eine vernünftige und die rechte Art der Bitte sein muss, die aus dem Munde deines Sohnes kommt.

Gott hat nie das absolut unbedingte Versprechen gegeben, jedes Gebet erhören zu wollen, das vor ihm ausgesprochen wird; mit der Verheißung hat er andere Dinge zusammengestellt, welche sie näher bestimmen und erklären. So sagt er zum Beispiel in einer seiner letzten Reden an seine Jünger: *»So ihr in mir bleibet und meine Worte in euch bleiben, so werdet ihr bitten, was ihr wollt, und es wird euch widerfahren«* (Johannes 15,7). Der Apostel Paulus schrieb an die Römer: *»Desgleichen auch der Geist hilft unsrer Schwachheit auf. Denn wir wissen nicht, was wir beten sollen, wie sich's gebührt, sondern der Geist selbst vertritt uns aufs Beste mit unaussprechlichem Seufzen«* (Römer 8,26) und er lehrt uns, wie wir beten und um was wir beten sollen. David kannte den Willen Gottes hinlänglich genug, um sagen zu können: *»Habe deine Lust am Herrn; der wird dir geben, was dein Herz wünschet«* (Psalm 37,4). Bildet euch nicht ein, dass der Herr euch geben werde, was euer Herz wünscht, wenn ihr nicht zuvor eure Lust an ihm habt. Wenn ein Mensch in seiner innersten Seele wirklich seine Lust an dem Herrn hat, dann steht sein Sinn mit Gottes Sinn in Harmonie und er wird im Gebet das erflehen, was Gott zu gewähren fähig und willig ist. Wenn er seine Lust an Gott selbst und nicht nur an Gottes Gaben hat, so wird er sagen: »Gelobt sei sein teurer Name; er tue mit mir, was ihm wohlgefällt, ich bin's zufrieden und will ihn preisen sowohl für das, was er verleiht, wie für das, was er mir vorenthält.«

Wenn ihr mehr Lust habt an Gottes Gaben als an Gott selbst, so stellt ihr praktisch einen anderen Gott über ihn, und dies dürft ihr niemals tun. Selbst wenn jemand den Herrn Jesus Christus wahrhaft liebt, kann doch etwas an ihm sein, das der Abgötterei sehr ähnlich sieht. Es ist sogar Gefahr darin, Dinge, die mit Christus verbunden sind, ebenso zu lieben, wie wir Christus selber lieben, und gegen solche Empfindungen müssen wir sehr auf der Hut sein. Liebt ihn, teure Brüder, selbst wenn ihr seine Gegenwart nicht empfindet. Liebt ihn, selbst wenn ihr seine Liebe nicht schmeckt. Wenn ihr nicht im Licht seines Angesichts wandeln könnt, so verbergt euch unter dem Schatten seiner Flügel und lasst es unter allen Umständen eure Freude sein, zu sagen: »Er ist würdig, gepriesen zu werden; er werde immerdar gelobt, was er auch mit mir tun mag.« Bittet euren Herrn, euch durch seinen gnadenvollen Geist so zu lehren, dass kein anderes Gebet von euren Lippen komme, als das vor ihm gefällig ist, und dass sich in euren Herzen kein Wunsch rege, der nicht in Übereinstimmung mit seinem heiligen Willen ist.

Es wäre weise von euch gehandelt, wenn ihr etwa so betetet: »Herr, nimm nicht die geringste Notiz von einer meiner Bitten, wenn ich um irgendetwas bitte, das nicht zu deiner Ehre und zu meinem und anderer Besten gereicht!« Auch die Besten unter uns sind oft nur kranken Leuten gleich, und ihr wisst, wie sie seltsame Ideen im Kopfe tragen und allerlei Unsinn reden und eine Menge merkwürdiger und törichter Launen und Wünsche haben. Wenn ich in irgendeiner Krankheit, die mich überfallen sollte, euch zu meinen Pflegerinnen hätte, so würde ich zu euch sagen: »Wenn ich seltsame und unvernünftige Wünsche äußern sollte und wenn ich begehren sollte, was mir nachteilig werden könnte, so erweist mir die Liebe, mir zu widersprechen. Seid so freundlich, zuweilen grausam gegen mich zu sein. Verstehet, dass sich das auf die Bitten bezieht, die ich etwa ausspreche, während ich am Fieber leide. Achtet nicht auf das, was ich dann sage; beachtet mich nicht, wenn ich Unsinn rede, sondern wendet mir nur das zu, um was ich bitte, wenn ich meine gesunden Sinne habe und wenn ich mein innerstes, wahrstes, gesundestes Selbst bin. Fragt meinen Arzt, was ihr tun sollt, und glaubt mir, dass es mein Wunsch ist, dass ihr mit mir und für mich genau das tut, was er anordnet.«

Mir scheint, dass solche Gebete, wie sie am heutigen Abend von uns begehrt werden, vor Gott gebracht werden können. Ich kann das nicht im Blick auf alle Gesuche sagen, die bei mir eingehen, denn manche derselben sind töricht, wenn nicht noch schlimmer. Wenn jemand, der sich in Geldverlegenheit befindet, Gott bittet, dass ich ihm zweitausend Mark geben soll, so kann ich ihm versichern, dass ich etwas Derartiges nicht tun werde. Wenn Gott mir gebietet, ihm zweitausend Mark zu geben, so ist das eine andere Sache. Ich wäre schon vor langer Zeit bankrott geworden, wenn ich nur die Hälfte der Forderungen, die an mich ergangen sind, gewährt hätte, und manche anderen Gesuche, die bei mir eingegangen sind, sind nicht viel vernünftiger gewesen. Ein junger Mann kommt zu mir und wünscht im Tabernakel zu predigen, weil er angibt, der Herr habe ihm gesagt, dass er eines Sonntagvormittags meinen Platz einnehmen solle. Meine Antwort ist: »Ja, natürlich werde ich Sie predigen lassen, wenn der Herr mir sagt, dass ich es tun soll, aber bis jetzt ist es nur eine einseitige Offenbarung, denn der Herr hat mir meinen Anteil an der Aufgabe noch nicht geoffenbart«, und der junge Mann geht enttäuscht seines Weges, weil sein Gebet nicht erhört worden ist! Bete doch niemand um das, was offenbarer Unsinn ist; betet um etwas Vernünftiges und Verständiges, und wenn eure Gebete nach dem Willen Gottes sind, werden sie auch erhört werden.

Ich fühle mich umso freier, teure Freunde, gerade so zu euch zu reden, weil ihr so verständige Leute seid, wie ich sie jemals zu finden hoffen kann; doch ab und zu zeigt sich auch unter uns manche arme, verschrobene, krankhafte Seele, welche betrübenderweise Gottes Wort falsch liest oder falsch anwendet und dann anfängt, Gottes Treue in der Erfüllung seiner Verheißung zu bezweifeln. Solche legen dann dem Herrn etwas in den Mund, was er nie gesagt hat und was er nie hat sagen wollen. Handle niemand so töricht, sondern lasst uns hinsichtlich unserer Gebete unseren gesunden Menschenverstand gebrauchen und in allen Dingen unseren Willen dem weisen Willen unseres himmlischen Vaters unterordnen.

Gottes Bereitwilligkeit, Heilige und Sünder zu segnen

Wir haben mit Gott gerungen. Ein Gebet nach dem anderen hat bei der Himmelspforte angeklopft und um die Bekehrung von Seelen und den Aufbau der Gemeinde gefleht. Ich zweifle nicht daran, dass unser Gebet an und für sich Gott angenehm gewesen ist durch Jesus Christus. Es ist an und für sich eine Form des Gottesdienstes, die der gnadenvolle Gott hoch schätzt. Von den goldenen Schalen der Ältesten vor dem Thron wird gesagt, dass sie voll Rauchwerks seien, welches sind die Gebete der Heiligen. Das Gebet wird durch köstliches Rauchwerk vorgebildet, weil Gott seine Freude daran hat. Er liebt es, unser Sehnen nach der Verwirklichung seiner Absichten zu hören. Es ist einem Vater sehr angenehm – und ihr, die ihr Väter seid, werdet das bezeugen können – sein Kind in voller Übereinstimmung mit sich zu wissen und sehen zu dürfen, wie es sich bemüht, ihm in seinem Werk zu helfen. Wenngleich der Kleine nur wenig und dieses Wenige nur schwach und fehlerhaft tun kann, so ist doch sein Eifer, mit und für seinen Vater zu arbeiten, diesem eine große Freude. Ebenso hat auch unser himmlischer Vater an uns und an unserem Sehnen nach seiner Verherrlichung seine Freude. *»Dass du im Sinn hast, meinem Namen ein Haus zu bauen, hast du wohlgetan, dass du dir solches vornahmst«* (1.Könige 8,18), sagte der Herr zu David, obgleich er Davids Plan nicht annahm, und ich glaube, dass Gott gepriesen wird nicht nur durch die offenbar erhörten Gebete, sondern auch durch die, deren Erhörung der freundliche Herr aus weislichen Gründen noch zurückstellt. Selbst im Gebet sind wir nichts anderes als Kinder und darum ist nicht jede Bitte besonders weise; aber wir sind doch Kinder, und darum dringen die Rufe, die aus unseren Herzen emporgesandt werden, an das Herz unseres großen Vaters im Himmel. Unsere Wünsche, dass Seelen gerettet werden und dass die Gemeinde gedeihe, stehen so sehr mit Gottes Absicht im Einklang, dass sie ihm ein lieblicher Geruch sein müssen. Darum, Brüder, lasst uns beten, solange wir noch atmen können. Wenn das Gebet Gott angenehm ist, dann sollte es uns allezeit angenehm sein.

Es sind jedoch zwei Dinge, welche uns zuweilen in Verlegenheit bringen. Das eine ist, **ein Kind Gottes emsig bemüht zu sehen, andere zu Christus zu bringen, das die verordneten Mittel beharrlich gebraucht und dennoch keinen Erfolg hat;** wenigstens werden Menschen nicht in solcher Anzahl zu Christus gebracht, wie der eifrige Arbeiter es wünschte und erwartete. Eine seltsame Erscheinung! Sind wir wirklich mehr darum besorgt, Seelen zu retten, als Gott es ist? Es wäre etwas Wunderbares, wenn das der Fall wäre! Und es sieht wirklich so aus. Es hat oberflächlich besehen den Anschein. Unsere ernsten Seelen sehnen sich nach dem Heil der Menschen. Wenn wir könnten, würden wir sie mit einem Male retten. Wenn es uns möglich wäre, alle unsere Zuhörer, während wir reden, zu überzeugen und zu bekehren, so würde es geschehen. Es sieht für den Augenblick so aus, als ob wir barmherziger wären als der Allerbarmer und mitleidiger als er, von dem geschrieben steht: »*Gott ist die Liebe*« (1.Johannes 4,16).

Aber, meine Brüder, es scheint nur so. Wir bitten demütigst um Vergebung, dass wir diese Illusion auch nur einen Augenblick dulden! Es ist die Unwissenheit unserer Herzen, welche uns denken lässt, dass wir so überaus freundlich und liebevoll sind. In diese Lieblingsidee von unserer eigenen Güte mischt sich so etwas von Stolz. Ich fürchte, dass, wenn wir in der Waagschale des Heiligtums gewogen würden, es sich herausstellen würde, dass wir nicht so viel sehnsüchtiges Mitleid haben, als wir zuweilen annehmen. Und nur zu oft zeigt sich unser Mitleid in krankhaften Erregungen und nicht als ein festes Prinzip. Unser Eifer kommt und verschwindet, wenn wir ihn aber wirklich so tief fühlten, wie wir ihn zu haben meinen, oder ihn allezeit so spürten, wie wir ihn zuweilen zeigen, dann würden wir mehr Grund zur Klage und zur Verwunderung haben. Gegenwärtig haben wir mehr Ursache, uns über uns zu schämen, als uns über Gott zu beklagen. Wir haben noch nicht alles getan, das in unserer Macht steht, und darum haben wir keinen Grund, uns über unseren Gott zu beklagen.

Was sollen wir sagen, wenn wir uns hinsichtlich unseres Erfolges im Werke Christi enttäuscht sehen? Sollten wir nicht zuerst die Ursache in uns selbst suchen? Beobachtung und Erfahrung haben mich gelehrt, auf die Nichtbefriedigung und den Schmerz, welche sich bei christlichen Arbeitern zeigen, sehr hoffnungsvoll hinzublicken. Es macht mir keinen Kummer, meine Brüder, euch unglücklich und elend darüber zu sehen, dass andere nicht gerettet werden. Viel betrübender wäre es, euch untätig und dabei doch zufrieden zu sehen. Wenn ich jemals mit dem zufrieden war, was ich für den Herrn getan, so musste ich stets finden, dass sich meine Tätigkeit als unfruchtbar erwies. Soweit ich imstande bin zu urteilen, will es mir nicht scheinen, dass der Herr die segnen kann, die mit sich und mit ihren Bemühungen zufrieden sind. Es wäre nicht ganz sicher, die Selbstgefälligen mit einem großen Maß von Erfolgen zu betrauen – sie dürften durch solche Ehre lebenslänglich geschädigt werden. Gewiss ist, dass Gott selbst wenig Ehre dadurch erlangen würde, da der Arbeiter ihm alles stiehlt und selber trägt. Wenn ihr dahin kommt zu fühlen: »Ich bin nicht befriedigt, denn Gott segnet mich nicht, wie ich gesegnet zu werden wünsche, und darum fürchte ich, dass da etwas ist, das den Segen aufhält«, dann schreitet ihr auf die richtige Verfassung zu – auf die Herzensstellung, die dem Erfolg günstig ist.

Der Herr ist allezeit bereit uns zu segnen, und zwar je nachdem wir fähig sind, gesegnet werden zu können; und zuweilen ist es absolut notwendig, dass wir, ehe wir die köstliche Gabe von dem Gott der Gnade erhalten können, bekümmert und zerknirschten Herzens werden. Gewiss, es ist so. Wir sind in uns selbst beengt. Unsere eigene Untüchtigkeit hält den göttlichen Segen zurück. Der Herr will uns den Wert des Segens erkennen lassen, ehe er ihn uns gibt, und er will auch, dass wir unsere Unfähigkeit erkennen, ohne seinen Heiligen Geist irgendein gutes Werk zustande bringen oder irgendwelche heilige Frucht tragen zu können. Wenn Gott ein großes Werk durch uns verrichtet, trägt er stets Sorge dafür, dass wir uns die Ehre desselben nicht zueignen. Er bringt uns in unserer Selbstschätzung tiefer und tiefer hinab, bis wir fühlen, dass wir gar nichts sind, und dann lässt er sich herab, uns zu gebrauchen. Manche Trompeten sind von dem eigenen Selbst so vollgestopft, dass Gott nicht durch sie blasen kann. Manche Krüge sind zu voll von ihrem eigenen schmutzigen Wasser, als dass Gott das Wasser des Lebens hineinschütten könnte. Wie sehr wir uns auch nach einem Segen sehnen mögen – Gott wird dem Werk, das in der Kraft des eigenen Selbst angefangen und fortgeführt wird, das Siegel seines Segens nicht aufdrücken.

Abgesehen davon wünscht der Herr uns gründlicher in Übereinstimmung mit ihm selbst gebracht zu sehen. Indem er in seinem Werk von uns Gebrauch macht, verfolgt er einen zweifachen Zweck: Er will uns nicht nur gebrauchen, Seelen zu retten, sondern auch, uns als die Werkzeuge eines solchen Heils zu segnen. Gottes Schwert ist stets ein zweischneidiges, so dass er, indem er die Sünde in dem Zuhörer tötet, auch zugleich einen Streich auf die Sünde in dem Prediger führt. Gott hat die Weise, ebenso wohl den Kanal zu segnen, durch welchen der Segen kommt, wie auch die Leute, die den Segen empfangen. Es war Gnade, dass den Heiden gepredigt wurde, aber Paulus bezeichnet es auch als »Gnade«, dass es ihm gestattet war, den unerforsch lichen Reichtum Christi verkündigen zu dürfen. Der Herr hat die Absicht, uns sowohl durch den Nichterfolg wie durch den Erfolg zu erziehen, und darum veranlasst er uns, zu seufzen und zu rufen, bis sein Geist seine Kraft erzeigt.

Es ist ein Naturgesetz in der geistlichen Welt, dass Freude nicht ohne Schmerzen geboren werde. Wir müssen mit Ängsten gebären, auf dass Christus eine Gestalt im Menschenherzen gewinne. Ohne eine voraufgegangene Tränensaat gibt es keine Freudenernte. Wie Christus selbst litt, um uns gesegnet werden zu sehen, so müssen wir in unserem Maß Herzenspein erdulden, um Menschen Seelenfrieden zu verschaffen. Wir müssen sterben, damit andere leben können. Wir müssen unter Schmerzen ringen, damit die Versuchten ruhen können. Wir müssen trauern, damit Trauernde sich freuen können. Es ist etwas Erhabenes für einen Christen, als ein Priester vor dem Herrn handeln und in einem gewissen Sinne die Sünden des Volkes auf sich nehmen und sie bekennen zu können, als ob sie seine eigenen wären, und über die Härtigkeit des Herzens anderer trauern zu können, als ob es seine eigene Herzenshärtigkeit wäre. Wir tun wohl daran, im Gebet die Stelle des Sünders einzunehmen, wie Christus im Opfern diese Stelle einnahm. Es ist unsere Ausgabe, uns vor Gott hinzuwerfen und aus der Tiefe unserer Herzen zu schreien, wie Mose das tat: »*Nun vergib ihnen ihre Sünde; wo nicht, so tilge mich auch aus deinem Buch, das du geschrieben hast*« (2. Mose 32,32). Mose war nun in einem zubereiteten Zustande, das Volk gerettet zu sehen. Manche versuchen es, dies so darzustellen, als ob Mose nicht meinte, was er sagte, aber er meinte es so, und der Herr schalt ihn nicht wegen eines Übereifers oder wegen einer unüberlegten Sprache. Beachtet, dass, als ihm bei einer anderen Gelegenheit »etliche Worte entfuhren«, ihm der Eintritt in das gelobte Land verwehrt ward; doch wegen dieser Worte erfuhr er keinen Verweis, sondern obsiegte so bei dem Herrn, dass er seinen Zorn von Israel abwandte. In dem Mitleid seiner Seele fühlte er viel mehr, als sich nach der Beurteilung in kaltem Blute rechtfertigen lässt, wie das auch bei Paulus der Fall war, als er schrieb: »*Ich habe gewünscht, verbannt zu sein von Christus für meine Brüder, die meine Stammverwandten sind nach dem Fleisch*« (Römer 9,3).

Wenn ihr jemals solche Stufe des Mitleids erreicht, werdet ihr euch bereitfinden, wenn es möglich wäre, eure Seelen gleichsam als Unterpfand für die Seelen anderer darzulegen; und ihr werdet euch in Worten ausdrücken, die von anderen als fanatisch bezeichnet werden. Wenn es mit euch dahin kommt, wird der Herr euch erhören. Wenn ihr ohne einen Segen nicht leben könnt, sollt ihr auch nicht ohne ihn bleiben. Wer weinend um Seelen ringt, wird bald vor Freuden weinen können. Vielleicht sollen wir einen höheren Punkt der Gnade und Liebe erreichen, ehe wir die Fülle des Segens erhalten können. Jedenfalls drücke ich den Fall sehr stark aus zu dem Zweck, dass ihr seht, wie verkehrt die Annahme ist, dass der Fehler unseres Nichterfolges bei dem Herrn liege. Es kann nicht sein, dass Gott weniger bereitwillig ist, Menschen gerettet zu sehen, als wir es sind; es kann nicht sein, dass wir die Liebe übertreffen. Wir dürfen nicht denken, dass der Herr unseren Bemühungen eine Barriere in den Weg stellt, aber es muss uns ermutigen, zu wissen, dass, wenn wir die Seelen der Menschen lieben, der Herr sie noch mehr lieben muss und dass, wenn wir etwas und alles tun, was in unserer Macht steht, ihre Errettung herbeizuführen, wir uns darauf verlassen können, dass der Herr in seiner Gnade nicht lässig ist.

Eine zweite Sache bereitet vielen eine große Schwierigkeit, nämlich **Sünder zu sehen, die bereitwilliger sind, gerettet zu werden, als Gott es ist, sie zu retten.** Ich habe oft gesehen, dass dies scheinbar der Fall ist. Ich sage »scheinbar«, denn in Wirklichkeit könnte es ja nie so sein. Nach der Angabe der Suchenden ist es der Fall, aber ihre Darlegungen sind nicht der Wahrheit gemäß. Es kann nicht sein, dass ein Sünder begierig nach der Versöhnung trachtet und dass der Herr zu hart ist, sich versöhnen zu lassen. Habt ihr jemals von einer Herde Schafe gehört, die über die Berge hinwegeilt und die Abhänge hinunterstürzt in dem Bestreben, ihren Hirten zu finden? Habt ihr in den Zeitungen je Berichte von den Bemühungen der verlorenen Schafe gelesen, die ihren Hirten zu entdecken suchten, wenn derselbe im Schnee begraben lag, um ihn hervorzuholen? Ihr lächelt, aber das Gleichnis passt. Ich habe in der Naturgeschichte verschiedene sonderbare Tatsachen beobachtet, aber ich habe nie von etwas so Merkwürdigem gehört, dass Schafe ihre Hirten suchen und an dunklen Tagen ihren Fußstapfen nachforschen. Und doch müssten wir gerade dies erwarten, wenn es wahr ist, dass Sünder den Herrn Jesus suchen und ihn nicht finden können. Sie sagen: »Ich habe den Herrn gesucht und er hat sich nicht finden lassen; ich habe im Gebet zu ihm gefleht und er hat mich nicht beachtet. Ach, ich habe nach Christus gehungert und gedürstet, aber es gefällt ihm nicht, dass ich mich seiner erfreue!« Welche sonderbare Anschauung! Ein Schaf sucht seinen irrenden Hirten! Ein Groschen forscht nach seiner Besitzerin! Ein verlorener Sohn trachtet nach seinem verlorenen Vater! Diese Annahme ist denn doch zu absurd, nicht wahr? Kann es sein, dass du, ein armer toter Sünder, in diesem Wettlauf der Liebe den lebendigen Heiland überholt hast? Wenn ich sehe, dass eine Nadel ganz von selbst quer über den Tisch hinwegläuft, so sollte ich doch wissen, dass unter dem Tisch ein Magnet tätig ist, den ich nicht sehe. Wenn ich einen Sünder Christus nacheilen sehe, so bin ich gewiss, dass die göttliche Liebe ihn zieht; die Bande mögen unsichtbar sein, aber es ist uns klar, dass sie da sind. Wenn ihr Christus sucht, so geschieht es, weil er euch sucht. Das Verlangen nach Gnade ist genau durch die Gnade hervorgerufen, nach welcher wir uns sehnen. Ihr dürft dem Herrn Jesus nicht nachreden, dass er nicht bereit sei, selig zu machen, da es feststeht, dass er sein Leben gelassen hat, um sein großes Verlangen zu offenbaren, dass er erlösen wollte. Nein, es ist nicht möglich, dass bei dem Heiland irgendwelche Abgeneigtheit vorhanden sein sollte; diese Abgeneigtheit liegt bei euch. Macht euch frei von der ungläubigen und entehrenden Idee, dass Jesus unwillig sei, zu vergeben, und werft euch sogleich in seine Arme. Ihn dürstet danach, Menschen zu segnen; in dieser Beziehung ist es seine Speise und sein Trank, zu tun den Willen dessen, der ihn gesandt hat. Ihr werdet von seinen liebenden Händen gezogen, und das ernste Verlangen, gerettet zu werden, ist durch seinen Heiligen Geist in euch gelegt. Glaubt das und anerkennt so das Band, das euch mit dem Herrn verbindet, durch den Glauben wird dieses Band von Tag zu Tag bewusst stärker werden. Vertraut Jesus ganz und es ist geschehen. Vertraut ihm einfältiglich, vertraut ihm allein, vertraut ihm ohne Zögern – und ihr seid gerettet.

Es ist merkwürdig, dass die gewöhnlichsten Dinge, die wir in unseren Predigten sagen, sehr oft die Aufmerksamkeit fesseln und Segen enthalten. Als vor einiger Zeit ein Evangelist den Glauben erklärte, nahm er ein Buch auf und überreichte es einem Freunde. »Nehmen Sie an«, sagte er zu diesem, »dies sei das Heil, ich biete es Ihnen umsonst an. Haben Sie es genommen?« »Ja, ich habe es.« »Wie haben Sie es erhalten? Haben Sie es gekauft? Haben Sie dafür gearbeitet? Haben Sie es gemacht?« »Nein, Sie haben es mir gegeben, und ich habe es genommen.« »Ich habe es Ihnen gegeben, und Sie haben es genommen«, und so erhalten wir das Heil vom Herrn. Er gibt es uns umsonst, und wir nehmen es durch den Glauben, das ist alles. Wusch der Freund seine Hände oder zog er Glacéhandschuhe an, ehe er das Buch nahm? Nein. Wenn er das getan hätte, würde es ihm nicht gewisser gewesen sein, das Buch empfangen zu haben. Es ist mit der Gabe Gottes genauso.

Wenn ein sehr armer Mann dich bittet, ihm zu helfen, und du ihm eine Mark darbietest, so sagt er nicht: »Entschuldigen Sie, mein Herr, ich kann Ihr Geld nicht annehmen, denn ich bin nicht gut genug gekleidet.« So töricht ist er nicht; er wirft keine Fragen auf, sondern nimmt freudig, was ihm umsonst gegeben wird. Genauso lasst uns Christus als die Gabe Gottes annehmen. Je schlechter wir sind, umso mehr bedürfen wir Jesus, und je unvorbereiteter wir für Christus zu sein scheinen, desto besser sind wir für ihn vorbereitet, insofern das Bedürfnis die beste Vorbereitung auf den Empfang der Wohltat ist. Wenn die Hausfrau die Wäsche für die Waschanstalt zusammensucht, sagt sie nicht: »Dieses Stück ist zu schmutzig, um gewaschen zu werden.« Nein, nein. Während sie alles durchsucht, mag sie einige Stücke so wenig angeschmutzt finden, dass sie sich fragt, ob sie sie auch schon mit in die Wäsche geben soll, wenn aber ein Stück schmutziger ist als die übrigen, ist sie sich dessen ganz sicher, dass es passend ist, mit zur Wäsche zu wandern, und sie legt es ohne eine Frage in den Korb.

Oh, mein sündiger Freund, deine Sündigkeit ist der Grund, aus welchem du zu Christus gehen solltest, um gereinigt zu werden. Hast du je einen Menschen gekannt, der sich vom Essen fernhielt, weil ihn hungerte? Hast du jemals gesagt: »Ich darf nicht trinken, weil ich durstig bin?« Sagt ein Mensch: »Wenn ich nicht ganz so durstig bin, dann will ich trinken, wenn ich mich nicht ganz so matt fühle, will ich essen?« Sagt der Kranke: »Ich bin so krank, dass ich nicht zum Doktor schicken werde, bis ich besser bin?« Wenn wir über andere Dinge nicht so sprechen, warum tun wir es, wo es sich um unsere Seelen handelt? Jesus Christus fordert nichts anderes von uns, als dass wir ihn annehmen, und er bietet sich uns umsonst an. Es gibt nichts Freieres als die Gnade Gottes. »*Und das ist das Zeugnis, dass Gott uns das ewige Leben hat gegeben, und solches Leben ist in seinem Sohn*« (1.Johannes 5,11). »*Also hat Gott die Welt geliebt, dass er seinen eingeborenen Sohn gab, auf dass alle, die an Ihn glauben, nicht verloren werden, sondern das ewige Leben haben*« (Johannes 3,16).

Jesus und sein Heil sind reine Gaben, warum wollt ihr sie denn nicht haben? Sagt ihr: »Ach, dass wir sie empfangen könnten?« Und sagt ihr noch, dass ihr williger seid, zu empfangen, als Gott es ist, zu geben, während er bereits gegeben hat, ihr aber noch nicht genommen habt? Ihr kennt die Einladung von jenem König, der viele Gäste zur Hochzeit seines Sohnes geladen hatte: »*Siehe, meine Mahlzeit habe ich bereitet, meine Ochsen und mein Mastvieh ist geschlachtet und alles bereit; kommt zur Hochzeit*« (Matthäus 22,4)! Es war bedauerlich, dass alles vorbereitet war und die Gäste nun doch nicht kamen. Wie würdest du empfinden, meine liebe Schwester, wenn du deine Freunde zum Besuch eingeladen hättest und nun, nachdem alles bereit war, du finden müsstest, dass niemand käme, um die bereiteten Speisen zu genießen? Würdest du nicht ausrufen: »Was mache ich nun? Hier ist alles bereit, aber es ist keiner da, der da isst!« Eins wäre jedoch ganz klar: Niemand könnte sagen, dass du nicht willig wärest, jemand zuzulassen. Es ist alles bereit und es wird alles verderben, wenn keine Gäste kommen; die Gastgeberin wünscht jeden Platz an der Tafel besetzt zu sehen.

Jesus, die große Vorsorge Gottes selbst, wird von keinem Nutzen sein, wenn Sünder nicht zu ihm kommen, um gerettet zu werden. Das stellvertretende Opfer ist auf ewig verschwendet, wenn Menschen nicht dadurch erlöst werden. Die Aufwendungen der sühnenden Liebe sind überflüssig, wenn die Schuldigen nicht kommen, um teil daran zu nehmen. »Meine Ochsen und mein Mastvieh ist geschlachtet. Wenn nun niemand zur Hochzeit kommt, sind alle meine Vorbereitungen umsonst.« Der König musste Gäste zu seinem Fest haben, und darum sagte er zu seinen Knechten: »*Gehe aus schnell auf die Straßen und Gassen der Stadt und führe die Armen und Krüppel und Lahmen und Blinden herein*« (Lukas 14,21). Als dies geschehen und noch Raum vorhanden war, sagte er zu seinem Knecht: »*Gehe aus auf die Landstraßen und an die Zäune und nötige sie hereinzukommen, auf dass mein Haus voll werde*« (Lukas 14,23). Da saß nun eine recht gemischte Gesellschaft bei dem Fest beisammen. Du bildest dir ein, dass sie recht sonderbar und gar nicht als dahingehörig aussehen musste. Arme, von der Straße aufgelesene Leute, wie konnten die an der königlichen Tafel erscheinen und sich dort an den Leckerbissen laben?

Aber es wäre ein großer Irrtum, wenn du dir einbildetest, dass sie wie ein buntscheckiger Haufen aussahen! Es war ein großartiges Schauspiel: Sie waren alle wie Herren und Damen gekleidet, denn sie hatten hochzeitliche Gewänder angelegt, die ihnen von dem großen Festgeber geliefert worden waren. Wie sie da so an der Tafel saßen, sahen sie aus wie Hofleute, denn sie waren in Gewänder gekleidet, die des großen Festes würdig waren. Sie kannten sich selbst oder einer den anderen kaum wieder. Einer unter ihnen mochte über die Tafel hinweg zu einem Manne hinsehen, der früher sein Genosse in der Armut war, und mochte sagen: »Bist du es denn wirklich?« Und der andere mochte antworten: »Ich bin es und bin es doch nicht. Es ist eine große Umwandlung mit mir vorgegangen. Ich habe meine

Lumpen abgelegt und bin nun herrlich gekleidet.« Wenn ihr zu Christus kommt, wird er auch den Ärmsten unter euch zwischen die Fürsten setzen. Ihr, die ihr mit Aussatz bedeckt und befleckt seid, könnt geradeso kommen, wie ihr seid, und der Herr wird euch willkommen heißen, wird euch heilen und euch auffordern, euch an seiner Tafel zuhause zu fühlen, wo das reichliche Mahl von Fett, von Mark ein Beweis von dem Reichtum seiner Liebe ist. Kommt zu Jesus und seht zu, ob es nicht so ist.

Etliche unter euch kommen mir vor wie die armen Hunde, die mit Maulkörben umhergehen: wenn sie wirklich einem Knochen begegnen, können sie nicht einmal herankommen. Es scheint, als ob der Teufel euch Maulkörbe angelegt hätte, so dass ihr es nicht wagt, euch die herrlichen Dinge des Evangeliums anzueignen. Herr, lass es dir gefallen, diesen armen Wesen das Hindernis wegzunehmen. Oh, dass sie etwas von dem schmecken könnten, was der Herr denen bereitet hat, die ihn lieben! Ihr könnt jeden Segen des Evangeliums haben, wenn ihr es wagt, ihn zu nehmen. Nehmt einen Anlauf dazu. Glaubt, dass Jesus Christus euch retten kann. Vertraut ihm, und er hat euch errettet.

Sagt ihr, dass ihr jetzt nicht glauben, sondern warten wollt, bis euer Herz besser ist und ihr mehr innerliche Ermutigung empfindet? Wie töricht! Dann werdet ihr vergeblich warten. Habt ihr jemals von jenem Tauben gehört, der darauf wartete, das Ticken einer Sonnenuhr zu hören? Er war ebenso weise, wie ihr es seid. Hört auf, ins Innere zu blicken und fangt an, aufzublicken. Jesus rettet alle, die ihm zutrauen, dass er sie retten kann. Macht allem Fragen und Zögern ein Ende und **lasst euch sofort retten!**

Sündenbekenntnis[2]

Teure Freunde! Dem gedruckten Programme nach ist der heutige Gegenstand »Demütigung wegen nationaler, sozialer und persönlicher Sünden.« Schon der Umstand, dass es Sünde gibt, sollte uns tief in den Staub beugen. Sünde wider Gott unseren Schöpfer! Wie können Geschöpfe es wagen, sich wider den allmächtigen Herrn aufzulehnen, der sie gemacht hat? Sünden wider einen so guten Gott! Warum existieren sie nur? Welcher Wahnsinn, so eigenwillige, übermütige, uns selbst so schädliche Sünden zu begehen! Wenn man sich nur denken könnte, dass irgendetwas Gutes aus der Sünde hervorginge, so könnte man das zu ihren Gunsten geltend machen, aber sie ist böse, nur böse und immerdar böse. Sie entehrt Gott und verdirbt uns selbst. Wozu sündigen wir denn nur? In dem, was uns erlaubt ist, ist Mannigfaltigkeit genug, es gibt reichlich Übungen, die uns Freude und Vergnügen gewähren und an denen sich unser ganzes Wesen beteiligen könnte, doch wir müssen notwendig jede Schranke niederreißen und der Sünde nachgehen. Wir haben die klaren, kühlen, fließenden Ströme vom Libanon verlassen und trinken von den schmutzigen Pfützen Sodoms. Wir haben uns abgewandt von dem, was angenehm, sicher und befriedigend ist, und uns dem zugewandt, was hier schon dem Geschmack bitter ist und in der zukünftigen Welt noch viel bitterer sein wird. Bei dem Gedanken an die Tatsache, dass es Sünde gibt, sollten wir vor Gott im Staube liegen.

Ist jemand unter uns, welcher gründlich weiß, welch ein Übel die Sünde ist? Ich nehme es kaum an. Wenn jemand unter uns die Verderbtheit seines eigenen Herzens sehen könnte, so würde er seinen Verstand verlieren. In der Sünde verborgen lauert eine

---

2   Eine Ansprache, gehalten während der allgemeinen Gebetswoche in Verbindung mit der Evangelischen Allianz, im Januar 1886 zu Mentone/Frankreich.

unermessliche Welt des Unheils; wer kann das erkennen? Wenn nicht die unendliche Genugtuung, die aus dem Versöhnungsopfer unseres Herrn Jesus Christus hervorgeht, beständig vor den Augen des großen Gottes wäre – er würde sich mit einem Male seiner Widersacher entledigen und die Sünde wie die Sünder aus der Welt wegkehren.

Ich bin aufgefordert worden, hinsichtlich **nationaler Sünden** zu sprechen, aber dies ist eine zu delikate Aufgabe für mich, und ich fürchte, dass nur wenig Gutes erreicht würde, selbst wenn ich sie vollkommen lösen könnte. Wir gehören hier verschiedenen Nationalitäten an und ein jeder ist eifersüchtig auf sein eigenes Land. Mag jede Nationalität durch ihre Repräsentanten deren eigene Sünden bekennen; und vielleicht geschieht dies am besten gesondert, denn wer wird die Fehler seiner eigenen Familie öffentlich bloßstellen wollen? Ferner sind allgemeine Beschreibungen von einem Volke in einem großen Maße ungenau. Tatsache ist, dass alle Nationen von einem Blute sind und dieselben Fehler haben, wenngleich sich hinsichtlich des Verhältnisses, in welchem die bösen Bestandteile gemischt sind, eine beträchtliche Mannigfaltigkeit zeigt. Sünde ist weder ein englisches noch ein französisches noch ein deutsches Kraut; es wächst, wo auch nur ein Zoll menschlichen Bodens ist.

Doch so viel muss ich von nationalen Sünden sagen, dass, wo je große Mächte in kleine und harmlose Nationalitäten eingreifen, um ihre Territorien oder ihren Einfluss auszudehnen, sie wirklich schuldig sind, und wo Nationen eine fieberhafte Reizbarkeit oder eine Bereitschaft zum Kriege zeigen, da sind sie auch zu tadeln. Ist der Krieg nicht stets ein Konglomerat von Verbrechen? Worin unsere zivilisierten Geschlechter eingeborene Stämme unterdrückt und herabgewürdigt haben, da schreien ihre Sünden hinauf zum Himmel. Ich schäme mich, den Anteil meines Landes an der schrecklichen Schmach des Opiumhandels anerkennen zu müssen. Möchte Gott diese große Gottlosigkeit vergeben und uns davon erlösen! Aber genug davon, auf dass ich nicht Meinungsunterschiede wecke, wo ich zu einer allgemeinen Buße anregen möchte. Jede Nationalität demütige sich gesondert und rufe mit Daniel aus: »*Ja, Herr, wir, unsre Könige, unsre Fürsten und unsre Väter müssen uns schämen, dass wir uns an dir versündigt haben*« (Daniel 9,8).

Ebenso wenig will ich mich lange bei den **sozialen Sünden** aufhalten. Ach, unsere Ohren klingen noch von den Dingen, die sie während des vorigen Jahres haben hören müssen! Ich könnte wünschen, dass ich nie von den Dingen gehört oder gelesen hätte, die von schändlichen Menschen im Verborgenen verübt sind. O Gott, in was für einer Welt leben wir! Unsere schönen Boulevards, unsere schönen Straßen und Paläste – wie prächtig sieht das alles aus. Die Leute, in ihren Sonntagsgewändern gekleidet, sind schön anzusehen. Ach, das ist nur Flitter. Unsere Städte dunsten von den Verbrechen Sodoms. Wir reden von christlichen Ländern, aber noch hat die Erde solche Wunder nicht gesehen. Länder werden zur Unehre des heiligen Namens unseres Herrn als »christliche« bezeichnet. Die Welt liegt tatsächlich am Busen des Argen. Christen sollten sich ja nicht einbilden, dass sie, um zu den Heiden zu gelangen, erst Tausende von Meilen reisen müssen; die Heiden um uns her kommen in ihren Sünden um. Je bälder wir anerkennen, dass wir inmitten der Finsternis Lichter und inmitten der Fäulnis Salz sein müssen, desto besser ist das für die Erfüllung unseres Lebenswerkes. Wenn wir glauben, dass die Welt gereinigt und zu einer Kirche geheiligt worden ist, dann leben wir im Paradiese eines Narren und sind behilflich, eine kolossale Heuchelei zu unterstützen und werden den Zweck verfehlen, zu welchem eine Gemeinde inmitten der Welt fortbestehen soll.

Unter den sozialen Sünden fühle ich mich geneigt, das Hauptgewicht auf den weitverbreiteten sozialen Atheismus der gegenwärtigen Zeit zu legen. Nicht, dass viele sich als offenbare Ungläubige bekannten, sondern dass viele, die es sind, nicht so viel Ehrlichkeit besitzen, es zu bekennen. Die Menschen vergessen des Gottes, der sie gemacht hat. Es werden Versuche gemacht, die Idee von Gott aus der Wissenschaft, aus dem Geschäft, aus der Politik und selbst aus der Schule zu verbannen. Es ist nicht einmal mehr so viel äußerliche Religion vorhanden, wie das früher der Fall gewesen ist; viele werfen die äußere Achtung vor derselben ab. Und können wir uns darüber wundern? Gewisse Theologen haben die Inspiration der Heiligen Schrift in Frage gestellt und bezweifeln selbst die historischen Tatsachen, die in derselben berichtet werden. Die Lehren unseres Herrn und seiner Apostel sind von deren vorgeblichen Verteidigern angegriffen und die Lehren unseres heiligen Glaubens sind eine nach der anderen den Händen der Feinde überliefert worden. Natürlich leugnet das Volk, wenn ihre Prediger zweifeln. Der Unglaube erfüllt die Luft und die Zweifelsucht ist Mode geworden. Dies alles muss das Unglück und Elend kommender Tage vorbereiten. Die Leute verleugnen den Herrn nicht, der sie gemacht hat, ohne sich den Zorn auf den Tag des Zorns aufzuhäufen.

Ich ziehe es jedoch vor, liebe Freunde, die übrigen mir verbleibenden wenigen Minuten dazu zu verwenden, uns an unsere eigenen, **persönlichen Sünden** zu erinnern. Dies sind die Sünden, die unsere Buße am nötigsten machen, die auch am wirksamsten ist. Weit verbreitete soziale Sünden können wir nicht überwältigen, aber durch Gottes Gnade können wir unsere eigenen überwinden. Es mag vergeblich sein, dass ein verborgener Unbekannter die Geißel wider eine Nation erhebt, aber der Geringste unter uns kann seine eigenen, einheimischen Sünden geißeln und aus dieser Selbstbeschuldigung auf ein gutes Resultat hoffen.

Wir wollen uns persönlich zu den Füßen unseres Herrn Jesus niederlegen und uns daran erinnern, dass viele unter uns viel schuldiger sein mögen, als es unserem äußeren Leben nach scheinen mag. Unsere verborgenen Sünden, unsere Herzenssünden, unsere Unterlassungen – alles muss in Betracht gezogen werden. Es mag für manchen unmöglich gewesen sein, so zu sündigen, wie andere gesündigt haben, aber das dürfen wir uns nicht zugute rechnen. Der Hund, der angekettet gewesen ist, ist dafür nicht zu loben, dass er sich nicht umhergetrieben hat.

Wenn wir Böses getan haben, wie wir konnten, so dürfen wir uns dessen nicht rühmen, dass wir das nicht getan haben, was uns zu tun unmöglich war. Gedankensünden, Wunschsünden und Wortsünden müssen samt all unserer Undankbarkeit gegen Gott und dem Mangel an Liebe zu unserem Nächsten und unserem Stolz und unserer Selbstsucht und unserer Unzufriedenheit mit auf unsere Schuldliste geschrieben werden.

Niemand unter uns denke daran, dass er sich deshalb was zugute schreiben kann, weil er nicht in so betrübender Weise gefallen ist wie andere. Wir können sehr respektable Leute sein und dabei doch in manchen Beziehungen die in der Sünde übertreffen, die größere Sünder zu sein scheinen. Wenn ich auch nicht unkeusch bin, so kann mich der pharisäische Stolz doch ebenso strafbar vor dem allmächtigen Gott machen. Wenn ich auch kein Spieler bin, so kann mich eine boshafte Gesinnung doch ebenso gewiss vom Himmel ausschließen. Wenn ich auch kein Lästerer bin, so ist doch fleischlich gesinnt sein schon eine Feindschaft wider Gott, und wenn meine Natur nicht verändert ist, so bin ich mit Gott nicht versöhnt. Darum ziemt es jedem, genau ins eigene Innere zu schauen und eine gründliche Selbstprüfung vorzunehmen, und nachdem das geschehen ist, wird ein jeder weise handeln, wenn er mit dem bußfertigen David ausruft: »*Gott, sei mir gnädig nach deiner Güte und tilge meine Sünden nach deiner großen Barmherzigkeit*« (Psalm 51,1).

Seitdem ich gläubig an den Herrn Jesus Christus bin, weiß ich auch gewiss und weiß es jetzt, dass mir alle meine Sünden vergeben sind. Wenn wir das Zeugnis der Heiligen Schrift glauben, kann hinsichtlich der Begnadigung eines jeden wahren Gläubigen kein Zweifel mehr obwalten. Aber dennoch wagen wir es nie, die Stellung des Zöllners aufzugeben, der da ausrief: »*Gott, sei mir Sünder gnädig*« (Lukas 18,13)! Wir anerkennen, dass wir es beständig bedürfen, die Vergebung zu erhalten, derer wir uns bereits erfreuen. Uns wegen einer eingebildeten Vollkommenheit beglückwünschen ist eine Torheit, zu der wir uns nie verstehen sollten. Obgleich wir wissen, dass wir Vergebung haben, wird unser Schmerz über unsere Übertretung doch immer größer. Die Sünde wird in unserer Schätzung mehr überaus sündig, eben wegen der Liebe, die sie vergibt. Sie legte dir, o Herr, eine so schwere Last auf, dass wir, wenn wir deiner überaus großen Schmerzen gedenken, uns tief schämen und fühlen müssen, dass wir unseren Mund niemals öffnen können, um uns auch nur im Geringsten zu beglückwünschen. »Wir müssen uns schämen«, und dies ist das einzige Erbteil, das wir uns durch unsere Verschuldung erworben haben.

Unsere Sünden, liebe Freunde, müssen zum großen Teil in Bezug auf unsere Vorrechte ins Auge gefasst werden. Die Sünden derer, welche mehr wissen als andere, tragen einen ganz besonderen Stempel. Die, welche gegen ein erleuchtetes und zartes Gewissen und gegen heilige Vorbilder und Einflüsse sündigen, sündigen mit einer zehnfachen Verschuldung. Manche Menschen müssen ihrem besseren Selbst Gewalt antun, um Unrecht zu tun; manche liebenswürdigen Frauen müssen sich abhärten, ehe sie in die Torheiten anderer einwilligen können. Ein jeder bedenke, dass das Licht, gegen welches wir sündigen, unsere Schuld nur vermehrt.

Vergesst auch nicht, dass wir sündigen können, selbst während wir ein Sündenbekenntnis ablegen. Ein Sündenbekenntnis, welches nicht von Herzen kommt und das spätere Leben nicht beeinflusst, ist an und für sich eine Sünde. Ein Bekenntnis, in welchem kein Glaube an Jesus ist, ist, insofern es die Sprache des Unglaubens ist, eine hinzugefügte Übertretung. Ich bin nicht ganz sicher, ob es nicht eine Sünde für ein Kind Gottes ist, bereits vergebene Sünde zu bekennen, als ob sie noch nicht vergeben wäre. Wenngleich wir alle unsere Sünden zu bekennen haben, kann doch kein »allgemeines Bekenntnis« für alle gleich passend sein. Bedenken wir stets, dass doch zwischen Menschen und Menschen ein großer Unterschied ist, manche sind unbegnadigt und andere sind durch Jesu Blut von ihren Missetaten gereinigt. Wenn Unbegnadigte ihre Sünden als unvergeben bekennen, so ist das richtig und wahr; wenn aber ein Kind Gottes, das Vergebung hat, so von seiner Sünde spricht, als ob sie nie weggenommen worden wäre, so ist das eine Entehrung des herrlichen Opfers, durch welches der Herr Jesus die Übertretung aufgehoben und der Sünde ein Ende gemacht hat. Wollen wir den wundervollen Tod auf Golgatha unwirksam machen? Lasst uns nie so sündigen. Kommt darum – ihr, die ihr Christus vertraut – kommt mit eurem Bekenntnis nicht im knechtischen, noch weniger im verzagenden Sinn. Bekennt eure Sünden, indem ihr euch an eures Vaters Brust legt und weint wegen der großen Liebe, die euch vergeben hat.

Indem wir dies alles im Auge behalten, lasst uns als Glieder der Gemeinde Christi zu der schmerzlichen Erinnerung an unsere Unzulänglichkeiten zurückkehren. Wie weit haben wir uns an der weitverbreiteten Verweltlichung der bekennenden Christen beteiligt! Es ist sehr betrübend, dass die Gemeinde und die Welt in unseren Tagen sich so sehr ähnlich sehen. Es sollte eine deutliche Scheidung zwischen den beiden erkennbar sein. Die Welt wurde einst durch eine Flut verderbt, und welches war die Ursache? Es geschah, weil »*die Kinder Gottes sahen nach den Töchtern der Menschen, wie sie schön waren, und nahmen zu Weibern, welche sie wollten*« (1. Mose 6,2). Als die Gemeinde sich so mit der Welt vermischte, war das Verderben nahe. Es gereicht weder der Welt noch der Gemeinde zum Besten, dass die Unterscheidungslinien verwischt werden. Es besteht ein ewiger Unterschied zwischen dem, der Gott fürchtet, und dem, der ihn nicht fürchtet, und wenn bekennende Christen von Weltmenschen nicht unterschieden werden können, so liegt das daran, dass das Salz seine würzende Kraft verloren hat.[3]

Eine andere sehr überhandnehmende Sünde ist die betrübende Gleichgültigkeit gegen die Seelen unserer Mitmenschen. Es sind gewisse Lehren eingeführt worden, welche dahin neigen, hinsichtlich der Zukunft der Unbußfertigen leich-

---

3 Vgl. Matthäus 5,13.

te Gefühle in Menschen zu wecken – ein Zustand, welcher ganz natürlich zur Gleichgültigkeit dagegen führt, ob Menschen zum Glauben an Jesus geführt werden oder ob man sie in ihren Sünden bleiben lässt. Ach, wir alle sind auch ohne diese modernen Einschläferungsmittel gleichgültig genug. Ich erschrecke vor jeder Form der Lehre, welche im Blick auf das Sterben eines Menschen ohne Gott und ohne Hoffnung meine Schrecken zu verringern geeignet wäre. Es ist unsere Sache nicht, Menschen mit einer Hoffnung, für die wir keine biblische Grundlage haben, über Wasser zu halten. Wir möchten lieber Seelen vor dem Untergang errettet sehen und wollen es gern anderen überlassen, darüber zu spekulieren, wie sie aus der grausamen Grube herausgebracht werden können, nachdem sie einmal hineingefallen sind. Möchten wir jedenfalls nie unachtsam werden gegen die Seelen unserer Mitmenschen, sondern möchten wir, wo wir auch sein mögen, jede Gelegenheit wahrnehmen, die Menschen vor dem zukünftigen Zorn zu warnen und ihnen des Heilandes Liebe anzupreisen!

Brüder in Christus, dürften wir nicht darin gesündigt haben, dass wir zu ausschließlich auf unser eigenes Werk achten und der Arbeiten unserer Brüder auf anderen Gebieten des Arbeitsfeldes vergessen? Wie wenige unter uns können sich darüber freuen, wenn der Herr andere mehr segnet als uns selbst!

Ist nicht auch Sünde in der Uneinigkeit, welche unter bekennenden Christen besteht? Werden wir nie zusammenkommen? Könnten wir nicht alle unsere Ansichten nach dem Worte Gottes revidieren? Dieses heilige Buch wird von uns allen als unser Führer anerkannt; sollten wir nicht alle miteinander übereinstimmen können, wenn wir alle mit der Bibel übereinstimmen? Mir erscheint es als ein klarer Grundsatz, dass Personen, die mit derselben Regel übereinstimmen, auch miteinander übereinstimmen müssen. Wenn dies nicht genügt, wollen wir dann uns nicht bestreben, eins untereinander zu sein als solche, die eins mit Christus sind? Wenn wir mit ihm vereinigt sind, müssen wir dann nicht auch untereinander einig sein?

Mein lieber Bruder, ich darf nicht unterlassen, der Sünde der Sünden, unseres elenden Unglaubens, Erwähnung zu tun. Glauben wir irgendetwas, wie wir es glauben sollten? Haben wir die ewigen Gewissheiten und Wirklichkeiten fest erfasst? Handeln wir nicht Gott gegenüber, als ob er ein Schatten wäre, anstatt uns auf ihn als auf den Fels der Ewigkeiten[4] zu verlassen? Wir glauben nicht halb die göttlichen Verheißungen, noch verlassen wir uns auf die unveränderliche Güte und Treue unseres himmlischen Vaters. Wir leben Gott, aber ach, dieses Leben pulsiert nur schwach in unserer Brust. Wo ist unser Vertrauen auf das Evangelium? Wo ist unser Rühmen des Kreuzes? Wir sind zitternde Nachfolger eines Meisters, der den unerschütterlichen Glauben von jedem verdient, der die Ehre hat, sein Jünger zu sein.

Es bleibt mir nur eine Minute, um unser Unzulänglichkeit hinsichtlich des Gebets im Verborgenen anzuerkennen. Wo sind die Männer, die im Bitten und Flehen mächtig sind? Klagen uns unsere Kämmerlein nicht an? Wo sind unsere vereinten Gebete zu dem Herrn? Vergessen nicht viele die Gebetsversammlungen?

Sind wir nicht in der Betrachtung, in der Gemeinschaft, im Wandel mit Gott sehr mangelhaft gewesen? Wo sind jetzt **die Heiligen?** Wir haben eine Überfülle an Bekennern, aber wo sind die wirklich hervorragenden Christen? Ich glaube, dass die Kraft der Gemeinde in jenen inneren Kreisen der Helden liegt, der sich aus den gründlich und ganz Geweihten, aus den Männern zusammensetzt, welche von dem Herrn begünstigt sind. Der heilige Bernard war das Licht seiner Zeit, und indem wir einen Zeitabschnitt nach dem andern durchsehen, sehen wir Männer, die in dem Licht Gottes erstrahlten; aber wir alle sollten danach trachten, im wahrsten und höchsten Sinne des Wortes Heilige zu sein. Wir müssen es darauf abgesehen haben, die heiligsten Männer und Frauen zu sein. Lasst es unser Ziel sein, den Bergspitzen zu gleichen, welche die Strahlen der aufgehenden Sonne

---

4   Vgl. Jesaja 26,4.

zuerst erfassen, um dann das Licht auf das untere Land zurück-zustrahlen. Wenn wir das nicht sind, so sollten wir es doch sein, und worin wir das überhaupt nicht sind, was wir sein sollten, darin sündigen wir.

Und nun lasst uns unsere Herzen vor Gott ausbreiten und ihn bitten, uns zu erforschen, damit so unsere Schuld vollkommen weggenommen werde und wir vor ihm rein seien und so mit freudigem Herzen in das neue Jahr eintreten können. Möchte der Heilige Geist den Geist der Gnade und des Gebets über uns ausgießen! Amen.

»Ich bitte euch, haltet das Erfasste fest!«

Diesen Satz fand ich in einem der wunderbaren Briefe, welche Samuel Rutherford der Gemeinde Gottes aller Zeiten als unschätzbares Legat hinterlassen hat. Ich dachte, er gebe einen vorzüglichen Text zu einer Ansprache in der Gebetsversammlung ab, und so merkte ich ihn mir. Er packte mich, und so packte ich ihn in der Hoffnung, dass er auch euch packen und veranlassen werde, »das Erfasste festzuhalten.«

Denkt aber nicht, dass ich Rutherford einen Text entnommen habe, weil ich in der Bibel keinen finden kann; es gibt mehrere Schriftstellen, die dieselbe Lektion lehren, wie zum Beispiel die Ermahnung: »*Ergreife das ewige Leben*« (1. Timotheus 6,12), oder die: »*Halte, was du hast*« (Offenbarung 3,11), oder die andere: »*Halte an dem Vorbilde der heilsamen Worte*« (2. Timotheus 1,13). Mit göttlichen Dingen darf nicht gespielt werden, »damit sie uns nicht etwa entgleiten«. Sie müssen fest erfasst werden, wie Jakob den Engel festhielt, als er ausrief: »*Ich lasse dich nicht, du segnest mich denn*« (1. Mose 32,27). Der Glaube ist zunächst das Auge der Seele, mit dem sie die unsichtbaren Dinge Gottes sieht, danach wird er die Hand der Seele, mit welcher sie das Wesen »der unsichtbaren Dinge« ergreift. Ein Mensch hat zwei Hände und ich möchte euch dringend bitten, die Dinge doppelt fest zu ergreifen, die Satan euch zu entwinden versucht. Klammert euch daran, wie die Schnecke sich an den Felsen festsaugt oder wie der Magnet das Eisen festhält. »**Ich bitte euch, fasst das Erfasste fest!**«

Tut dies zuerst **im Blick auf den Herrn Jesus Christus.** Umschlingt sein Kreuz als die einzige Hoffnung eurer Seele. Ich möchte euch, die ihr ihn habt, auffordern, das angefangene Wesen bis ans Ende festzuhalten.[5] Haltet euch an ihn mit mehr

---

5   Vgl. Hebräer 3,14.

Verständnis und mit größerer Entschiedenheit denn je zuvor. Lasst alles andere fahren, aber umklammert ihn, wie Joab die Hörner des Altars umklammerte. Wenn Jesus euch fragen sollte: »Wollt ihr auch weggehen« (Johannes 6,67)? so antwortet alsbald: »Herr, wohin sollen wir gehen? Du hast Worte des ewigen Lebens« (Johannes 6,68). Wie er euch durch seine Gnade hält, so haltet ihn durch die Gnade, die er in euch gewirkt hat. Ich bitte euch, fasst das Erfasste fest; so fest, dass der schreckliche Gedanke, ihn zu verlieren, niemals euer Herz verdunkeln kann. »Ich halte ihn«, sagt die Braut im Hohenliede, »und will ihn nicht lassen, bis dass ich ihn bringe in meiner Mutter Haus, in die Kammer der, die mich geboten hat« (Hoheslied 3,4). Ihr könnt Jesus nicht zu anderen bringen, wenn ihr selber ihn nicht festhaltet. Lasst es euch nie einfallen, den zu lassen, der eure Hoffnung, eure Freude, euer Alles ist. Ihr müsst ihn haben und festhalten, wenn der Tod euch von allen anderen trennt.

Wenn jemand unter euch Jesus Christus noch nie ergriffen hat, so bitte ich ihn, ihn heute Abend zu ergreifen. Dass der Heilige Geist euch lehren und leiten und befähigen möchte, es in diesem Augenblick zu tun! Christus ist kein Schatten, ihr könnt ihn ergreifen, es ist etwas zu ergreifen da. Erfasst ihn, wie ein Ertrinkender nach der Rettungsboje, wie ein Verhungernder nach einem Stückchen Brot greifen würde. Jesus wird es nicht versuchen, sich euch zu entziehen. Er entzog jener Frau sein Gewand nicht, als sie es anrührte, um geheilt zu werden; er entzieht sich einer suchenden Seele nie. Wagt es denn, ihn zu erfassen, und seid kühn; denn er liebt einen kühnen Glauben. Hat er nicht gesagt: »Wer zu mir kommt, den werde ich nicht hinausstoßen« (Johannes 6,37)? Ergreift ihn, denn er stellt sich euch in dieser guten Stunde in den Weg. Die Menschen sind begierig genug, nach den Schatten dieser armen, vergänglichen Welt zu haschen; warum seid ihr denn so saumselig, ihn zu ergreifen, der voller

Gnade und Wahrheit[6] ist? Welches Leben, welches Heil, welche ewige Freude wird von ihm aus in eure Seelen strömen, wenn ihr euch bewegen lasst, ihn zu ergreifen und als euer Eigentum anzunehmen! Haltet das nicht für einen Raub, denn er ist Gottes unaussprechliche Gabe[7], die bedürftigen Sündern umsonst dargeboten wird.

Sodann bitte ich euch, **hinsichtlich der Lehren des Evangeliums** das Erfasste festzuhalten. Ihr glaubt sie, teure Freunde, sonst würdet ihr euch nicht um den Prediger scharen. Wenn etliche unter euch sind, die sie nicht glauben und doch Mitglieder dieser Gemeinde sind, so könnt ihr es mit gutem Gewissen kaum bleiben, denn unser Glaubensbekenntnis ist hinsichtlich dieser Punkte sehr bestimmt. Wenn etliche aufhören, die erhabenen Lehren des Evangeliums von der freien Gnade festzuhalten, gehen sie im Allgemeinen in kurzer Zeit bald ganz ab, denn sie sind es müde, sie beständig predigen zu hören. Meine Wirksamkeit ist gleich einem Dreschflegel, der die Spreu von dem Weizen trennt, und einer Worfschaufel, die die Spreu wegtreibt, und ich wünsche, dass das geschehe. Ich habe es darauf abgesehen, die Spreu von dem Weizen zu trennen. Wenn ich höre, dass sich jemand an der Wahrheit, die ich gepredigt habe, geärgert hat, so denke ich daran, dass sich seinerzeit viel mehrere ärgerten an dem unendlich größeren Prediger, welcher bei einer Gelegenheit fand, dass viele hinter sich gingen und hinfort nicht mehr mit ihm wandelten, denn er hatte eine harte Rede gehalten, und »*wer konnte sie hören*« (Johannes 6,60)? »*Ärgert euch das*« (Johannes 6,61)? Dann werdet Ihr euch, während wir tiefer und tiefer in die Wahrheit von der souveränen Gnade einzudringen suchen, noch viel mehr ärgern müssen.

Ihr aber, liebe Freunde, habt die Lehre von der Gnade erfasst, und »ich bitte euch, haltet das Erfasste fest«. Es ist jetzt die Zeit da, da euch alles entrissen wird, wenn ihr es nicht fest-

6   Vgl. Johannes 1,14.
7   Vgl. 2.Korinther 9,15.

haltet. Vor einigen Jahren suchte mir jemand, der den mehr vorgeschrittenen Standpunkt einnahm, damit sehr zu schmeicheln, dass er mir sagte, es sei im Süden Londons schwierig zu arbeiten, da die Leute von einer Art Lehre infiziert seien, die zu zerstören gar nicht möglich sei, denn wenn sie sie einmal erfasst hätten, hielten sie auch hartnäckig daran fest. Ich freue mich sehr darüber, dass dem so ist. Die Lehren eines gnadenvollen Evangeliums sind so biblisch, so kraftvoll, beweisen sich selbst so sehr und sind so befriedigend, dass die Menschen, die ihre Kraft einmal kennen, sie nicht so bald wieder aufgeben. »Die freie Gnade und eine sich aufopfernde Liebe« sind so guter alter Wein, dass niemand bald des neuen begehrt. Die Lehren des Evangeliums durchsättigen einen Gläubigen so gründlich, wie sich das alte Rot der Soldatenröcke in alle Fäden des Gewebes so eingenistet hat, dass es nicht herauszuwaschen ist. Das Evangelium ist gleich manchem Parfüm, das das Kästchen, in welches es einst getan worden war, nicht wieder verlässt. Die Liebe der freien Gnade wohnt im Innersten unseres Herzens; sie ist nicht nur bis an die Knochen gekommen, sondern ist ins Mark eingedrungen; ihr könnt sie nicht herausbringen, und ob ihr uns auch tötetet. Ich achte, dass bei euch das so ist, wie ich es von mir weiß; ich könnte zu so kleinen Atomen zermahlen werden, dass ihr dieselben nicht ohne ein starkes Mikroskop sehen könnt, aber jedes Atom würde von dem Glauben an das Versöhnungsopfer funkeln und von der ewigen Liebe, die es gebracht hat.

Ich bitte euch, haltet die geoffenbarten Wahrheiten des Wortes Gottes fest, so dass ihr nie nachlasst, sie zu bekennen und zu verteidigen, gleichviel wie viel Spott euch eure Anhänglichkeit auch eintragen mag. Ich sagte gestern zu einem amerikanischen Freunde, dass ich mir nichts darauf zugutetun könne, dass ich das Evangelium von der freien Gnade verkündige, weil ich kein anderes kenne und auch kein anderes zu kennen wünsche. »*Ich hielt mich nicht dafür, dass ich etwas wüsste unter euch, als allein Jesus Christus, den Gekreuzigten*« (1. Korinther 2,2). Ich flehe darum, dass es mir gegeben werde, dies eine und einzige Evangelium immer fester und fester zu erfassen und dass euch allen ohne Ausnahme dasselbe gegeben werde. Wir wollen von diesem vollkommenen System der geoffenbarten Wahrheit, deren Mittelpunkt Christus und deren Umfang Gnade ist, auch nicht ein Partikelchen fahren lassen.

Drittens, liebe Freunde, bitte ich euch um eures eigenen Trostes willen, **die erfassten Verheißungen Gottes** fester zu erfassen. In den zukünftigen Tagen werden die Jüngeren unter uns einsehen, wie weise dieser Rat ist. Ich will euch sagen, was euch dazu verhelfen kann, das Erfasste fester zu fassen: ein schmerzhafter Rheumatismus, wenn Gottes Gnade ihn begleitet. Ich wünsche euch keinen Rheumatismus und keine andere Trübsal; wenn solche aber dennoch kommen sollte, hoffe ich, dass euch Gnade gegeben wird, die köstlichen Verheißungen zu erfassen, die eurem Zustande angepasst sind. Geheiligte Leiden werden euch helfen, euren Griff fester zu gestalten. Wenn ihr liebe Wesen lange krank liegen habt oder wenn eure Habe euch verloren geht oder eure jubilierenden Herzen in den Zustand geistlicher Bedrückung geraten, werdet ihr Verheißungen nötig haben und werdet das Bedürfnis fühlen, sie fester zu erfassen. Eine Verheißung Gottes fest ergreifen ist besser, als einen Beutel Gold erfassen. Das Erfassen einer Verheißung wie: »*Ich will dich nicht verlassen noch versäumen*« (Hebräer 13,5) wird euch in den Stand setzen, die Ermahnung zu verstehen, welche der Apostel Paulus daran knüpft: »*Der Wandel sei ohne Geiz; und lasst euch genügen an dem, das da ist. Denn er hat gesagt: ›Ich will dich nicht verlassen noch versäumen‹*« (Hebräer 13,5). Wenn ihr vor der Trübsal erschreckt und Zweifel und Furcht euch beschleichen, dann bitte ich euch, erfasst den ewigen Bund umso fester. Ihr habt innerhalb des Vorhangs einen Anker, der niemals nachgibt; aber achtet darauf, dass eure Kette an Bord eures Fahrzeuges fest daran geschmiedet sei; darauf muss eure Sorge gerichtet sein und darum: »Haltet das Erfasste fest!«

Ich bitte euch auch, **an dem Dienst festzuhalten, den Gott euch übertragen hat.** Ihr, die ihr Bibelklassen zu leiten, in der

Sonntagsschule zu lehren, Traktate zu verbreiten und in irgendeiner Weise für euren gnadenvollen Herrn zu arbeiten habt, sagtet ihr nicht noch kürzlich, dass ihr mit dem Gedanken umginget, eure Tätigkeit aufzugeben? Was wollt ihr? »Ich bitte euch, fasst das Erfasste fest!« Es scheint lächerlich, wenn jemand, der ein Werk für Christus zu tun hat, so spricht, als wollte er es aufgeben, wenn er nicht wirklich unfähig ist, damit fortzufahren; aber ich möchte doch lieber darüber weinen, denn es ist wirklich betrübend. Ihr seid so hoch geehrt mit der Gelegenheit, Gutes zu tun und Seelen zu gewinnen, und ihr wolltet vom Aufgeben reden? Ich bitte euch: »Haltet das Erfasste fest!« Natürlich, wenn ihr wegen Alters und wegen Schwäche die Arbeit nicht verrichten könnt, so ist es weise, aus dem Wege zu gehen und sie andere besser tun zu lassen; solange ihr sie aber noch tun könnt, bitte ich euch: »Haltet das Erfasste fest!« Einige alte, mir wohlbekannte Männer führten das Sonntagsschulwerk fort, bis sie starben, und manche alten Prediger haben sich bis an ihr Ende nützlich zu machen gesucht. Ein schöner Punkt in dem Kapitel der Apostelgeschichte, das wir gestern lasen, war die Treue der römischen Kriegsknechte. Zum Lobe der Sadduzäer und der Hohenpriester kann nur wenig gesagt werden; aber die Soldaten standen noch am Morgen vor der Tür des Gefängnisses, obgleich der Engel den Apostel längst befreit hatte. Sie standen als Schildwachen da, wo sie hingestellt worden waren, und ihr, die ihr gute Streiter Jesu Christi seid, müsst da stehen, wo euch euer Herr und Meister hingestellt hat: als Schildwachen so fest wie Statuen, bis ihr abgerufen werdet.

Ich habe gehört, dass Sir Henry Havelock bei einer Gelegenheit mit seinem Sohne über die London Bridge ging und zu ihm sagte: »Bleib hier stehen, Henry, bis ich zurückkomme.« Er besorgte sein Geschäft in der Stadt, vergaß seinen Jungen ganz und ging nach Hause. Seine Frau fragte ihn: »Wo ist Henry?« »Meine Güte«, erwiderte er, »der steht auf der London Bridge. Ich sagte ihm, dass er dort bleiben sollte, bis ich zurückkehren würde, und ich bin überzeugt, dass er noch dort steht.« Er beeilte sich, nach der Stelle hinzukommen, und da stand der junge Henry wirklich noch. »Wie, Henry, stehst du noch hier?« »Ja, Vater; du sagtest, ich solle hier warten, bis du zurückkommen würdest, und das habe ich getan.« Der Sohn eines Soldaten konnte nicht anders, und ihr seid Kinder des großen Herzogs eurer Seligkeit, nämlich des Herrn Zebaoth. Behaltet eure Plätze, was auch geschehen mag, und arbeitet weiter, was sich auch zutragen mag. Steht fest, ob ihr auch alles getan haben mögt, und ihr habt noch nicht alles getan. *»Selig sind die Knechte, die der Herr, so er kommt, wachend findet«* (Lukas 12,37). Es wäre zu schmachvoll, wenn ihr eure Posten aufgeben wolltet. Seid ihr müde und entmutigt? Die Geduld muss vollkommen sein bis ans Ende. Nein, nein, meine Lieben, keiner unter uns denke ans Retirieren. »Ich bitte euch, haltet das Erfasste fest!«

Und hier ist noch ein härteres Stück. Ich bitte euch, fasst **das Kreuz** noch fester. Ich meine damit das Kreuz, welches ihr Jesus nachzutragen habt. Ihr wisst, dass ihr verpflichtet seid, es zu tragen, denn alle, die an den Gekreuzigten glauben, müssen Kreuzträger sein.[8] Das Kreuz Christi hat euch errettet, und nun ihr errettet seid, gibt es ein Kreuz zu tragen, das der Herr für eure Schultern zubereitet hat: es sind Leiden, Verluste und die Schmach um Christi willen. Ich bitte euch, erfasst dies Kreuz fest, es muss aufgenommen werden. Ihr dürft nicht warten, bis es den unwilligen Schultern aufgezwungen wird. Eures Herrn Befehl ist: *»Nimm dein Kreuz auf dich und folge mir nach«* (Lukas 9,23). Bücke dich, erfasse es und trage es. Möchten es deine Hände um Jesu willen umfassen! Scheue dich dessen nicht, dass das Abzeichen der wahren Heiligen ihre Last und zugleich ihr Segen ist. Ist es Schmach? Achte sie für größeren Reichtum als alle Schätze Ägyptens. Ist es Verlust um der Heiligkeit willen? Wähle ihn als deine freudevolle Braut. Ist es irgendwelche Form der Verfolgung? Freue dich darüber, dass du würdig geachtet wirst, um

---

8   Vgl. Lukas 9, 23.

deines Herrn willen leiden zu dürfen. Ist es irgendwelche andere Trübsal, die dem Leben der Gottseligen anhaftet? Lehne dich nicht dagegen auf, sondern »nimm sie auf« und trage die heilige Last gern und willig. Geheiligte Leiden sind geistliche Förderungen.

Selbst wenn dein Kreuz schwerer wird, als du es tragen kannst, so heiße es dennoch willkommen und folge den Fußstapfen des Vielgeliebten als einer von dem erwählten Zuge, die auserwählt gemacht werden im Ofen des Elends.[9] Eines Tages wirst du dahin kommen, den vortrefflichen Nutzen deiner Kreuze zu sehen, und dann wirst du Gott dafür preisen. Durch Geduld und Glauben kannst du sogar dein Kreuz so liebgewinnen, dass du dich nicht einmal davon trennen möchtest. Unterwerfung ist der nahe Weg zum Trost, und die freudige Ergebung findet heraus, dass das Kreuz auf dem Rücken den Schwingen an den Schultern sehr ähnlich ist. *»Wir rühmen uns auch der Trübsale«* (Römer 5,3). Ich bitte euch, haltet das Kreuz mehr als einen Schatz denn als ein Leiden fest. Was ich euch sage, das sage ich auch mir selbst. Ich verdanke der Pein, der Schwäche und anderen Formen des teuren Kreuzes meines Herrn mehr, als ich es jemals aussprechen kann. Es ist kein eisernes Kreuz, wie ich das einst dachte, es ist nur ein hölzernes, von dem er noch stets das schwerste Ende trägt. Fast könnte ich singen: »Süßes Leiden«; gewiss ist, dass seine Bitterkeiten bald ein Ende haben.

Ich bitte euch, haltet in einem praktischen Sinn **einander** fest. *»Ihr Lieben, lasset uns untereinander lieb haben; denn die Liebe ist von Gott«* (1.Johannes 4,7). Wir sind durch einen Geist herzlich miteinander verbunden,[10] lasst es uns bleiben. Da wir durch die uns umgebende Opposition zusammengedrängt werden, lasst uns Sorge dafür tragen, dass unsere Liebe sehr zunehme. Möchten alle, welche in dem gemeinsamen Glauben eins sind, näher zusammenkommen und einander trösten und

9   Vgl. Jesaja 48,10.
10   Vgl. 1.Korinther 12,13.

erfreuen. Ich will es jetzt nicht wagen, dem lieben Bruder Treu, der in Marseille arbeitet, die Hand zu schütteln, weil das Beispiel ansteckend ist, und er hat uns gesagt, dass die Matrosen sehr derb zugreifen, wenn sie ihm die Hand schütteln. Vor ganz kurzer Zeit war ich nicht einmal imstande, eine Feder zu halten, und ich möchte das Risiko nicht wagen, mir von diesem vortrefflichen Freunde einen Matrosengriff geben zu lassen; geistlich aber lasst uns alle mit unseren Herzen einander nach Matrosenart die Hand drücken. Brüder, ihr seid mir sehr, sehr teuer, und ihr erwidert diese Liebe. Seid auch einander so gleichgesinnt. Ist einer mit dem anderen etwas zerfallen? Sind hier auch nur zwei Frauen, die nicht miteinander übereinstimmen? Beachtet, dass unser Apostel sagte: *»Die Evodia ermahne ich, und die Syntyche ermahne ich, dass sie eines Sinnes seien in dem Herrn«* (Philipper 4,2). Es waren nur zwei private Mitglieder, aber Paulus wollte sie nicht uneins sehen. Macht aller Zwietracht sogleich ein Ende. Seid nicht kalt und scheu gegeneinander, sondern lasst überall die Liebe regieren. Sucht einander besser zu verstehen. *»Einer trage des andern Last, so werdet ihr das Gesetz Christi erfüllen«* (Galater 6,2). Tragt und ertragt einander und sagt euch, dass ihr selbst nicht vollkommen seid. Lasst uns in herzlicher Liebe leben, zuerst zu unserem anbetungswürdigen Herrn und dann zu allen unseren Mitknechten, und so werden wir stark werden in dem Herrn, und der Herr wird seinem Segen gebieten, dass sich derselbe gleich dem Tau Hermons überall da herablasse, wo er reichlich brüderliche Liebe sieht. Ich spreche nicht so, weil es euch in dieser Hinsicht fehlt, aber ich spreche umso freier, weil ich vertraue, dass ihr in der Liebe stark seid. Oh, dass alle Gemeinden Wohnungen der Liebe wären! Was sehen wir an vielen Orten? Nicht ein ernstliches Kämpfen für den Glauben, sondern viel Streiten darum, wer wohl der Größte sein dürfte. Ich hörte kürzlich von einer Gemeinde, die fast zusammengeschmolzen ist, und jemand sagte mir, dass das seinen Grund darin habe, dass jeder der Herrscher sein wollte. Diotrephes[11] ist ein schrecklicher Unruhestifter. Lasst uns ihm nicht nachahmen, sondern lasst uns bereit sein, der Heiligen Füße zu waschen.[12]

Ich bitte euch, umschlingt fest alle Auserwählten Gottes an allen Orten und alle Gemeinden Gottes in der ganzen Welt, lasst uns für das ganze Volk Gottes beten. Lasst uns unsere Brüder auf dem Kontinent und in Amerika liebevoll umfassen. Unser Evangelist Harmer hat eben die Küste Afrikas betreten, und sein Dortsein erinnert uns an den Kongo und an das Kap der guten Hoffnung. Mit beiden Händen und von ganzem Herzen begrüßen wir das ganze Volk Gottes in der ganzen Welt und freuen uns, dass wir ein Leib sind in Christus Jesus. In dieser heiligen Liebe bitte ich euch: »Haltet das Erfasste fest!« Amen.

11 Vgl. 3. Johannes 9 f.
12 Vgl. Johannes 13,5.

II.
Schrifterklärungen

Der erste öffentliche Gottesdienst in der Welt

> *»Damals fing man an, den Namen*
> *des Herrn anzurufen«*
> *(1.Mose 4,26; SLT).*

Ehe wir uns wieder im Gebet vereinigen – und ich hoffe, dass wir heute den größten Teil unserer Zeit dieser wonnigen und äußerst vorteilhaften Übung widmen werden – möchte ich eben einige Bemerkungen über den letzten Vers des vierten Kapitels des ersten Buches Mose machen. Anstelle Abels war dem ersten Elternpaar ein Sohn geboren worden, der Seth genannt wurde, und dem Seth war wieder ein Sohn geboren, den er Enos nannte. Nach dem Bericht dieser Geburt wird uns gesagt:

> *»Damals fing man an, den Namen*
> *des Herrn anzurufen.«*

Ich nehme an, dass hierunter zu verstehen ist, dass sie anfingen, Versammlungen zur Anbetung Jehovahs einzurichten, und dass sie zusammenkamen zu dem, was jetzt allgemein als »öffentlicher Gottesdienst« bezeichnet wird, denn ohne Zweifel riefen Menschen, und zwar jeder für sich selbst, den Namen des Herrn schon seit Adam an. Wir können nicht daran zweifeln, dass unser Vater Adam und unsere Mutter Eva durch Gottes Gnade über ihre große Sünde zur Buße geleitet wurden und um Gnade und Vergebung flehten, und wenn sie das taten, sind wir ganz sicher, dass sie es nie versäumten, einzeln und zusammen zu beten. Und dann kam auch Abel, der Gott ein Opfer *»von den Erstlingen seiner Herde«* brachte. *»Und der Herr sah gnädig an Abel und sein Opfer«* (1.Mose 4,4). Sein Opfer war das eines Gläubigen, und darum war sein Opfer angenehm. Ich nehme an, dass er als einzelner Mensch oft in die Einsamkeit ging, um Gott um seinetwillen anzubeten.

Aber nach Abels Tod und nach der Geburt des Seth und Enos waren **zwei Familien da, in denen sich die Furcht des Herrn kundtat:** die Familie Adams und die Familie seines Sohnes Seth. Als Enos, der erste der langen Reihe der Abkömmlinge, die bis in unsere Tage reicht, geboren war, fingen Menschen an, sich zur Anbetung Jehovahs miteinander zu versammeln; es waren damals nur sehr, sehr wenige, aber sie fingen damals doch an, »*den Namen des Herrn anzurufen*«. Wenn also in abgelegenen Gegenden sich nur zwei Familien befinden, so beachtet, dass ihr doch am Tage des Herrn zusammenkommen und den Herrn anbeten solltet, so gut ihr es nur könnt. Lasset dies euer Vorbild sein, dort waren anfangs nur zwei Familien, die Jehovah fürchteten, doch »*damals fing man an, den Namen des Herrn anzurufen*«.

Es ist zur Konstituierung einer Versammlung nicht wesentlich (und auch noch nicht einmal zur Bildung einer christlichen Gemeinde), dass große und viele Zahlen da seien; es ist weder notwendig zur Anbetung noch zur Annahme bei Gott, dass große Haufen Volkes beisammen seien, denn als nur erst wenige da waren, nur zwei, vielleicht auch drei Familien in der ganzen Welt, »*damals fing man an, den Namen des Herrn anzurufen*«. Einige unter euch mögen nicht immer das Vorrecht haben, da zu wohnen, wo ihrer viele zur Anbetung Gottes zusammenkommen. Es ist sehr erfreulich, mit der Menge derer, die da feiern, sich verbinden zu können; je mehr, desto fröhlicher sind wir im Dienst des Herrn; aber wenn ihr euch in einem entfernten Teil des Landes und fern von den Versammlungen des Volkes Gottes selbst in anderen Ländern befinden solltet, so sollte euch das nicht hindern, zusammenzukommen und die Vorschriften der christlichen Religion zu beobachten. Beachtet, dass unser Herr Jesus gesagt hat: »*Denn wo zwei oder drei versammelt sind in meinem Namen, da bin ich mitten unter ihnen*« (Matthäus 18,20), und ihr dürft sicher sein, dass – wie wenige auch gegenwärtig sein mögen – wenn er in der Versammlung ist, dieselbe eine rechtmäßige und gültige Versammlung und eine wirkliche Gemeinde im neutestamentlichen Sinn des Wortes ist.

Zu der in dieser Stelle erwähnten Zeit gab es auch einen besonderen Grund, aus welchem die Gottesfürchtigen den Namen des Herrn anrufen sollten, denn **es war schon ein gegenüberstehendes Element in der Welt vorhanden.** Kain war ebenso wohl wie Seth der Gründer einer Familie. Es waren hinfort zwei Geschlechtslinien in der Welt, die Linie der Gnade, die sich größtenteils zur Familie Seths zu halten schien, und die Linie der Sünde, die Linie der Auflehnung, der Finsternis und des Todes, die sich hauptsächlich zur Familie Kains hielt. Kains Nachkommen vermehrten sich; ich weiß nicht, welche Religion sie hatten oder zu haben vorgaben, aber welche sie auch haben mochten, es war nicht die Religion der Gnade, und sie gingen beständig weiter und weiter hinweg vom Licht und stets ihren Rücken der Sonne zugekehrt. Die Folge davon war, dass das Volk Gottes, dem es wehe tat, dass eine andere Familie in der Welt war – der Schlangensame, der sich unter ihnen vermehrte – es sowohl für seine Pflicht wie für sein Vorrecht hielt, ein Panier aufzuwerfen und es allen bekannt zu geben, dass es aus Gläubigen bestehe, die Jehovah, den einen lebendigen und wahren Gott, fürchteten. *»Damals fing man an, den Namen des Herrn anzurufen.«*

Und, Brüder, wenn irgendetwas uns veranlassen sollte, in unserer Anbetung Gottes kühn hervorzutreten, so ist es die Öffentlichkeit der Sünde der Gottlosen. Wenn irgendetwas uns miteinander verbinden sollte, so ist es das Vorhandensein der Sünde in so vielen unserer Mitgeschöpfe. Wenn irgendetwas uns zum Gebet veranlassen sollte, so ist es das Überhandnehmen der Missetat um uns her. Wenn irgendetwas uns fühlen lassen sollte, dass wir, die wir den Herrn lieben, uns verbinden müssen, um ihm zu dienen und unser ganzes Herz in vereintem Gebet zu den Füßen des Allerhöchsten zu legen und vereint den Gott über alles anzubeten, so ist es das Lästern der Menschen, das wir hören – die Auflehnung wider den Herrn, die wir sehen müssen.

»*Damals*« – als andere sich von Gottes Wegen abwandten – »*fing man an, den Namen des Herrn anzurufen*«, und so, Geliebte, sollte es bei euch sein, die ihr seine getreuen Untertanen seid. Je mehr ihr von Feinden der Wahrheit umgeben seid und je mehr ihr sehet, dass die Sünde in der Welt überhandnimmt, desto notwendiger ist es, den öffentlichen Gottesdienst zu besuchen und die Vorschriften des Hauses des Herrn biblisch zu beobachten, umso ernster und entschlossener für den Glauben zu kämpfen, der einmal den Heiligen übergeben worden ist. In solcher Zeit leben wir und darum sollten wir die Stimme hören, die uns auffordert, für Jesus einzutreten.

Mir fällt noch ein anderer Gedanke auf. **Dieser öffentliche Gottesdienst war anfangs eine sehr kleine Sache, aber er hat sich bis zum heutigen Tage erhalten,** und wenn die Gemeinde Gottes an irgendeinem Ort jemals außergewöhnlich klein und schwach werden sollte, so wollen wir deswegen nicht verzagen, sondern daran gedenken, was sie beim Anfange war. Der Strom der öffentlichen Gottesverehrung trat als ein winziges Bächlein ins Leben; jene erste Gemeinde Gottes, die erste abgesonderte Versammlung, die zusammenkam, um zu erklären, dass Jehovah ihr Gott sei, war eine kleine Versammlung; doch aus dem Kleinsten sind Tausend geworden und aus dem Geringsten ein mächtiges Volk. Sie hat sich oft vermindert, aber sie ist oft wiederbelebt worden. Sie ist zuweilen verborgen gewesen, aber nach und nach hat sie sich wieder offenbar gemacht. In manchen Ländern ist sie fast ausgerottet worden, aber zu seiner Zeit ist sie durch die Kraft der mächtigen Gnade Gottes wieder aufgeblüht. Wohl mochte der Dichter im Blick auf den Gang der Dinge singen:

> »*Immer tiefer, immer weiter*
> *In das feindliche Gebiet*
> *Dringt das Häuflein deiner Streiter,*
> *Dem voran dein Banner zieht.*
> *Wo wir's kaum gewagt zu hoffen,*
> *Steh'n nun weit die Türen offen;*

Mühsam folgt der schwache Tritt
Deinem raschen Siegesschritt.
Langsam und durch Schwierigkeiten
Waren wir gewohnt zu geh'n,
Plötzlich bricht in allen Weiten
Deine Hand aus lichten Höh'n
Staunend seh'n wir dein Beginnen,
Keine Zeit ist's, lang' zu sinnen,
Geh voran – wir folgen nach,
Wo Dein Arm die Bahnen brach!«

Die Menschen fahren noch fort, »*den Namen des Herrn anzu-rufen*«, oder wie eine andere Lesart es gibt: »sich selbst nach dem Namen des Herrn zu nennen.« Möchte der Herr diese Versammlungen vermehren und viel mehr Mitmenschen die Gnade geben, sich im Namen des Herrn mit uns zu versammeln und sich nach seinem heiligen Namen zu nennen! So wird die herrliche Verheißung des Herrn an sein altes Volk erfüllt: »*Denn ich will Wasser gießen auf das Durstige und Ströme auf das Dürre: Ich will meinen Geist auf deinen Samen gießen, und meinen Segen auf deine Nachkommen, dass sie wachsen sollen wie Gras, wie Weiden an den Wasserbächen. Dieser wird sagen: ›Ich bin des Herrn!‹ Und jener wird genannt werden mit dem Namen Jakob; und dieser wird sich mit seiner Hand dem Herrn zuschreiben und wird mit dem Namen Israel genannt werden*« (Jesaja 44,3–5).

Wie vor alters Menschen zusammenkamen, den Namen des Herrn anzurufen, so versammeln wir uns noch, um seinen Namen im Gebet, in Danksagung und in der Predigt seines Wortes anzurufen und ganz besonders seinen Namen im neutestamentlichen Sinn anzurufen, indem wir Buße zu Gott und Glauben an unseren Herrn Jesus Christus fordern. In diesem Sinn ist es wahr: »*Wer den Namen des Herrn wird anrufen, soll selig werden*« (Römer 10,13). So haben Menschen früher und später den Namen des Herrn angerufen, und wenn die Zeit noch dunkler werden sollte, als sie es jetzt ist, und wenn die Zahl der

Gläubigen weniger und noch weniger werden sollte, so werden doch stets welche überbleiben, die seinen Namen anrufen, bis »*er kommen wird, auf dass er herrlich erscheine mit seinen Heiligen und wunderbar mit allen Gläubigen*« (2. Thessalonicher 1,10). »*Und derhalben beten wir auch allezeit für euch, dass unser Gott euch würdig mache zur Berufung und erfülle alles Wohlgefallen der Güte und das Werk des Glaubens in der Kraft, auf dass an euch gepriesen werde der Name unseres Herrn Jesu Christi und ihr an ihm nach der Gnade unsres Gottes und des Herrn Jesu Christi*« (2. Thessalonicher 1,11 f.).

Über das Lecken des Honigseims

»Fürchte dich nicht, Abram! Ich bin dein Schild
und dein sehr großer Lohn.«
(1.Mose 15,1).

Schlagt den neunzehnten Psalm auf, und ihr lest im elften Verse:
»süßer denn Honig und Honigseim.« Dies wird auf *»die Rechte des*
Herrn« angewandt, die da sind *»wahrhaftig, allesamt gerecht«*
(Psalm 19,10). Der Ausdruck stellt Davids Schätzung des Gesetzes
Gottes dar, und wir können ihn passend auf die Heilige Schrift
anwenden. Das Hebräische gibt es: *»süßer als das Lecken des*
Honigseims«, und der liebe Brooks bemerkt dazu: »Es ist süßer
als das, was ohne irgendwelche Gewalt oder Kunst unmittelbar
und natürlich ausleckt, und das wird als der reinste und süßeste
Honig angesehen.«

Es gibt Stellen der Schrift, welche außerordentlich süß und
wunderbar frei in der Hergabe ihrer Süßigkeit sind, die wenig
Studium oder Betrachtung erfordern. Kinder haben ihre Bonbons und ihre kleinen Süßigkeiten, die ihnen im Munde zer-
schmelzen, und ebenso sind gewisse Schriftstellen für die kleinen Kinder des Herrn zubereitet; sie haben sie nur in den Mund
ihres Glaubens aufzunehmen, und ihr Genuss ist groß. Manche
Worte des Herrn sind wie Nüsse, die geknackt werden müssen,
oder wie Trauben, die in der Weinpresse zerdrückt werden müssen, denn bei ihnen liegt der Sinn nicht auf der Oberfläche. Aber
die, auf welche ich mich beziehe, sind zum Gebrauch fertig. Es
sind einfach Süßigkeiten, zubereitete Vergnügungen und tatsächlich wonnige Bonbons. Um sie genießen zu können, braucht
man nicht notwendig ein Theologe oder Grammatiker, noch
weniger ein Philosoph zu sein. Der Honig der Bedeutung fließt
aus dem Seim der Worte als flüssiger Trost, als reine Freude und
als vollkommene Wahrheit. Der Student hat nicht nötig, über

seinem Buche zu brüten, der Prediger hat nicht nötig, in seiner Bibliothek nachzuforschen, und der Zuhörer hat es nicht nötig, sein Erkenntnisvermögen zusammenzufassen – der Leckerbissen bietet sich selbst dem Gaumen dar und gleitet so süß hinab und verbreitet seinen lieblichen Geschmack über den ganzen inneren Menschen ohne jegliche Mühe.

Je nachdem mir der Heilige Geist das Wort auftut, möchte ich meinen Freunden gern hin und wieder einen Tropfen Honig aus dem Felsen geben, indem ich ein wenig bei gewissen leicht verständlichen Texten verweile, wie sie sich selbst meinem Herzen mitteilen. Ich möchte dann nicht so sehr nachdenken als vielmehr genießen und euch das geben, was meinem eigenen Herzen köstlich geworden ist. Es gibt etliche Prediger, deren Hauptbeschäftigung es zu sein scheint, ihre Zuhörer zwischen die Dornen zu führen, wo sie von allerlei Schwierigkeiten zerrissen werden; meine Aufgabe soll eine andere sein und den Weg der Ebene zu betreten. Es ist am Sonntag gut, sowohl dem Geiste wie dem Leibe Ruhe zu gönnen. Wir haben nicht so sehr tiefe Probleme nötig, die uns Kopfschmerzen machen, als vielmehr heilige Tröstungen, die unsere Herzen stillen. Diejenigen, die so lange Worte gebrauchen, dass man sie ohne Wörterbuch nicht verstehen kann, machen sich beinahe selbst der Sonntagsentheiligung schuldig und zwingen ihre Zuhörer, dasselbe zu tun. Jedenfalls will ich bei diesen Gelegenheiten meine Zuhörer nicht verwirren, noch ihnen geistige Arbeiten aufbürden. Honigtropfen sind zum Vergnügen und nicht zur Arbeit da, und sie sind mehr für Kinder als für Denker bestimmt. Manche süße Wahrheit im Worte Gottes ist so einfach und verständlich, dass nicht so sehr das Erklären als vielmehr das Genießen nötig ist. Wenn ihr einen Honigtropfen erhaltet, nehmt ihr ihn eben in den Mund und lasst ihn da, oder ihr wendet ihn mit der Zunge um, bis er sich auflöst. Lasst uns dasselbe mit verschiedenen Schriftstellen tun, je nachdem sich die Gelegenheit darbietet, und macht es so mit 1.Mose 15,1. Bienen und ihre Honigerzeugnisse gibt es in Palästina sehr reichlich, und hier haben wir einen guten Vorrat von Süßigkeiten. Der eine Satz, den ich vor mir habe, ist voll und reich und einfach, und wir wollen versuchen, ihn zu genießen. Es ist Gottes Wort an seinen Knecht Abraham:

>> *Fürchte dich nicht, Abram! Ich bin dein Schild und dein sehr großer Lohn.* <<

»Fürchte dich nicht, Abram!« Ach, Furcht ist ein Fieber, das in dieser Marschgegend sehr grassiert. Wann werden wir höheren Boden betreten und hoch oben wohnen? Furcht ist bei dem Volk des Herrn eine gewöhnliche Klage; dessen können wir sicher sein, wenn wir hören, dass selbst Abram daran litt, denn er war der stärkste der Gläubigen. Bedarf Abram eines *»Fürchte dich nicht?«* Dann können wir ziemlich gewiss sein, dass wir dessen auch bedürfen. Ich fürchte, dass, wo Glaube ist, sich auch ein gewisses Maß von Furcht vorfindet, wenngleich wir sagen, je weniger, desto besser. Wie zärtlich sucht der Herr die Furcht seiner Kinder zu verscheuchen! *»Fürchte dich nicht, Abram!«* Es ist, als ob er sagte: »Du bist ganz allein, aber fürchte dich nicht, denn ich bin mit dir. Du hast viel Arbeit, aber fürchte dich nicht, ich will dir helfen. Du hast in diesem fremden Lande keinen Teil, aber fürchte dich nicht, denn ich bin dein Gott. Fürchte dich nicht im Blick auf die Gegenwart, nicht im Blick auf die Zukunft. Fürchte weder die Fehlschläge der Freunde noch die Wut der Feinde. Sei kühn, ruhig, hoffnungsvoll, vertrauensvoll, freudig. Fürchte dich nicht, Abram. Du hast soeben gegen Könige gekämpft; du fühlst, dass du ein Mann des Friedens bist und dass der tödliche Kampf dir nicht behagt, aber ich habe die Plünderer gleich den Stoppeln vor dir hingejagt, und du hast Lot und alle seine Knechte, die gefangen waren, wieder befreit. Du hast auch nicht nötig, für deine Verwandten zu fürchten, ich will sie um deinetwillen segnen. Abgesehen davon hast du ja von den Gütern des Königs zu Sodom nicht einen Faden oder Schuhriemen angerührt, sondern hast dich echt königlich verhalten, darum fürchte dich nicht, dich deines Erfolges zu freuen; du sollst vor

allen Angriffen bewahrt bleiben und bei den Großen um dich her in hoher Achtung stehen.« Dieses herrliche »*Fürchte dich nicht*« war für jede Form der Unruhe, die sich dem Mann Gottes nähern mochte, ein gutes Beruhigungsmittel.

Aber der Herr schien anzunehmen, dass Abram nach seinem Kampf und Sieg anfangen dürfte, seinen Mut sinken zu lassen. Das ist bei kühnen Männern oft der Fall; es war der Fall bei Elia, dem Feuerpropheten. Solche Leute fürchten sich nicht, wenn die Schlacht wütet, sie sind der Gefahr und dem Kampfe gewachsen, aber wenn alles vorüber ist, tritt die Reaktion ein, und dann bedürfen sie sehr des »*Fürchte dich nicht*« des Herrn. Habt ihr euch nicht oftmals unter den schwersten Leiden so mächtig unterstützt gefühlt, dass es euch war, als ob ihr überhaupt keine Leiden zu erdulden hattet? Und dennoch, nachdem der Druck hinweggenommen war, fühltet ihr euch so ohnmächtig wie Simson, nachdem er die Philister geschlagen hatte.[13] Die Furcht ist dann am größten, wenn der Grund dazu am unbedeutendsten ist. Oft sind wir im Sturm ruhig und in der Stille sehr unruhig. Wir sind seltsame Wesen, uns selbst ein Geheimnis und unseren Nächsten ein Rätsel. Unsere Konstitution und Anlage ist eine derartige, dass niemand als der Herr allein uns verstehen kann, aber gepriesen sei sein Name, er versteht uns auch ganz, und darum bringt er uns im rechten Augenblick den rechten Trost und spricht sein »*Fürchte dich nicht*« gerade zu der Zeit, da wir recht zur Furchtsamkeit angelegt sind.

»*Fürchte dich nicht, Abram!*« Gab es nicht zwei Dinge, hinsichtlich deren der Patriarch furchtsam sein mochte? Zuerst mochte er **um seine eigene Sicherheit fürchten.** Dem begegnete der Herr durch die Zusicherung: »*Fürchte dich nicht, Abram! Ich bin dein Schild.*« Als er keine andere Wache hatte, wurde er von seinem Gott beschirmt. Er war gleich einem Schafe mitten unter Wölfen, ein einsamer Fremdling, der von feindseligen Nationen

---

13 Vgl. Richter 15,15–18.

umgeben war; aber die Kanaaniter standen unter einem besonderen Zauber, denn der Herr hatte gesagt: »*Tastet meine Gesalbten nicht an und tut meinen Propheten kein Leid*« (1.Chronik 16,22)! Der von dem Herrn Beschützte hatte nicht nötig, einen Harnisch oder ein Schwert zu tragen, denn Jehovah hatte gesagt: »*Ich bin dein Schild.*« Abraham hatte keine Burg, er kommandierte keine Armee, er wohnte nicht einmal in einem Hause, und doch war er sicher genug. Seine Zelte waren von keiner Schutzwehr umgeben, und doch brach niemand ein oder wagte es, die darinnen Wohnenden zu bedrohen; kein Meuchelmörder lauerte ihm auf, kein Räuber griff ihn an; er wohnte hinter dem Schild des Allmächtigen in völliger Sicherheit. Er war ebenso sicher, als ob er von Mauern umgeben gewesen wäre, die bis zum Himmel reichten. Der Harnisch Gottes bedeckte ihn vom Kopf bis zum Fuß.

Wenn wir nichts Sichtbares zu haben scheinen, das uns beschützen kann, welch ein Segen ist es dann, teure Freunde, zu wissen, dass wir von dem unsichtbaren und allmächtigen Gott bewacht werden! Das Sichtbare muss notwendig stets endlich sein, aber der unsichtbare Gott ist unendlich und sein Verstand ist unausforschlich. Du bist unendlich sicher, wenn du an den lebendigen Gott gläubig bist; dein Anfangen und dein Enden, dein Wachen und dein Schlafen, dein Reisen und dein Ruhen, dein Leiden und dein Tun, deine Armut oder dein Reichtum – dein Alles ist auf immer und ewig am sichersten, wenn der Herr dein Hüter und dein Schild an deiner Rechten ist. Sei es unsere Aufgabe, ihm alle Sorgen zu überlassen und unsere Herzen der Ruhe des Glaubens zu übergeben. Wir sind sicher, wenn Gott mit uns ist. Wir mögen uns mitten unter grausamen Widersachern befinden, aber keinem Zeug, das wider uns bereitet wird, wird es gelingen, wenn Gott unser Schild ist. Beachtet wohl, dass der Herr nicht sagt: »Ich will dich schirmen«, sondern: »Ich, der Allmächtige, bin dein Schild; es ist nicht allein meine Kraft, meine Weisheit, meine Liebe, die dich beschützen wird, sondern ich selbst bin dein Schild.«

Dann mochte Abram gedacht haben: »Ich werde geschützt, aber bringe ich nach allem nicht doch mein Leben vergeblich zu?« **Er mochte um seinen Erfolg fürchten.** Er hatte ein Nomadenleben geführt und ein Land durchstreift, in welchem ihm kein Fußbreit Land gehörte, darum fügte der Herr hinzu: »*Ich bin dein sehr großer Lohn.*« Er sagt nicht: »Ich will dich belohnen«, sondern er sagt: »*Ich bin dein sehr großer Lohn.*« Liebe Brüder Prediger, wenn Seelen gerettet werden, so sind sie euch eine Art Lohn, aber freut euch trotz dessen nicht darüber, »*freuet euch aber, dass eure Namen im Himmel geschrieben sind*« (Lukas 10,20). Ich habe damit einen alten Text angeführt, der zuerst zu erwählten Männern gesprochen ward, welche die Kranken heilten und in Christi Namen Teufel austrieben. Ja, liebe Brüder, wenn viele unser Wort annehmen, ist es unsere Freude, dass sie es angenommen haben, aber wir könnten in unserer Schätzung der Bekehrungen doch enttäuscht werden und auch im besten Falle entspricht unser Erfolg unseren Wünschen nicht.

Der einzige Lohn, dessen sich ein Christ rückhaltlos und völlig erfreuen kann, ist die Zusicherung des Herrn: »*Ich bin dein Lohn.*« Sagte nicht der Vater im Gleichnis zu dem ältesten Sohn, als derselbe über die Aufnahme murrte, die seinem Bruder ward: »*Mein Sohn, du bist allezeit bei mir, und alles, was mein ist, das ist dein*« (Lukas 15,31)? War das nicht Lohn genug? Es ist einem Gläubigen Reichtum genug, seinen Gott zu haben, Ehre genug, seinem Gott zu gefallen, und Glückseligkeit genug, sich seines Gottes freuen zu können. Hier liegt meines Herzens bester Schatz: »*Dieser Gott ist unser Gott für immer und ewig; er führt uns über den Tod hinaus*« (Psalm 48,15; SLT).

»Aber es haben sich viele sehr undankbar gegen mich bewiesen!« Das ist wohl wahr, aber dein Gott vergisst nicht deines Werkes des Glaubens und deiner Arbeit der Liebe. »Doch ich bin entsetzlich arm!« Wohl, du hast einen allgenugsamen Gott, und alles ist dein. »Ich bin leider so krank.« Aber Jehovah Raphi ist der Herr, dein Arzt. »Wehe mir, ich habe alle meine Freunde verloren!« Der beste Freund jedoch verändert sich nicht und stirbt auch nicht. Ist er dir nicht mehr als ein ganzes Heer anderer Freunde? Wie groß ist dein Gott? Er erfüllt alles. Was kannst du denn mehr wünschen? Wolltest du denn, dass zwei Personen denselben Platz einnehmen? Wenn Gott alles erfüllt, wo ist dann noch Raum für einen anderen da? Ist dir Gottes Gnade nicht genug? Klagst du über einen Becher Wassers, der verschüttet worden ist, während du den Brunnen in der Nähe hast? Hörte ich dich sagen: »Ich habe keinen Tropfen in meinem Eimer?« Dicht neben dir fließt der Strom, der Strom Gottes, der voll Wasser ist. Oh, betrübte Seele, warum bist du so unruhig? Was ist dir, dass du dich so abhärmst?

Sehr passend spricht der Herr zu Abram: »*Ich bin dein **sehr großer Lohn.***« Er ist unendlich mehr, denn ein Lohn, den wir jemals hätten verdienen oder wünschen oder erwarten können. Ein Lohn, der Gott selber ist, ist gar nicht zu ermessen. Wenn wir vor Armut vergehen sollten, wäre es doch Freude genug zu wissen, dass sich Gott uns übergibt, um unser Teil zu sein. Die geprüften Kinder Gottes werden dir sagen, dass inmitten ihrer härtesten Leiden ihre Freuden ihren Höhepunkt erreichten, wenn sie erkennen und empfinden durften, dass der Herr ihr Bundesgott, ihr Vater, ihr Alles sei. Was kann selbst Gott mehr geben als sich selbst?

So seht ihr, was ich anfangs mit dem Honigtropfen sagen wollte. Ich habe nicht nach neuen Gedanken oder nach auserwählten Worten geforscht, sondern euch zu bereden gesucht, die natürliche Süßigkeit der Heiligen Schrift zu genießen. Nehmet sie, wie Gott sie gibt, und ziehet eure Straße, und lasset während der ganzen Woche deren Wohlgeschmack euch erfüllen. Fürchte dich nicht, Marie; fürchte dich nicht, Wilhelm; fürchte dich nicht, Luise; fürchte dich nicht, Karl. Der Herr sagt zu dir, was er zu Abraham sagte: »*Ich bin dein Schild und dein sehr großer Lohn.*« Wenn du Abrahams geistlicher Same bist, kannst du den Namen Abram weglassen und deinen Namen in die Verheißung einstellen und brauchst an derselben nicht durch Unglauben zweifeln. »*Sind wir denn Kinder, so sind wir auch Erben*«

(Römer 8,17), das gilt der ganzen geistlichen Familie. Wenn du dich auf dieses Wort verlassen kannst, so ist es dein. Der Herr ist dein Beschützer und Vergelter, und durch den doppelten Titel verscheucht er alle Furcht und macht dich doppelt sicher. Gib darum alle deine Besorgnisse auf. *»Sei stille dem Herrn und warte auf ihn«* (Psalm 37,7). Heute gebietet er dir, im Guten zu wohnen und deine Lust an ihm zu haben.

»Versündigt euch nicht an dem Kinde«

(Eine Ansprache in einer Gebetsversammlung im Interesse der
Sonntagsschulen)

> *»Ruben antwortete ihnen und sprach: Sagte ich's*
> *euch nicht, da ich sprach: Versündigt euch nicht an*
> *dem Knaben, und ihr wolltet nicht hören? Nun*
> *wird sein Blut gefordert«*
> (1. Mose 42,22)

Ihr wisst, wie Josephs Brüder denselben aus Neid nach Ägypten verkauft hatten und wie sie schließlich genötigt waren, nach
Ägypten hinabzuziehen und Korn zu kaufen. Als sie von dem
Statthalter jenes Landes, von dem sie nicht wussten, dass es ihr
Bruder war, hart behandelt wurden, strafte sie ihr Gewissen, und
sie sagten zueinander: »*Das haben wir an unserem Bruder ver-*
schuldet, da wir sahen die Angst seiner Seele, da er uns anflehte,
und wir wollten ihn nicht erhören; darum kommt nun diese Trüb-
sal über uns« (1. Mose 42,21). Während so das eigene Gewissen sie
anklagte, harmonierte damit die Stimme ihres ältesten Bruders,
der da sagte: »*Sagte ich's euch nicht, da ich sprach: Versündigt*
euch nicht an dem Knaben« (1. Mose 42,22)? Daraus schließe ich,
dass, wenn wir nach vorangegangener Warnung dennoch sündigen, dies Urteil des Gewissens umso härter und strenger ist, weil
es durch die Erinnerung an missachtete Mahnungen, die nun
wieder erwachen, unterstützt wird und mit umso ernsterer Stimme zu uns spricht: »*Sagte ich's euch nicht: Versündigt euch nicht*
an dem Knaben?« Wir, die wir wissen, was Kindern gebührt, sind
viel schuldiger als andere, wenn wir wider ihre Seelen sündigen.
Hinsichtlich der Bedürfnisse und Hoffnungen der Kleinen sind
heute viel weisere Anschauungen in der Welt verbreitet, als es
vor etwa fünfzig Jahren der Fall war, und wir handeln doppelt

verbrecherisch, wenn wir uns schlecht gegen die Kleinen verhalten.

Der Rat Rubens *»Versündigt euch nicht an dem Knaben«* wendet sich mit Recht an alle erwachsenen Personen, und darum möchte ich zu jedem Vater, zu jeder Mutter, zu jedem älteren Bruder, zu jeder älteren Schwester, zu jedem Schullehrer, zu jedem Erzieher, zu jedem Mann und zu jeder Frau – ob sie nun Familien haben oder nicht – sagen: *»Versündigt euch nicht an dem Kinde«*, weder an dem eigenen Kinde noch an dem Kinde anderer noch an dem armen, verlassenen Kinde auf der Straße, das »Niemandes Kind« genannt werden mag. Wenn ihr euch an Erwachsenen versündigt, so *»versündigt euch nicht an den Kindern«*. Wenn sich jemand lästerlich benehmen muss, so habe er wenigstens zu viel Achtung vor einem Kinde, als dass er dessen Ohr mit Lästerungen beflecke. Wenn jemand notwendig trinken muss, so habe er wenigstens zu viel Achtung vor der Kindheit, als dass er seinen Knaben verlocke, an dem berauschenden Becher zu nippen. O ihr Eltern, treibt keine Geschäfte, die eure Kinder zugrunde richten; wählet keine Häuser, wo sie in schlechte Gesellschaft kommen, und führt keine verderbten Personen in eure Häuser ein, die sie beflecken! Es ist schlimm genug, wenn ein Mann sich und andere in die Versuchung führt; aber die hässliche Saat des Lasters in Herzen streuen, die von grober, tatsächlicher Sünde noch unberührt geblieben sind, das ist abscheuliche Gottlosigkeit. Begehet keinen geistlichen Kindermord. Wenn ihr noch irgendwelche Gefühle habt, so bitte ich euch um Gottes willen und im Namen gewöhnlicher Humanität, spielet nicht den Herodes, indem ihr die Unschuldigen moralisch ermordet. Ich habe gehört, dass, als einst bei der Plünderung einer Stadt ein Soldat ein Kind töten wollte, er seine Hand sinken ließ, als das Kleine ausrief: »Oh, bitte, töte mich nicht, ich bin noch so klein!« Die Schwäche und Zartheit der Kinder sollten auch an den schlechtesten Menschen appellieren und ihn davon abhalten, sich an dem Kinde zu versündigen.

Nach der Geschichte Josephs gab es eine dreifache Art, sich an dem Knaben zu versündigen. Die erste lag in dem Vorschlag der neidischen Brüder, **ihn zu töten.** »*So wird man sehen, was seine Träume sind*« (1.Mose 37,20). »*Vergießt nicht Blut*« (1.Mose 37,22), sagte Ruben, der seine besonderen Gründe hatte, Joseph am Leben zu erhalten. Man kann Knaben und Mädchen moralisch und geistlich töten, und hierin sind selbst die Rubens mit uns eins. Selbst die, die nicht so gut sind, wie sie sein sollten, werden sich zu dem ernsten Protest mit uns verbinden: »*Versündigt euch nicht an dem Knaben*« – erzieht ihn nicht zur Unredlichkeit, zum Lügen, zur Trunksucht und zum Laster. Niemand unter uns möchte das tun, und doch wird es beständig durch böses Beispiel getan. Viele Söhne werden durch ihre Väter zugrunde gerichtet. Die ihnen das Leben gaben, geben sie dem Tode preis. Sie führten sie in die Welt der Sünde ein und sie scheinen zu beabsichtigen, sie in die Welt der Bestrafung zu bringen, und wenn Gottes Gnade nicht dazwischentritt, werden sie mit diesem schrecklichen Versuch Erfolg haben. Viele tun, was sie können, ihre Kinder durch ihr eigenes Verhalten daheim und draußen zur Pest der Gesellschaft und zur Plage ihres Landes zu erziehen.

Wenn ich die Zahl jugendlicher Verbrecher überschaue, kann ich nicht umhin, die Frage aufzuwerfen: »Wer hat die alle erschlagen?« Und es ist betrübend, sich die Antwort geben zu müssen: »Sie sind hauptsächlich die Opfer der Sünden ihrer Eltern.« Die wildesten Raubtiere vernichten ihre Jungen nicht, die Sünde aber macht die Menschen unnatürlich, so dass sie die Seelen ihrer Kinder ohne nachzudenken umbringen. Kinder nach Vergnügungsplätzen mitnehmen, wo alles befleckend ist, wo der geweckte Knabe das Laster bald ausspioniert und es lernt, sich frühzeitig darin zu ergehen, und wo bei dem Mädchen, während es dem Schauspiel zusieht, die Leidenschaften geweckt werden, die keines Brennstoffes bedürfen – das tun, heißt die Rolle des Versuchers übernehmen. Wollt ihr junge Herzen vergiften und ihnen lebenslänglichen Schaden zufügen? Ich wünschte, dass die Wächter der öffentlichen Moral alle Unreinigkeit ausrotten könnten; wenn das aber nicht geschehen kann, so sucht wenigstens die Jugend zu schützen. Wer einen jungen Menschen in den Lastern der Welt unterrichtet, ist ein Elender und ein willfähriger Diener des Teufels, für den einfache Verachtung ein zu mildes Gefühl ist. Und wenn du unter allen Menschen der härteste sein willst, so hast du dennoch nicht nötig, auch die Lämmer zu verderben und die Säuglinge dem Moloch zu opfern.

Dasselbe Übel kann begangen werden, indem man Kindern schlechte Lehren einzuprägen sucht. Sie lernen sehr leicht, und es ist betrübend, sie irrtümliche Dinge zu lehren. Es ist etwas Schreckliches, wenn der ungläubige Vater in Gegenwart seines Knaben über das Kreuz Christi spottet und schreckliche Dinge gegen unseren gelobten Herrn so ausspricht, dass die zarte Jugend es hört. Es ist äußerst betrübend, dass die, welche in der Sonntagsschule heilige Lieder mitgesungen haben, zu Hause hören und sehen müssen, wie Gott verlästert und heilige Dinge bespien und verachtet werden. Dem schlimmsten Ungläubigen möchten wir zurufen: »Richte nicht die unsterbliche Seele deines Kindes zu Grunde! Wenn du durchaus entschlossen bist, verloren zu gehen, so ziehe nicht auch dein Kind mit hinab ins Verderben!«

Aber es gibt eine zweite Art, wider das Kind zu sündigen, von welcher uns Rubens Vorschlag als Illustration dienen kann. Obgleich nicht aus schlechtem Beweggrunde, so sagte Ruben doch: *»Werft ihn in die Grube, die in der Wüste ist, und legt die Hand nicht an ihn«* (1.Mose 37,22). Die Idee vieler ist, das Kind als Kind sich zu überlassen und dann in späteren Tagen nach ihm zu sehen und es dann dem Verderben zu entreißen. Tötet es nicht, aber überlasst es sich selber, bis es zu reiferen Jahren kommt. Tötet es nicht, denn das wäre gottloser Mord, sondern lasst es bis zu einer gelegenen Zeit in der Wüste, bis ihr, gleich Ruben, hoffen könnt, es zu befreien. Bei diesem Punkt werde ich mehrere berühren als bei dem ersten. Viele bekennende Christen ignorieren die Menge Kinder um sie her und tun, als ob es solche lebendigen Wesen gar nicht gäbe. Sie wissen nicht, ob sie zur Sonntagsschule gehen oder nicht, sie kümmern sich nicht darum. Jedenfalls können sich diese guten Leute nicht damit abgeben, die Kinder zu lehren. Ich möchte ernstlich sagen: »Versündigt euch durch solche Vernachlässigung nicht an dem Kinde.« »Nein«, sagt Ruben, »wir wollen uns um den Knaben kümmern, wenn er ein Mann geworden ist. Jetzt liegt er in der Grube, aber wir leben der Hoffnung, ihn später herausholen zu können.«

Das ist die gewöhnliche Idee: Die Kinder müssen unbekehrt aufwachsen und im späteren Leben bekehrt werden. Sie müssen jetzt in der Grube gelassen und mit der Zeit herausgezogen werden. Diese verderbliche Idee ist Sünde an dem Kinde. Kein Wort der Heiligen Schrift begünstigt solche Politik der Vernachlässigung. Weder Natur noch Gnade tritt dafür ein. Es war Jeremias Klage: »*Auch Schakale reichen die Brüste ihren Jungen und säugen sie; aber die Tochter meines Volkes muss unbarmherzig sein wie ein Strauß in der Wüste*« (Klagelieder 4,3). Dass eine solche Anklage wider niemand unter uns erhoben werden möchte! Unser Ziel sollte es sein, dass unsere Kinder zu Christus gebracht werden, solange sie noch Kinder sind, und ich bitte die hier anwesenden Brüder und Schwestern, die den Herrn lieben, nicht an der Bekehrung ihrer Kleinen zu zweifeln, sondern sie von ganzem Herzen zu erflehen. Warum sollten unsere Josephs in der Grube der natürlichen Verderbtheit bleiben? Lasst uns den Herrn darum angehen, dass er sie aus der grausamen Grube errette und selig mache!

Es gibt eine dritte Art, wider das Kind zu sündigen, welcher Plan denn auch tatsächlich an Joseph versucht wurde: **Sie verkauften ihn** – verkauften ihn an die Ismaeliter. Die Kaufleute kamen dahergezogen, boten so und so viele Silberlinge für ihn und seine Brüder überlieferten ihn für einen Lohn. Ich fürchte, dass manche halb geneigt sind, heute dasselbe zu tun. Man bildet sich ein, dass man bei den gut ausgebildeten Tagesschulen der Sonntagsschulen nicht so sehr bedürfe, und überlässt die Kinder den Weltlingen. Weil die Kinder guten Elementarunterricht erhalten, bedürfen sie es nicht so sehr, in der Furcht des Herrn unterwiesen zu werden. Aber je mehr weltliche Erkenntnis unsere Jugend erlangt, desto mehr bedarf sie es, in der Furcht des Herrn unterrichtet zu werden. Unsere jugendliche Bevölkerung den Händen weltlicher Lehrer zu überlassen heißt nichts anderes, als sie den Ismaeliten zu verkaufen.

Ein gleicher Verkauf der jungen Josephs kann dadurch geschehen, dass wir nur auf ihre weltlichen Interessen achten und dabei ihrer Seelen vergessen. Viele Eltern verkaufen ihre Kinder dadurch, dass sie sie als Lehrlinge Männern ohne Charakter in die Hände geben oder sie dorthin bringen, wo die Gottlosigkeit den hervorragendsten Einfluss hat. Oft fragt der Vater nicht danach, wohin der Knabe am Sonntag geht, und der Mutter ist es gleichgültig, ob ihre Tochter das Evangelium hören kann, wenn sie ausgeht; es wird nach gutem Lohn und nach wenig anderem ausgeschaut. Und wie viele, die sich Christen nennen, sind damit zufrieden, wenn sie ihre Töchter an reiche Männer verheiraten können! Die Männer haben keine Religion, aber »es ist eine glänzende Partie«, weil sie gutes Brot haben und sich in guter Gesellschaft bewegen können. Jünglinge und Jungfrauen werden auf den Heiratsmarkt gebracht und dem höchsten Bieter zugeschlagen; an Gott wird bei solchen Dingen nicht gedacht. So weichen die Reichen von dem Herrn ab und werden ihren Kindern ebenso ein Fluch wie die Armen. Ich bin gewiss, dass ihr buchstäblich eure Kinder nicht als Sklaven verkaufen würdet, und doch ist es keineswegs weniger abscheulich, ihre Seelen zu verkaufen. »*Versündigt euch nicht an dem Kinde.*« Verkauft es nicht an die Ismaeliter. »Aber«, sagst du, »das Geld kommt mir so gelegen.« Willst du Blutgeld nehmen? Soll das Blut der Seelen deiner Kinder an deinen Schößen sichtbar werden? Ich bitte dich, halte einen Augenblick inne, ehe du dieses Verbrechen begehst.

Zuweilen kann man sich an einem Kinde versündigen, weil man Missfallen an ihm hat. Die Entschuldigung für eine ungebührliche Härte und Strenge ist: »Es ist ein so sonderbares

Kind!« Habt ihr von dem kleinen Schwan gehört, der in einem Entennest ausgebrütet wurde? Weder die Enten noch der Enterich noch die jungen Enten wussten, was mit dem hässlichen Vogeltier anzufangen sei, und doch war dieses ihnen allen weit überlegen. Joseph war der Schwan in Jakobs Nest, und weder seine Brüder noch selbst sein Vater verstanden ihn. Sein Vater schalt ihn und sagte: »*Soll ich und deine Mutter und deine Brüder kommen und vor dir niederfallen*« (1.Mose 37,19)? Er wurde von seinen eigenen Verwandten nicht verstanden. Ich kann mir denken, dass es höchst unbequem sein musste, mit dem Knaben zusammenzuleben; wenn seine älteren Brüder Torheiten begingen, fühlte er sich verpflichtet, seinem Vater von ihren bösen Taten Bericht zu erstatten. Ich zweifle nicht daran, dass sie ihn »einen kleinen Kriecher« nannten, obgleich er ein herrliches Kind war. Seine Träume waren auch sehr eigentümlich und sehr herausfordernd, denn er war immer der Held derselben. Seine Brüder nannten ihn den »Träumer«[14] und hielten ihn offenbar für einen bloßen Narren. Er war seines Vaters Liebling, und dieser Umstand machte ihn den anderen Söhnen noch widerlicher. Und doch war gerade dieses Kind, das von seinen Brüdern so verachtet wurde, der Joseph unter ihnen. Die Geschichte wiederholt sich, und der Unterschied bei deinem Kinde, auf das nun eingehackt wird, liegt vielleicht darin, dass es eine gewisse Überlegenheit hat, die ihren Wirkungskreis noch nicht kennt. »*Versündige dich aber nicht an dem Kinde«,* weil es etwas sonderbar ist, denn es mag ihm eine besondere Auszeichnung bevorstehen. Natürlich will ich nicht sagen, dass du parteiisch sein und ihm einen bunten Rock machen sollst, denn wenn du das tust, werden seine Brüder ihn beneiden und dafür eine gewisse Entschuldigung haben. Anderseits aber dulde auch nicht, dass er verächtlich behandelt und seine Befähigung unterdrückt werde.

---

14 Vgl. 1.Mose 37,19.

Ich habe etliche gekannt, die, wenn sie mit einem kleinen Joseph zusammentrafen, durch törichte Schmeicheleien an ihm sündigten. Der Junge hatte einige unerwartet gute Worte gesagt, und dann wurde er auf den Tisch gestellt, damit jedermann ihn sehen und das bewundern könne, was er zu sagen hatte, und dann wurde er durch allerlei Schmeicheleien bewogen, seine scharfsichtigen Beobachtungen zu wiederholen. Und so wurde der Junge eingebildet, naseweis und unverschämt. Kinder, welche viel ausgestellt werden, werden gewöhnlich verdorben. Ich meine die stolzen Eltern sagen zu hören: »Nun **seht doch** und **hört** bloß den merkwürdigen Jungen an!« Ja, ich sehe und höre und sehe, wie wunderbar albern seine Mutter ist. Ich sehe, wie töricht sein Vater ist, seinen Knaben einer solchen Gefahr auszusetzen. »*Versündigt euch nicht an dem Knaben*«, indem ihr seinen Stolz nährt, der, weil er Unkraut ist, ganz von selbst wachsen wird.

In vielen Fällen trägt die Sünde einen ganz entgegengesetzten Charakter. Verächtliches Spötteln hat so manches gute Wünschen erstickt und die Knospe manches aufrichtigen Vorsatzes geknickt. Hütet euch, die jugendliche Begeisterung für eine gute Sache zu zerstören. Gott verhüte, dass weder ihr noch ich jemals einen schwachen Funken der Gnade im Herzen eines Knaben auslöschen oder eine einzige verheißungsvolle Knospe vernichten! Wir glauben, dass es jugendliche Frömmigkeit gibt; lasst uns nie so sprechen oder handeln oder aussehen, als ob wir sie verachteten.

»*Versündigt euch nicht an dem Knaben*«, wer oder was ihr auch immer sein mögt. Ob du ein Lehrer oder ein Vater bist, achte darauf, dass, wenn sich in deinem Kinde auch nur ein Zug von dem kleinen Joseph zeigt – und wäre es auch nur in seinen Träumen – du nicht dadurch an ihm sündigst, dass du die edle Flamme, welche Gott in seiner Seele angezündet haben dürfte, unterdrückst. Ich kann jetzt die vielen, vielen Wege nicht erwähnen, auf denen wir uns gegen die Kleinen des Herrn vergehen können, aber ich möchte euch daran erinnern, dass, wenn des Herrn Liebe euren Knaben erleuchten und er aufwachsen sollte, um ein ausgezeichneter Knecht des Herrn zu werden, euer Gewissen euch strafen und eine Stimme in euren Seelen sagen wird: »*Sagte ich's euch nicht: versündigt euch nicht an dem Knaben?*« Und wenn anderseits dein Kind kein Joseph, sondern ein Absalom werden sollte, wird es etwas Schreckliches sein, mit deinem Klagen das überwältigende Bewusstsein verbinden zu müssen, dass du dein Kind der Sünde zugeführt hast, durch welche es eine Unehre für deine Familie geworden ist. Wenn ich mein Kind verloren gehen sehe und weiß, dass es durch mein schlechtes Lehren und durch mein Beispiel verloren gegangen ist, bleibt mir nichts übrig, als in bitterer Reue meine Hände zu ringen und auszurufen: »Ich habe mein Kind getötet! Ich habe mein Kind getötet, und ich wusste, was ich zu tun hatte; aber ich habe die Stimme unbeachtet gelassen, die zu mir sagte: ›*Versündige dich nicht an dem Kinde!*‹«

Und nun, liebe Sonntagsschullehrer, will ich einige Dinge erwähnen, die euch angehen. Versündigt euch nicht an den Kindern dadurch, dass ihr mit einem frostigen Herzen in eure Klassen kommt. Warum solltet ihr eure Kinder gegen göttliche Dinge abkühlen? Sündigt nicht dadurch, dass ihr zu spät kommt, denn dadurch werden sie veranlasst anzunehmen, dass die Pünktlichkeit keine Tugend und die Sonntagsschule nicht von besonderer Wichtigkeit ist. Versündigt euch nicht dadurch an den Kindern, dass ihr unregelmäßig kommt und unter den geringsten Vorwänden wegbleibt, denn damit sagt ihr eigentlich zu den Kindern: »Ihr könnt es, wenn ihr wollt, unterlassen, Gott zu dienen, denn ihr seht, dass ich es auch so mache.« Versündigt euch nicht dadurch an den Kindern, dass ihr mit der Klasse nur den gewöhnlichen Rundlauf macht, ohne sie wirklich zu unterrichten und zu belehren. Das ist der Schatten, aber nicht das Wesen des Sonntagsschulunterrichts und in manchen Beziehungen schlechter als gar nichts. Versündigt euch nicht dadurch an den Kindern, dass ihr ihnen eine Anzahl Geschichten erzählt, ohne ihnen den Heiland vorzuführen, denn das heißt ihnen Steine anstatt Brot zu geben.[15] Versündigt euch nicht an dem Kinde dadurch, dass ihr es auf etwas anderes abgesehen habt als auf seine Bekehrung zu Gott durch Jesus Christus, den Heiland.

Und dann, ihr Eltern, »versündigt euch nicht an dem Kinde« dadurch, dass ihr leicht heftig und zornig werdet. Ich habe oft gehört, dass Erwachsene den Vers wiederholen: »*Ihr Kinder, seid gehorsam euren Eltern in allen Dingen*« (Kolosser 3,20). Es ist ein **sehr** schönes Wort, ein sehr geeignetes[16] Wort, und Knaben und Mädchen sollten es sorgfältig beachten. Ich höre es gern, wenn Väter und Mütter darüber predigen, aber ihr wisst, dass da noch ein anderer Vers steht, der ebenso gewiss inspiriert ist: »*Ihr Väter, erbittert eure Kinder nicht, auf dass sie nicht scheu werden*« (Kolosser 3,21). Lest nicht jede Kleinigkeit gegen ein liebes Kind auf, um es ihm vorzuhalten und zu sagen: »Wenn du ein christliches Kind wärest, würdest du dies nicht tun und würdest du das nicht tun.« Ich bin mir nicht ganz sicher. Ihr, die ihr Familienhäupter seid, tut selbst so manches Verkehrte, und ihr hofft dennoch, Christen zu sein, und wenn euer Vater im Himmel zuweilen so streng gegen euch wäre, wie ihr es gegen die aufrichtigen Kleinen seid, wenn ihr heftig werdet – ich fürchte, dass es euch schlecht ergehen würde. Seid sanft und freundlich und zärtlich und liebevoll.

Gleichzeitig sündigt nicht gegen ein Kind durch übergroße Nachsicht. Verzärtelte und verzogene Kinder sind gleich verdorbenen Früchten; je weniger wir davon sehen, desto besser ist es. In manchen Familien ist der jüngste Bube der Herr des Hauses, obgleich er noch keine Hosen trägt. Er regiert seine Mutter, und seine Mutter regiert natürlich seinen Vater, und auf diese Weise beherrscht er das ganze Haus. Das ist unweise, unnatürlich und für das verzogene Kind äußerst gefährlich. Haltet Knaben und Mädchen in geeigneter Unterwerfung, denn sie selbst können nicht glücklich sein – und ihr könnt es auch nicht – wenn

15   Vgl. Matthäus 7,9.
16   Vgl. Markus 10,13–16.

sie nicht den ihnen gebührenden Platz einnehmen. Begießt eure jungen Pflanzen weder mit Essig noch mit Sirup. Scheltet weder zu viel noch zu wenig. Suchet Weisheit bei dem Herrn und haltet die Mittelstraße.

Mit einem Wort: »*Versündigt euch nicht an dem Kinde*«, sondern erzieht es für den Weg, den es gehen soll, und bringt es zu Jesus, dass er es segne. Hört nicht auf, für das Kind zu beten, bis es sein junges Herz dem Herrn gegeben hat. Möchte der Heilige Geist euch weise machen, mit den jungen Unsterblichen richtig umgehen zu können! Sie sind gleich dem weichen Ton auf der Scheibe. Oh, dass er uns lehren möchte, ihre Charaktere zu formen und zu bilden! Möchte er vor allen Dingen seine Hand selbst ans Werk legen, dann wird es wirklich recht getan.

Kämpfen und beten

»*Da kam Amalek und stritt wider Israel in Rephidim. Und
Mose sprach zu Josua: Erwähle uns Männer, zieh aus und
streite wider Amalek; morgen will ich auf des Hügels Spitze
stehen und den Stab Gottes in meiner Hand haben*«
(2. Mose 17,8 f.).

»*Da kam Amalek*«, nämlich nachdem das Manna gefallen,
nachdem der Fels geschlagen worden war. Erst Nahrung, dann
Kampf. In seinen früheren Tagen blieb Gottes Volk von Kämpfen verschont. Eine Zeit lang waren seine Widersacher still wie
ein Stein, nachdem aber alles geordnet und für die Verpflegung
gesorgt war, »kam Amalek«. Auf unserem Pilgerlauf nach dem
Himmel mag ein Teil des Weges ohne Kampf zurückgelegt werden, aber es darf sich niemand wundern, wenn sich die Dinge
ändern. Eines Tages werden wir die Depesche vom Kriegsschau-
platz erhalten: »*Da kam Amalek und stritt wider Israel.*« Fordere
den Angriff nicht heraus und wünsche ihn nicht. Wenn du ältere
Leute über ihre inneren Kämpfe reden hörst, dann beklage es
nicht, dass dein Kriegsbericht ein sehr kurzer ist. Es kommt eine
Zeit, da Könige zum Kampf ausziehen, und diese Zeit wird früh
genug für dich kommen. Es ist oft des Herrn Weise gewesen, seinem Volke Zeiten der Erfrischung zu gewähren, ehe er es prüfte.

Hinsichtlich des Dienstes für den Herrn gilt dieselbe Wahrheit. In dem uns vorliegenden Falle war der Kampf ein Dienst.
Manche junge Bekehrte eilen in den Dienst Gottes, ehe ihre Erkenntnis oder ihre Kraft sie zu demselben tüchtig gemacht hat.
Ich möchte mich, da ich mit ihrem Eifer sehr sympathisiere,
recht vorsichtig ausdrücken; aber ich wünschte, ihnen einen
besseren Weg zu zeigen. Nur wenige fangen zu früh an, für Gott
zu arbeiten, manche Bekenner haben leider nach Jahren noch
nicht angefangen. Und was sollen wir mit den alten Faulenzern

anfangen, die schon seit dreißig Jahren auf ihren Lagern liegen? Ist es noch der Mühe wert, sie aufzuwecken? Ich fürchte, nein. Möchte der Herr ihnen gnädig sein und sie retten! Wir können nicht zu früh für Gott arbeiten, dennoch ist es möglich, an die Arbeit zu gehen, bevor ihr eure Werkzeuge geschärft habt. Lernet und dann lehret. Ich möchte gern, dass ihr dem Herrn erfolgreich dient. Wie nun Gott Israel Manna und Wasser gab, ehe er es veranlasste, gegen Amalek zu streiten, so sollte jeder Gläubige sich erst selbst an der Wahrheit nähren und dann ausgehen, um auch andere zu lehren. Stärket euch, damit ihr arbeiten könnt, und arbeitet, weil ihr euch gestärkt habt.

Nach dem Manna und nach dem geschlagenen Felsen kam der Kampf: »*Da kam Amalek.*« Er war ein Nachkömmling Esaus und voll von dem Hasse seines Vaters. Dieser Stamm überfiel Israel in einer feigen Weise, ohne ihm den Krieg erklärt zu haben, und erschlug ihre Hintersten und die Schwachen, als diese keinen Angriff erwarteten. Amalek war das erste Volk, das es wagte, den Kampf mit Jehovah aufzunehmen. Die anderen waren durch die Wunder am Roten Meer eingeschüchtert worden, aber Amalek zeigte sich vermessen. Nach dem Hebräischen legte Amalek seine Hand an den Thron Gottes und wagte es, sein Volk zu belästigen.

Beachtet bei diesem Kampf des Herrn wohl, dass es hier eine zwiefache Art des Kämpfens gab. Die erste war **der Josua-Dienst,** und dieser wurde durch die in der Ebene kämpfenden Männer geleistet. Der zweite war **der Mose-Dienst,** und dieser geschah durch die Männer Gottes auf der Spitze des Hügels, die mit dem Himmel Gemeinschaft unterhielten. Wir bedürfen beider Arten der Kriegführung.

Wir haben zunächst viel von **dem Josua-Dienst** nötig. **Dies ist der Dienst vieler.** Mose sprach zu Josua: »*Erwähle uns Männer, zieh aus und streite wider Amalek.*« Wir haben einen Kampf wider Sünde, Irrtum, Stolz, wider das Selbst und wider alles, das Gott und seinem Christ entgegen ist, und in dem Josua-Dienst können viele beschäftigt werden. Wie der Heilige Geist verschiedenartige Gaben gegeben hat, so gibt es für den Kampf für die Wahrheit verschiedenartige Kräfte. Jeder Gläubige sollte ein Soldat in Christi eigener Heilsarmee sein. Wir müssen uns nicht mit der Hauptabsicht unserer eigenen Erbauung einer Gemeinde anschließen, unser Hauptziel im Leben ist ein viel Höheres als selbst die geistlichste Form des eigenen Interesses. Wir müssen leben, um in allerlei Weise für Jesus Christus, unseren Herrn, zu kämpfen. Uns an dem Himmelsmanna nähren und dann mit dem Bösen auf Erden ringen ist eine gesunde Kombination. Wir alle müssen in diesen bösen Tagen für Jesus eintreten; der Feinde sind viele und sie sind mächtig, und kein durch Christus Erlöster darf sich vom Kampfe fernhalten. Freund, auf welcher Seite willst du stehen?

In diesem Josua-Dienst **standen alle Kämpfenden unter genauer Anleitung.** »*Und Josua tat, wie ihm Mose sagte*« (2.Mose 17,10), und das Volk tat, wie Josua ihm befahl. In jedem heiligen Dienst ist die Willigkeit, angeleitet zu werden, ein wichtiger Punkt. Gewisse Arbeiter mögen persönlich sehr gut sein, aber sie wollen sich nie mit anderen verbinden, um eine siegende Schar zu bilden. Vor allem bedürfen wir der Männer und Frauen, die sich in Reihe und Glied halten, die ihre Arbeit ruhig und beharrlich fortsetzen können und die bereit sind, der Anleitung derer zu folgen, die Gott zu Anführern berufen mag. Ein General kann ohne solche Soldaten nichts ausrichten, und sie fühlen, dass sie ohne ihn nur wenig tun können. Soldaten ohne Disziplin werden ein unordentlicher Haufe, aber keine Armee. Möchte der Herr uns Truppen disziplinierter Kämpfer senden, die zubereitet sind, die Amalekiter in die Flucht zu jagen. Alle daran und stets daran, und alle aus Liebe zu Jesus – das gibt ein schönes Motto. Freund, willst du einer dieser ständigen Arbeiter sein?

Im Josua-Werk war Mut erforderlich. »*Ziehe aus und streite wider Amalek.*« Die Amalekiter waren wild, grausam und stark. Es wird gesagt, dass Amalek unter den Nationen die erste war – ich verstehe darunter die erste unter den Plünderern der Wüste. Die Soldaten unter Josua hatten Mut und traten ihren gierigen

Feinden entgegen. Die Heiligen bedürfen in diesen Tagen des Mutes für Jesus. Möchte Gott in seiner Gnade sein Volk wider den Unglauben und Aberglauben und wider die offenbare Gottlosigkeit kühn machen! In dieser Zeit ist die Kühnheit ein Juwel, denn viele sind sich ihrer Sache nicht sicher oder sie sprechen doch so, als ob sie es nicht wären, und wenn sie das nicht sind, können sie andere nie überzeugen. Ein neutheologisch denkender Herr sagte kürzlich in einer Zeitung: »Wir sind nicht alle so sicher wie Spurgeon.« Nein, und das ist eben der Jammer. Wenn Prediger sich dessen, was sie predigen, nicht absolut gewiss sind, werden sie andere nicht überzeugen können. Wer da zweifelt, kann nur Zweifler schaffen, und nur wer da glaubt, kann andere zum Glauben führen. Wenn ihr in dieser Zeit des Unglaubens Siege feiern wollt, müsst ihr Überzeugungen und den Mut eurer Überzeugungen haben und dürft euch dem Unglauben der Zeit nicht beugen. Wir sind nicht berufen, mit dem Irrtum zu liebäugeln, sondern ihn zu bekämpfen; lasst uns darum kühn sein und den Kampf befördern.

Die unter Josua Kämpfenden wurden nicht müde. Mose hatte die geistlichere Arbeit zu verrichten und seine Hände wurden müde; wir ermüden in den privaten Andachten leichter als im öffentlichen Dienst. Josua und seine Männer waren nicht müde; lasst uns im Gutes tun nie müde werden. Werdet ihr in einem besonderen Dienst Gottes müde? Dann mag es sich empfehlen, etwas anderes zu versuchen. »Sie meinen, ich soll einstellen, was ich tue?« Nein, das meine ich nicht, sondern: Tue inzwischen etwas Besonderes. Es kommt oft vor, dass jemand eins nicht tun kann, aber er kann zweierlei tun. Mannigfaltigkeit der Arbeit dient zur Erholung. Im Dienst Gottes ist es eine Erleichterung, von einer hingebenden Bemühung zur anderen überzugehen und so die eine Art von Fähigkeiten ruhen zu lassen, während die andere in Tätigkeit gesetzt wird. Leget eure ganze Seele in den himmlischen Kreuzzug und werdet in eurem Kampf mit Amalek nicht müde vom Morgen bis zum Abend. Freund, willst du in dem himmlischen Kampf unermüdlich sein?

Im Josua-Dienst **waren sie erfolgreich,** denn sie dämpften »*den Amalek und sein Volk durch des Schwertes Schärfe*« (2.Mose 17,13). Geliebte Arbeiter für den Herrn, möchte er euch gleichen Erfolg gewähren! Der Teufel geht, um geschlagen zu werden, und er wird geschlagen werden. Wenn wir nur Glauben an Gott und Mut haben und des Schwertes Schärfe gebrauchen können, werden wir die Mächte der Finsternis überwinden. Viele Übel sind in die menschliche Gesellschaft tief eingedrungen, aber das Evangelium unseres Herrn Jesus Christus ist ihnen gewachsen. Wenn wir so an die Kraft des Evangeliums glaubten, dass wir es unseren Mitmenschen in freudigem Vertrauen und in der Kraft des Heiligen Geistes verkündigten, würden wir bald sehen, wie dem Weltsinn und der Gottlosigkeit entgegengearbeitet wird. Leider ist das der Fehler vieler Arbeiter, dass sie die **Schärfe** des Schwertes nicht anwenden. Man mag nicht gern an die Schärfe eines Schwertes denken, aber im Kampf nützt nichts anderes. Ein Herr hat eine so großartige Predigt gehalten, dass jedermann sie bewundert. Ja, das war der reichverzierte Griff des Schwertes, aber es wurde niemand verwundet. Ein anderer hat in gewöhnlichen Worten die nackte Wahrheit kühn ausgesprochen und sie an das Gewissen gerichtet, und diese Wahrheit ist den Zuhörern durchs Herz gegangen und hat sie zur Reue und Buße gebracht. Was fragt das böse Herz der Menschen nach der Scheide unsers Schwertes? Es bedarf der Schärfe, und es muss sie haben. Fürchten wir uns nicht oft, des Schwertes Schärfe zu gebrauchen, wenn wir mit Leuten reden? »Aber ich versuche es, ihnen das Evangelium nach und nach beizubringen.« Ganz recht, aber der beste Weg, des Schwertes Schärfe nach und nach fühlbar zu machen, ist, sie sogleich anzuwenden. Wir sprechen oft so lange, dass wir gar nicht zu dem eigentlichen Punkt kommen, den Leuten zu sagen, dass sie verloren sind und dass sie sofort ihre Zuflucht zu Christus nehmen müssen, wenn sie nicht umkommen wollen. Wenn etwas Gutes erreicht werden soll, müssen wir ihnen klipp und klar die Wahrheit sagen. Gebt den Leuten hinsichtlich der Heilswahrheit durch das Blut Jesu reichliche Unterweisung. Wenn wir wollen, mögen wir ihnen diesen oder jenen untergeordneten Punkt predigen, aber wir müssen vor allem des Schwertes Schärfe gebrauchen: den zukünftigen Zorn für die Gottlosen und das Heil in Christus für die Gläubigen. Schärft den heiligen Befehl ein: »*Glaube an den Herrn Jesus Christus, so wirst du selig*« (Apostelgeschichte 16,31). Predigt den Namen des Herrn und fordert alle Menschen überall auf, Buße zu tun. Führt die Heilige Schrift an, führt sie beständig an. Sie ist das Wort Gottes, das die Seelen rettet, und nicht unsere Auslegung derselben. Schlagt sie mit der Schärfe des Schwertes.

So habe ich über den Josua-Dienst gesprochen mit dem herzlichen Wunsch, dass jedes Glied der sichtbaren Gemeinde in die Reihen der Kämpfer eintrete und von ganzem Herzen das Schwert gebrauche. Oh, dass die, die auf dem Weg zur verheißenen Ruhe sind, dem Herrn tapfer dienen möchten! Wenn ihr selbst gerettet seid, wünsche ich, dass der Herr euch in seiner Armee beschäftige und sich in euch verherrliche!

Der zweite Teil des Gegenstandes ist höchst interessant. Es ist **der Mose-Dienst,** der Dienst Moses und seiner Genossen. Sie selbst gingen nicht auf das Schlachtfeld hinab, sondern stiegen auf die Spitze des Berges, von wo aus sie die Kämpfer im Kampf sehen konnten, und dort hielt Mose den Stab Gottes in seiner Hand.

Beachtet, **dass der Mose-Dienst zum Kampf wesentlich war,** denn dieweil Mose seine Hände emporhielt, siegte Israel, wenn er aber seine Hände niederließ, siegte Amalek. Es war darum ebenso notwendig, dass Mose auf dem Berg war, wie, dass Josua in der Ebene weilte. Dieser Teil des Gemeindewerkes wird oft übersehen, aber er ist ebenso notwendig wie die Tätigkeit der Vielen. Wir bedürfen des verborgenen Obsiegens der erwählten Knechte des Herrn, deren Aufgabe nicht so sehr bei Menschen für Gott, wie bei Gott für Menschen liegt.

Dieses heilige Werk hatte **einen ganz besonderen Charakter.** Nur drei waren imstande, in dasselbe einzutreten. Ich glaube, dass es der tief geistlich Gesinnten, die in besonderem Maße mit Gott verkehren und den Segen über das Werk der anderen herabholen, in jeder Gemeinde nur verhältnismäßig wenige gibt. Gott legt seine Hand hier auf den einen und dort auf den anderen und veranlasst ihn, sich ihm zu nähern. Wollte Gott, dass alle Knechte des Herrn weissagten![17] Aber es ist nicht so. Der Herr gebraucht viele in seinem Werkdienst, die dessen ungeachtet nicht zu seinen Vertrauten gehören. Sie gehören nicht zu den Fürbittern, welche bei Gott obsiegen. Dieser Dienst ist ein besonderer, aber je mehr er geleistet wird, desto besser steht es um die Sache Gottes. Wir bedürfen vieler, welche Kraft von Gott herabholen, wie auch vieler, welche diese Kraft gegen den Feind verwenden.

Dieser Mose-Dienst lag **in der innigen Gemeinschaft mit Gott.** Mose, Aaron und Hur waren aufgefordert worden, sich über das Volk zu erheben und, abgesondert von demselben, allein zu sein. Sie stiegen – als ein Symbol – auf die Spitze des Berges, und in ihrer Zurückgezogenheit verkehrten sie still mit Gott. Der Stab Gottes in Moses Hand bedeutete: Gott ist bei diesen Betern auf dem Berg und schlägt den Feind durch seine mächtige Gegenwart. Wie beseligend ist es für ein Volk, von denen angeführt zu werden, die der Herr schon in früheren Zeiten geehrt hat und mit denen er noch Gemeinschaft unterhält!

Bei dieser heiligen Beschäftigung **lag ein furchtbares Gewicht auf dem einen Mann, welcher die anderen darin leitete.** In dem Prozess des Herabbringens der göttlichen Kraft auf das Volk wurde das Übertragungswerkzeug ernstlich geprüft. *»Die Hände Moses wurden schwer«* (2. Mose 17,12). Geliebte, wenn Gott euch geistliche Kraft gibt, in dem christlichen Werk voranzugehen, werdet ihr bald finden, dass die Bedingung solcher Führerschaft eine sehr kostspielige ist. Eure Lage erfordert eine tiefere Demut, eine dauernde Wachsamkeit, eine höhere Hingabe und eine innigere Gemeinschaft mit Gott, als dies alles von an-

17 Vgl. 4. Mose 11,29.

deren erwartet wird, und diese Dinge werden euch erproben und euch in mannigfacher Weise eine schwere Last auferlegen. Ihr werdet einem Elia gleichen, welcher zu einer Zeit wie ein Riese laufen konnte und zu einer anderen Zeit ohnmächtig wurde und die Flucht ergriff. Die Last des Herrn ist keine Federlast.

In diesem geheiligten Dienst ist **die Hilfe sehr wertvoll.** Als Moses Hände anfingen zu sinken und er selbst schwach wurde, gewährten ihm Aaron und Hur wesentliche Hilfe. Sie nahmen einen Stein und legten ihn unter ihn, dass er sich daraufsetzte, und hielten seine Arme hoch, so dass seine Augen dem Himmel zugewandt waren, und seiner Hand der Stab nicht entfallen konnte, denn wenn das geschah, fiel auch Israels Sache.[18] Bist du ein Arbeiter? Hast du einen, der sich eignet, dein Vorbild zu sein? Bringe einen Stein herbei, erfreue sein Herz mit irgendeiner gnadenvollen Verheißung aus dem Wort des Herrn oder mit einem hoffnungsvollen Zeichen von dem Werk selbst. Wirf keinen Stein nach ihm, wie manche Arbeiter das getan haben, sondern lege einen Stein unter ihn, damit er sich setzen kann und nicht überwunden werde. Ahmt Aaron und Hur nach, indem ihr seine Hände stützt, so dass sie hochgehoben bleiben, bis die Sonne untergeht. Glückliche Leute, die so ihre Anführer unterstützen! Die heilige Kraft bei Gott, die Anderen Sieg herabbringt, wird etlichen gegeben, und sie gebrauchen sie; aber das Fleisch ist schwach, und sie werden ohnmächtig. Möchten sich andere von gleicher Gnade zu ihrer Hilfe herzutun, die – der eine in der einen, der andere in der anderen Weise – ihre Hände hochhalten, wie Aaron und Hur Moses Hände hochhielten. Möchten geistliche Männer denen ernstlich helfen, die Gott zur geistlichen Gemeinschaft in ihm beruft, damit so der Name des Herrn verherrlicht werde und der Sieg dem Banner seines Volkes folgen kann.

Dies ist die Quintessenz meiner Ansprache. Die Gebetsversammlung ist nach allem diese geistliche Kraft auf der Berges-

18 Vgl. 2.Mose 17,11.

spitze, welche die Kämpfenden stark macht. Lasst nie das Gebetswerk schwach werden, und wenn es scheint, als ob es so ist, mögen dann Aaron und Hur zur Hilfe herbeieilen. Kommt und helft mit all eurer Macht, den Stab des Herrn hochzuhalten, damit der Streit des Herrn siegreich ausgefochten werden kann. Fahre fort, Josua, und gebrauche des Schwertes Schärfe, die Amalekiter haben es nötig. Aber achtet ihr auf des Berges Spitze darauf, dass euer Dienst nicht aufhöre. Ihr bescheidenen Männer und Frauen, die ihr keine berühmten Leute seid, ihr mögt von Gott berufen sein wie Mose, seinen Stab hochzuhalten und den Segen herabzubringen. Wenn jemand unter euch matt wird, so wünsche ich, dass andere hervortreten und an seiner statt den Stab Gottes hochhalten.

Die Gebetsversammlung muss unter allen Umständen aufrecht erhalten bleiben. Die Gemeinschaft mit Gott darf nie unterbrochen werden. Wenn ihr eine Fabrik besucht, könnt ihr sehen, wie sich viele Räder drehen und eine Menge Hände beschäftigt sind. Wo ist die Kraft, die das alles in Gang erhält? Geht hinab in den Maschinenraum, wo es nach Öl riecht. Ihr denkt nicht viel daran, aber da ist das Zentrum der Macht. Wenn ihr die Maschine zum Stehen bringt, dann steht jedes Rad still. Manche lieben Leute sagen: »Ich gehe heute Abend nicht hin, es ist nur Gebetsstunde.« So ist es. Es ist nur die Maschine, aber das ist alles. Geht an Bord eines großen Ozeandampfers, der nach New York gehen soll. Du sagst: »Ich habe den Salon und den großartigen Luxus angesehen, der da für die Passagiere aufgeboten ist. Es ist ein wunderbares Schiff.« Hast du dir auch die Maschine angesehen? »Wie! die kleine Leiter hinabsteigen? Ich habe da unten einige schwarze Gestalten gesehen, die vor großen Feuern zu tun hatten, habe mich aber nicht um sie gekümmert.« Sprich nicht so. Wenn jene beschmutzten Heizer nicht wären, so hätten der große Salon und das schöne Deck gar keinen Wert. Das Gebet ist die Maschine der Gemeinde, es sorgt für die nötige Kraft. Ich freue mich, diese Maschinen in Gang zu sehen: Beten! Beten! Beten! Beten! Dann lenkt die unter dem Wasser verborgene

Schraube das gewaltige Schiff und führt es dem bestimmten Hafen zu. Haltet das Moseteil des Wortes in Gang und treibt den Josua-Dienst nicht lässig.

Geliebte in dem Herrn, lasst uns einander in unserem Kampf stärken. Ein jeder nehme seinen Posten ein und tue den Teil, zu welchem der Herr ihn berufen hat. Lasst uns Mut fassen. Wir sind uns des Sieges gewiss. Die Randglosse in unseren Bibeln lautet: »Weil Amalek seine Hand an Jehovahs Thron gelegt hat, will der Herr mit Amalek kriegen von Geschlecht zu Geschlecht.« Die Sünde legt ihre verräterische Hand an den Thron Gottes. Wird er das dulden? Der Unglaube dieser Zeit hat seine Hand an das heilige Opfer Christi gelegt. Wird der Herr das ruhig mitansehen? Die Zweifelsucht hat es gewagt, das inspirierte Wort anzugreifen. Wird der Herr das geschehen lassen? Ist nicht die Zeit seiner Wiederkunft sehr nahe, wenn die Menschen in der Sünde immer dreister werden? Dürfen wir aus dem allen nicht schließen, dass der Herr sehr nahe ist? Die Missetat der Amalekiter wird voll. Der Herr wird sicherlich die Übel der Zeit mit des Schwertes Schärfe heimsuchen. Lasst uns nicht furchtsam sein.

Meine feste Überzeugung ist, dass das Evangelium so kräftig ist wie je zuvor. Wenn wir uns nur entschließen könnten, das bloße zweischneidige Schwert des altmodischen Evangeliums gegen die Menschenherzen zu richten, so würden wir bald Siegesgetön hören. Gott, wir haben es mit unseren Ohren gehört, und unsere Väter haben es uns erzählt, was du vor alters getan hast, und wenn wir den Mut früherer Zeiten und den Geist früherer Zeiten wieder erlangen könnten, würden wir auch eine Wiederholung jener wundervollen Taten sehen. Wir müssen uns anstrengen, denn Josua tat es. Wir müssen uns auf Gottes Stärke verlassen, denn Mose tat es. Beides zusammen – tätiger Kampf und betende Abhängigkeit – wird uns den Segen bringen. Vor einer Reihe von Jahren lagen die Dinge anders denn jetzt. Im Vergleich zu heute war es damals leicht, eine Versammlung zusammenzubringen. Heute ist nicht mehr viel Verlangen da, zu hören. Die Spötter sind heute zahlreicher als vor Jahren. Für einen bekennenden Christen gibt es eine große Zahl von Ungläubigen. Die Prediger streuen zum großen Teil Zweifel aus. Viele Prediger wissen besser damit Bescheid, das Evangelium zu unterminieren, als Seelen zu Christus zu führen. Lasst uns darum sorgfältig auf unsere Waffen achten und ernstlich die Wahrheit Gottes verteidigen. Ich bitte jeden Einzelnen unter euch, seinen Teil zu tun und in dieser bösen Zeit männlich zu sein.

Obgleich ich selbst nur tauge, zu den geringsten Knechten meines Herrn gezählt zu werden, bin ich doch dazu berufen, ein großes Werk zu führen, und darum bitte ich meine Kameraden, mir zu helfen. Meine Brüder, haltet meine Hände hoch! Betet beständig für mich. Wenn der Fahnenträger fällt, was werden dann die Schwächlinge tun? Ich bin körperlich schwach, und so manche Besorgnis drückt mich nieder; stehet mir mit eurer brüderlichen Hilfe bei und besonders durch liebevolle Trostesworte und durch eure Fürbitte. Ich habe nach bestem Vermögen den Glauben verteidigt. Die Wahrheit muss doch siegen und der Irrtum unterliegen. Lasst uns im Namen des Herrn aufs neue Panier aufwerfen. Erneuert euren Bruderbund, den nichts als der Tod zerstören soll. Lasst uns in dem großen Kampf für den Herrn und für seinen Thron einig sein. Amen.

Ein anderer geistlicher Honigtropfen

>*»Er antwortete: Mein Angesicht wird mitgehen*
>*und dich zur Ruhe bringen«*
>*(2.Mose 33,14; ELB).*

Dies ist ein anderer unserer köstlichen Honigtropfen[19], über den ich ohne vorangegangenes Nachdenken sprechen will, indem ich einfach seine Süßigkeit von selbst auslecken lasse. Es ist Gottes Wort an seinen Knecht Mose.

Es war keine Vergnügungstour, die Mose zu unternehmen hatte; es war eine Reise durch die Wüste zu einer höchst wichtigen Aufgabe, die sein Herz schwer bedrückte. Er brachte seine Sache vor seinen Gott und sagte zu Jehovah: *»Siehe, du sprichst zu mir: Führe das Volk hinauf! und lässt mich nicht wissen, wen du mit mir senden willst, so du doch gesagt hast: Ich kenne dich mit Namen, und hast Gnade vor meinen Augen gefunden. Habe ich denn Gnade vor deinen Augen gefunden, so lass mich deinen Weg wissen, damit ich dich kenne und Gnade vor deinen Augen finde. Und siehe doch, dass dies Volk dein Volk ist«* (2.Mose 33,12 f.). Es ist sehr schön, das Argument zu beachten, das Mose gebraucht. Er sagt: »Herr, du hast mir die Sorge für dieses Volk übertragen. Wie kann ich die übernehmen? Es ist ja dein Volk.« Er blickt darum um Beistand zu Jehovah auf. *»Du lässt mich nicht wissen, wen du mit mir senden willst«,* das ist seine Klage, aber er scheint sich zu vergegenwärtigen, dass **er,** um dessen Volk es sich handelte und der ihm den Auftrag gegeben hatte, es zu führen und alle ihre Reizungen zu erdulden, auch die Absicht haben müsse, ihm irgendwelche ganz besondere Hilfe zu gewähren. Die Ant-

---

19   Siehe S.87: »Über das Lecken des Honigseims.«

wort darauf ist: »*Mein Angesicht wird mitgehen und dich zur Ruhe bringen.*«

Was konnte sich Mose mehr wünschen, und was können wir uns mehr wünschen? Wir sind so töricht, dass wir uns nach Stärke außer Gott umsehen, und außer ihm gibt es doch keine. Lieber Bruder Varley, Sie ziehen aus, um in den Ländern jenseits des Meeres das Evangelium zu verkündigen, und dies ist die Zusicherung, deren Sie zu Ihrer Reise bedürfen: »*Mein Angesicht wird mitgehen und dich zur Ruhe bringen.*« Indem Sie von Ort zu Ort reisen, werden Sie viel Hilfe nötig haben, und diese Hilfe liegt in der beständigen Gemeinschaft Ihres Herzens mit dem Herrn, in der beständig bewussten und empfundenen Gegenwart Gottes. Sie haben, lieber Freund, eine große Last von Seelen auf sich liegen. Ihre Kraft, diese Last tragen zu können, liegt darin, dass Sie sich die Gegenwart Gottes vergegenwärtigen. Es mag etlichen nicht klar sein, dass eine Viertelstunde, die früh am Morgen damit zugebracht wird, mit entzückter Freude in das Angesicht Gottes zu schauen, uns mit Kraft erfüllen kann; wir aber wissen aus seliger Erfahrung, dass ihr keine andere Kraft gleicht. Wir sind nur stark, wenn wir von dem Ewigen überschattet werden. Dann strömt die Allmacht auf uns ein, und Jehovah lässt uns in seiner unendlichen, herablassenden Freigebigkeit seine Kraft zufließen.

Beachtet nun, dass Mose nicht davon in Kenntnis gesetzt wurde, dass Gott ihm seinen Schwiegervater senden würde, damit der ihn begleite; ihm wurde nicht gesagt, dass Josua, sein Nachfolger, ihn begleiten solle; auch wurde ihm nichts über die siebzig Ältesten gesagt, die die Last der Verantwortlichkeit mit ihm teilen sollten. Mose sollte ihre Gegenwart und Hilfe genießen, aber seine wirkliche Kraft sollte hierin liegen: »***Mein Angesicht** wird mitgehen.*« Er sollte eine Reise von großer Bedeutung, eine Reise großer Prüfungen, eine Reise großer Reizungen, eine vierzig Jahre währende Reise antreten, aber dies ist die ganze Fürsorge, deren er bedarf, und Gott selbst konnte ihm nicht mehr gewähren.

Und dann fügt der Herr hinzu: *»Und dich zur Ruhe bringen.«* Für einen christlichen Arbeiter ist es höchst wichtig, Ruhe zu haben, wie das auch für Mose höchst wichtig war. »Solange ich hier bin«, sagt jemand, »erwarte ich keine Ruhe.« Wirklich nicht? Dann wirst du nicht viel für den Herrn ausrichten. Die am meisten arbeiten, müssen am meisten ruhen, und wenn sie mit ihrem Geist arbeiten, können sie es nicht gut, können sie es überhaupt nicht, wenn sie nicht sehr viel Ruhe haben. Ihr werdet beachten, dass Leute, die sehr erregt werden, oft Unsinn reden, und dass Leute, die sehr reizbar und heftig bewegt werden, nicht reden oder handeln, wie sie sollten. Der Mann, der andere bewegen will, muss auf eigenen Füßen fest stehen können; es kommt alles darauf an, dass ihr festen Boden gefasst habt, weil ihr dann den werfen könnt, mit dem ihr ringt, und weil er euch dann nicht werfen kann.

»Meinen Sie, dass Mose diese Ruhe hatte?«, fragt da jemand. Ich bin gewiss, dass er sie hatte, weil er sanftmütigen Geistes war. Ihr erinnert euch, dass der Herr Jesus gesagt hat: *»Nehmet auf euch mein Joch und lernet von mir; denn ich bin sanftmütig und von Herzen demütig; so werdet ihr Ruhe finden für eure Seelen«* (Matthäus 11,29). Es ist wahr, dass ein sanftmütiges Herz Ruhe erzeugt, im Grunde aber erzeugt ein ruhiges Herz die Sanftmut. Ihr könnt es fertigbringen, mit euren Mitmenschen sanft und freundlich umzugehen, wenn ihr selbst in dem lebendigen Gott vollkommen ruhig seid. Ich erinnere mich eines Mannes, der eines Tages auf der Straße überfahren wurde. Irgendjemand eilte in aller Hast davon, um den nächstwohnenden Doktor herbeizuholen, und nachdem der Mediziner sich den Vorgang hatte berichten lassen, ging er ruhig in sein Operationszimmer, kehrte seinen chirurgischen Instrumentenkasten um, suchte sich die Instrumente aus, die er glaubte, etwa gebrauchen zu müssen, und ging dann in aller Ruhe hin nach dem Platz, wo der arme Mann lag. Der Bote suchte ihn zur Eile anzuspornen, aber das hatte keinen Zweck. »Schnell, schnell, Herr Doktor«, rief er, »bei dem Mann ist etwas zerbrochen, jeder Augenblick ist köstlich.«

Nun, der Arzt wusste, dass er das Beste tat, was er tun konnte, und er war zu weise, um in wilder Hast davonzurasen und so vielleicht gerade die Instrumente zu vergessen, deren er am meisten benötigt war, und dann außer Atem anzukommen und so völlig unfähig zu sein für die Pflicht, die er zu erfüllen hatte. Des Doktors Ruhe war nicht das Resultat eines kalten Herzens, sondern das Resultat des Entschlusses, das möglichst Beste in der möglichst besten Weise zu tun. Wenn ihr euch der Gegenwart des Herrn bewusst seid, werdet ihr das möglichst Beste dadurch tun, dass ihr in seinem Dienst ruhig und wohlüberlegt handelt. Wer in diesem Sinne *»glaubt, der flieht nicht«* (Jesaja 28,16), sondern geht in ruhigem Geiste an das Werk seines Herrn.

Beachtet die Art der Ruhe, die hier erwähnt wird. *»Und dich zur Ruhe bringen.«* Die Ruhe, die Gott uns gibt, können wir alle getrost nehmen. Niemand hat je zu lange an Jesu Brust geruht. Ich glaube, dass viele christliche Arbeiter bessere Arbeiter wären, wenn sie mehr Ruhe genössen. Ich sprach bei Gelegenheit der Konferenz, als mein Gegenstand das Schlafen des Heilandes während des Sturmes auf dem galiläischen Meer war, über diese Sache zu den Predigern. Er wusste, dass ein Sturm im Anzuge war, aber er fühlte sich in seines Vaters Liebe und Fürsorge so ruhig und glücklich, dass er nach dem hinteren Teil des Schiffes – dem zum Schlafen am besten geeignetsten Platz – ging, dass er wohlüberlegt ein Kissen nahm, sich niederlegte und einschlief. Es war das Beste, das er tun konnte. Er war den ganzen Tag beschäftigt gewesen, hatte gelehrt und die Menge gespeist, und er fühlte, dass es seine Pflicht war, schlafen zu gehen, damit er zur Arbeit des nächsten Tages bereit sein könne. Geh schlafen, Bruder. Es ist erstaunlich, welch einen Unterschied eine Nachtruhe bei unseren Trübsalen macht. Ich möchte dies buchstäblich nervösen und sich abmühenden Leuten sagen: »Geh zu Bett, Bruder, geh zu Bett.« Aber ich möchte es auch im geistlichen Sinne zu allerlei Leuten sagen. Wenn ihr euch schwach und beunruhigt fühlt und nicht wisst, was ihr am besten tun sollt: »Geht vor Gottes Angesicht und findet Ruhe.« »*Mein Angesicht wird mitgehen und dich zur Ruhe bringen.*«

Ich will euch einen kleinen, weltlich weisen Rat geben: Wenn ihr nicht wisst, was ihr tun sollt, so tut es nicht. Manche Leute aber, die nicht wissen, was sie tun sollen, gehen und tun es direkt und geraten dadurch in alle möglichen Unruhen. Unserer viele bedürfen der Ruhe, wie auch Mose ihrer bedurfte. Mose hat zwei Millionen Menschen auf seinem Herzen zu tragen, er bedarf der Ruhe. Er hat vierzig Jahre lang mit ihnen zu tun, er bedarf der Ruhe. Niemals hatte je ein anderer eine so große Familie; niemals war wahrscheinlich ein anderer so aufgeregt und ermattet, und dazu war er ein sanftmütig angelegter Mann, der keinen Gewaltstreich ausführen konnte, wie mancher andere das wohlgetan hätte. Seine Kraft liegt darin, dass er vor Gottes Angesicht weilt und darum ruhig und stark ist. Es geschieht nur hin und wieder, dass er die menschliche Sanftmut für einen Augenblick umwölkt werden lässt. So war er imstande, gleich einem Könige in Jesurun, der er ja auch war,[20] daher zuschreiten; seine Seele lebte in Gottes Gegenwart und Ewigkeit und sang stets mitten unter den Tausenden von Gräbern: »*Herr, Gott, du bist unsre Zuflucht für und für*« (Psalm 90,1).

20 Vgl. 5.Mose 33,5.

Drei wichtige Punkte in 3. Mose 26

»*Ihr sollt keine Götzen machen noch Bild und sollt euch keine Säule aufrichten, auch keinen Malstein setzen in eurem Lande, dass ihr davor anbetet; denn ich bin der Herr, euer Gott. Haltet meine Sabbate und fürchtet euch vor meinem Heiligtum. Ich bin der Herr. Werdet ihr in meinen Satzungen wandeln und meine Gebote halten und tun, so will ich euch Regen geben zu seiner Zeit, und das Land soll sein Gewächs geben und die Bäume auf dem Felde ihre Früchte bringen, und die Dreschzeit soll reichen bis zur Weinernte, und die Weinernte bis zur Zeit der Saat; und sollt Brots die Fülle haben und sollt sicher in eurem Lande wohnen. Ich will Frieden geben in eurem Lande, dass ihr schlafet und euch niemand schrecke. Ich will die bösen Tiere aus eurem Land tun, und soll kein Schwert durch euer Land gehen. Ihr sollt eure Feinde jagen, und sie sollen vor euch her ins Schwert fallen. Euer fünf sollen hundert jagen, und euer hundert sollen zehntausend jagen; denn eure Feinde sollen vor euch her fallen ins Schwert. Und ich will mich zu euch wenden und will euch wachsen und euch mehren lassen und will meinen Bund euch halten. Und sollt von dem Vorjährigen essen, und wenn das Neue kommt, das Vorjährige wegtun. Ich will meine Wohnung unter euch haben, und meine Seele soll euch nicht verwerfen. Und will unter euch wandeln und will euer Gott sein; so sollt ihr mein Volk sein. Denn ich bin der Herr, euer Gott, der euch aus Ägyptenland geführt hat, dass ihr meine Knechte wäret, und habe euer Joch zerbrochen und habe euch aufgerichtet wandeln lassen.*

Werdet ihr mir aber nicht gehorchen und nicht tun diese Gebote alle und werdet ihr meine Satzungen verachten und eure Seele wird meine Rechte verwerfen, dass ihr nicht tut alle meine Gebote, und werdet meinen Bund brechen, so will auch ich euch auch solches tun: Ich will euch heimsuchen mit Schrecken, Darre und Fieber, dass euch die Angesichter verfallen und der Leib verschmachte; ihr sollt umsonst euren Samen säen, und eure Feinde sollen ihn essen; und ich will mein Antlitz wider euch stellen, und sollt geschlagen werden vor euren Feinden; und die euch hassen, sollen über euch herrschen, und sollt fliehen, da euch niemand jagt. So ihr aber über das noch nicht mir gehorcht, so will ich's noch siebenmal mehr machen, euch zu strafen um eure Sünden, dass ich euren Stolz und eure Halsstarrigkeit breche; und will euren Himmel wie Eisen und eure Erde wie Erz machen. Und eure Mühe und Arbeit soll verloren sein, dass euer Land sein Gewächs nicht gebe und die Bäume des Landes ihre Früchte nicht bringen. Und wo ihr mir entgegen wandelt und mich nicht hören wollt, so will ich's noch siebenmal mehr machen, auf euch zu schlagen um eurer Sünden willen. Und will wilde Tiere unter euch senden, die sollen eure Kinder fressen und euer Vieh zerreißen und euer weniger machen, und eure Straßen sollen wüst werden. Werdet ihr euch aber damit noch nicht von mir züchtigen lassen und mir entgegen wandeln, so will ich euch auch entgegen wandeln und will euch noch siebenmal mehr schlagen um eurer Sünden willen und will ein Racheschwert über euch bringen, das meinen Bund rächen soll. Und ob ihr euch in eure Städte versammelt, will ich doch die Pestilenz unter euch senden und will euch in eurer Feinde Hände geben. Dann will ich euch den Vorrat des Brots verderben, dass zehn Weiber sollen in einem Ofen backen, und euer Brot soll man mit Gewicht auswägen, und wenn ihr esset, sollt ihr nicht satt werden. Werdet ihr aber dadurch mir noch nicht gehorchen und mir entgegen wandeln, so will ich euch im Grimm entgegen wandeln und will euch siebenmal mehr strafen um eure Sünden, dass ihr sollt eurer Söhne und Töchter Fleisch essen. Und will eure Höhen vertilgen und eure Sonnensäulen ausrotten und will eure Leichname auf eure Götzen werfen, und meine Seele wird an euch Ekel haben. Und will eure Städte einreißen und will euren süßen Geruch nicht riechen. Also will ich das Land wüst machen, dass eure Feinde, so darin wohnen, sich davor entsetzen werden. Euch aber will ich unter die Heiden streuen, und das Schwert ausziehen hinter euch her, dass euer Land soll wüst sein und eure Städte verstört. Alsdann wird das Land sich seine Sabbate gefallen lassen, solange es wüst liegt und ihr in der Feinde Land seid; ja, dann wird das Land feiern und sich seine Sabbate gefallen lassen. Solange es wüst liegt, wird es feiern, darum dass es nicht feiern konnte, da ihr's solltet feiern lassen, da ihr darin wohntet. Und denen, die von euch übrigbleiben, will ich ein feiges Herz machen in ihrer Feinde Land, dass sie soll ein rauschend Blatt jagen, und soll fliehen davor, als jage sie ein Schwert, und fallen, da sie niemand jagt. Und soll einer über den andern hinfallen, gleich als vor dem Schwert, da sie doch niemand jagt; und ihr sollt euch nicht auflehnen dürfen wider eure Feinde. Und ihr sollt umkommen unter den Heiden, und eurer Feinde Land soll euch fressen. Welche aber von euch übrigbleiben, die sollen in ihrer Missetat verschmachten in der Feinde Land; auch in ihrer Väter Missetat sollen sie mit ihnen verschmachten.

Da werden sie denn bekennen ihre Missetat und ihrer Väter Missetat, womit sie sich an mir versündigt und mir entgegen gewandelt haben. Darum will ich auch ihnen entgegen wandeln und will sie in ihrer Feinde Land wegtreiben; da wird sich ja ihr unbeschnittenes Herz demütigen, und dann werden sie sich die Strafe ihrer Missetat gefallen lassen. Und ich werde gedenken an meinen Bund mit Jakob und an meinen Bund mit Isaak und an meinen Bund mit Abraham und werde an das Land gedenken, das von ihnen verlassen ist und sich seine Sabbate gefallen lässt, dieweil es wüst von ihnen liegt, und sie sich die Strafe ihrer Missetat gefallen las-

sen, darum dass sie meine Rechte verachtet haben und ihre Seele an meinen Satzungen Ekel gehabt hat. Auch wenn sie schon in der Feinde Land sind, habe ich sie gleichwohl nicht verworfen und ekelt mich ihrer nicht also, dass es mit ihnen aus sein sollte und mein Bund mit ihnen sollte nicht mehr gelten; denn ich bin der Herr, ihr Gott. Und ich will über sie an meinen ersten Bund gedenken, da ich sie aus Ägyptenland führte vor den Augen der Heiden, dass ich ihr Gott wäre, ich, der Herr. Dies sind die Satzungen und Rechte und Gesetze, die der Herr zwischen ihm selbst und den Kindern Israel gestellt hat auf dem Berge Sinai durch die Hand Moses« (3.Mose 26).

In Kapitel 26 des dritten Buches Mose sind drei Abschnitte, die uns viel Belehrung geben, wenn Gottes Geist sein Licht darauf wirft.

Wir haben zuerst den Abschnitt, wo Verheißung und Drohung sich verschiedene Male wiederholen. Die Kinder Israel sollten sich keine Götzen machen, noch Bilder und Säulen aufrichten, die andere gemacht hatten, noch sich vor solchen beugen, sondern sich von dem Götzendienst in irgendwelcher Gestalt und Form reinigen und nur ihren großen und umsichtigen Gott Jehovah anbeten und seine Sabbate halten und seine Gebote halten, und dann sagte der Herr: *»So will ich euch Regen geben zu seiner Zeit, und das Land soll sein Gewächs geben und die Bäume auf dem Felde ihre Früchte bringen. Ich will Frieden geben in eurem Lande, dass ihr schlafet und euch niemand schrecke. Ich will die bösen Tiere aus eurem Land tun, und soll kein Schwert durch euer Land gehen. Und will unter euch wandeln und will euer Gott sein; so sollt ihr mein Volk sein«* (3.Mose 26,4.6.12). Sehr reichhaltig sind die Segnungen, die der Herr über sein gehorsames Volk ausschüttet; Friede und Fülle, Sieg und Gemeinschaft sind das Teil der Gläubigen, deren Herzen dem Herrn gegenüber keusch sind.

Wenn aber Israel sich weigern sollte, dem Herrn zu gehorchen, sollte die Züchtigung aber auch wirklich sehr ernst sein. Höret den Teil vom fünfzehnten bis zum achtzehnten Verse: *»Werdet ihr meine Satzungen verachten und eure Seele meine Rechte verwerfen, dass ihr nicht tut alle meine Gebote, und werdet meinen Bund brechen, so will ich euch auch solches tun: Ich will euch heimsuchen mit Schrecken, Darre und Fieber, dass euch die Angesichter verfallen und der Leib verschmachte; ihr sollt umsonst euren Samen säen, und eure Feinde sollen ihn essen; und ich will mein Antlitz wider euch stellen, und sollt geschlagen werden vor euren Feinden; und die euch hassen, sollen über euch herrschen, und sollt fliehen, da euch niemand jagt. So ihr aber über das noch nicht mir gehorcht, so will ich's noch siebenmal mehr machen, euch zu strafen um eure Sünden.«*

Ist dies alles nicht furchtbar ernst? Aber es ist noch nicht alles: Wenn ihre Sünden zunehmen, soll ihnen noch mehr Leid widerfahren. In Vers 23 und 24 heißt es: *»Werdet ihr euch aber damit noch nicht von mir züchtigen lassen und mir entgegen wandeln, so will ich euch auch entgegen wandeln und will euch noch siebenmal mehr schlagen um eurer Sünde willen.«* Hier folgt Schlag auf Schlag, um ein hartes Herz zu brechen. Und auch damit hört das Gericht nicht auf. Höret das Wort des Herrn noch einmal: *»Werdet ihr aber dadurch mir noch nicht gehorchen und mir entgegen wandeln, so will ich euch im Grimm entgegen wandeln und will euch siebenmal mehr strafen um eure Sünden«* (3. Mose 26,27 f.).

Brüder, lest diese Worte mit heiligem Zittern; sie sind nicht für Fremde, sondern für den Samen Israels und für uns geschrieben, die wir in den rechten Ölbaum eingepfropft worden sind.[21] Die in den ewigen Bund eingetragen sind, werden finden, dass es sehr hart ist, wider den Herrn, ihren Gott, zu sündigen. Die ganz Gottlosen gehen in diesem Leben oft ungestraft aus, denn ihre Bestrafung wird für die zukünftige Welt aufgehoben, wo ihnen der ihnen für ihre Taten gebührende Lohn auf immer und ewig zugemessen werden wird; aber mit den Seinen, deren

---

21 Vgl. Römer 11,24.

Übertretungen er getilgt hat, handelt er ganz anders. In ihrer Beziehung zu ihm als zu einem Richter sind sie freigesprochen, als Kinder aber kommen sie unter seine väterliche Zucht, und aus Liebe zu ihnen lässt er sie in diesem Leben für ihre Sünden leiden, wenn sie das Gesetz seines Hauses brechen. Als unser Bundesgott ist der Herr ein eifriger Gott. Er ist kein Eli, welcher seine Söhne durch Duldsamkeit zugrunde richtet,[22] sondern *er stäupt einen jeglichen Sohn, den er aufnimmt«* (Hebräer 12,6).

Und etliche seiner Kinder hat der Herr sehr schwer gezüchtigt. Ich bitte euch, nicht von einem Fall auf den anderen zu schließen, noch anzunehmen, dass die ganze Familie notwendig in gleichem Maße gezüchtigt werden müsse. Der Herr spricht von der Gemeinde als der, der Mitleid hat und Unterschiede macht, und in seiner Barmherzigkeit macht er auch in der Zucht Unterschiede, weil wirkliche Unterschiede der Charaktere vorhanden sind. Verschiedene von den Geliebten des Herrn wurden glücklicherweise in ihrer Jugend zu Christus geführt und wissen darum nichts von den Sünden, die die Qualen anderer sind; wenn diese durch Gottes Gnade vor allen Inkonsequenzen bewahrt bleiben, so ist die Rute weniger nötig, und nur wenige Wolken verdunkeln ihren Pfad; aber es gibt andere von rauerem Gepräge und betrübterer Erfahrung, welche schon bei ihrer ersten Bekehrung viel litten, und welche, wenn sie wieder abwichen, durch schwere Züchtigungen zurückgebracht werden mussten. Der Herr mag mit etlichen unter euch auf dem Wege der Zucht handeln, und wenn das geschieht, wer det ihr wirklich zu leiden haben, denn unser himmlischer Vater spielt nie mit der Rute, sondern gebraucht sie im wirklichen Ernst. Es mag sein, dass Herzenskummer euch das Angesicht verfallen macht und dass eure Kraft vergeblich aufgeboten wird, es scheint, als ob ein Mehltau vom Herrn sowohl über eure zeitlichen wie über eure geistlichen Dinge gekommen ist; ihr säet

---

22   Vgl. 1.Samuel 2,22–25.

und erntet nicht, ihr arbeitet und erlangt nicht. In eurem Kopf macht sich eine Mattigkeit bemerkbar, so dass euch der Ton eines raschelnden Blattes erschreckt, und ihr habt keine Kraft, euren Feinden zu widerstehen. Sünde und Satan, Zweifel und Schwermut triumphieren über euch, und ihr flieht, da euch niemand jagt. Euch ist nach der Drohung des Vers 19 geschehen: *»Dass ich euren Stolz und eure Halsstarrigkeit breche«,* und nun findet ihr keine geistliche Kraft in euch, selbst die Kraft zum Gebet ist dahin, und um euch her ist alles unfruchtbar; Gott hat euren Himmel wie Eisen und eure Erde wie Erz gemacht.[23] Ach, ihr befindet euch in einer peinlichen Lage, denn eure Kraft ist vergeblich aufgeboten, und eurer Plagen sind eurer Sünden gemäß viele geworden.

Es soll dahin kommen, mein lieber Bruder, dass du von deinen Sünden weggetrieben werdest. Gott rächt seinen Bund, wie er in Vers 25 feierlich erklärt. Lies das Wort und merke es dir. Es ist etwas Furchtbares, zu wissen, dass Gott dir entgegen wandelt, und doch hat er dir gesagt, dass er dir entgegen wandeln werde, wenn du ihm entgegen wandelst. Was könntest du nun anderes erwarten? Wenn du sein liebes Kind bist, wird er sehr betrübt, wenn er sieht, dass du gleich einem Verräter handelst; wenn du als ein begünstigter Freund an seiner Brust gelegen hast, so hat er größeres Interesse an dir als an anderen, und er kann es deshalb nicht ertragen, dich befleckt zu sehen. Je teurer du ihm bist, umso mehr wird er dir zürnen, wenn du sündigst. Je mehr er dich liebt, umso entschlossener wird er sein, das Böse auszutreiben und dich von den Gräueln frei zu machen, die seine Seele hasst.

Wenn ein Richter hinter dem Richtertisch sitzt, mag er großen Zorn gegen den Räuber oder Mörder empfinden, den er verhört, doch er zeigt das nicht, sondern verurteilt ihn ruhig dazu, die Strafe des Gesetzes zu erleiden. Sieh diesen Richter, nachdem er sein Amtskleid abgelegt hat, daheim als Vater handeln:

---

23 Vgl. 5.Mose 28,23.

Sein Kind hat Unrecht getan und nun ist er wirklich erzürnt und zeigt seinem Kinde gegenüber eine größere Härte als gegen den Verbrecher. Er, der in kalt abgemessenen Worten zu dem groben Übeltäter sprach, redet jetzt zu seinem eigenen sich vergangenen Knaben ernst und heftig. Ihr alle versteht, warum er so fühlt und handelt: Sein Zorn geht aus der wahrsten Liebe hervor, aus einer Liebe, die selbst in ihrem Liebling nichts Böses dulden will. Der Knabe glaubt nicht, dass sein Vater ihn besonders liebt, wenn er ihn unter seinen Schlägen leiden lässt, wir aber, die wir verständiger sind, wissen: »Darin steht die Liebe« (1.Johannes 4,10).

Mein Bruder, wenn Gott dich züchtigt, so ergib dich sogleich und ergib dich vollständig. Wenn du es nicht tust, kannst du diesem Kapitel eine Warnung entnehmen, denn der Herr führt dir seine Drohung dreimal vor: »Und wo ihr mir entgegen wandelt und mich nicht hören wollt, so will ich's noch siebenmal mehr machen, auf euch zu schlagen um eurer Sünden willen« (3.Mose 26,21.23 f.27 f.). Wenn die alten römischen Richter auf den Straßen dahingingen, waren sie von Liktoren begleitet, und diese Liktoren trugen eine Axt, die in ein Bündel Ruten eingebunden war, anzuzeigen, dass Missetäter zuerst mit Ruten geschlagen werden sollten und dass, wenn sich diese als nutzlos erwiesen, sie mit der Axt enthauptet werden sollten. Ich bitte dringend jede Seele, die sich unter den strafenden Einwirkungen des Heiligen Geistes befindet oder unter den Prüfungen der göttlichen Vorsehung leidet, doch sofort auf die warnende Stimme der Rute zu hören, denn die die Rute nicht hören wollen, müssen die Axt fühlen.

Der Herr wendet große Vorsicht und Überlegung an, »denn er plagt und betrübt die Menschen nicht von Herzen« (Klagelieder 3,33); wenn Weniges genügt, so schlägt er nur wenig. Wenn Menschen sich unter seine gewaltige Hand demütigen, so erhöht er sie zu seiner Zeit,[24] wenn sie sich aber weigern und auflehnen,

---

24   Vgl. 1.Petrus 5,6.

schlägt er sie mehr und mehr, bis er sie um ihrer Sünden siebenmal mehr gezüchtigt hat. *»So will ich euch im Grimm entgegen wandeln und will euch siebenmal mehr strafen um eure Sünden«* (3. Mose 26,28). Wir haben Menschen gekannt, die alle ihre Habe verloren, ehe sie sich zum Herrn wandten. Krankheiten und allerlei Ereignisse sind schnell aufeinander gefolgt, und sie wollten noch kaum Buße tun, als sie voller Wunden und Striemen und Eiterbeulen waren. Der Tod hat ihre Lieblinge weggerafft, den geliebten Kindern ist die noch geliebtere Mutter ins Grab gefolgt, und auch dann war der stolze Geist kaum gebrochen. Es schien, als ob Pharao wieder aufleben wollte und die Plagen wiederholt werden mussten. Leider ist in manchen Fällen die Verstockung das Resultat der Leiden gewesen; der Mann hat Gott wegen seiner Härte geflucht und sich geweigert, sich der züchtigenden Hand zuzuwenden. Ach, welche Leiden bereiten sich solche Leute! Die der Herr zu segnen beabsichtigt, wird er weiter züchtigen, bis sie sich vor ihm beugen und sich ihm ganz ergeben. Aber wenn sie fortfahren, sich gegen ihn aufzulehnen, wenn sie ihren Nacken verhärten, wenn sie die Rute nicht hören wollen, wenn sie an ihren Götzen kleben und von dem Allerhöchsten weichen – dann macht er, dass sie vor Gram in ihrer Missetat vergehen und kehrt sein Angesicht wider sie.

Wir freuen uns, dass wir zu dem zweiten Teil **verständiger und bußfertiger Handlungsweise** kommen. Ab Vers 40 dieses Kapitels lesen wir: *»Da werden sie denn bekennen ihre Missetat und ihrer Väter Missetat, womit sie sich an mir versündigt und mir entgegen gewandelt haben. Darum will ich auch ihnen entgegen wandeln und will sie in ihrer Feinde Land wegtreiben; da wird sich ja ihr unbeschnittenes Herz demütigen, und dann werden sie sich die Strafe ihrer Missetat gefallen lassen. Und ich werde gedenken an meinen Bund mit Jakob und an meinen Bund mit Isaak und an meinen Bund mit Abraham und werde an das Land gedenken«* (3. Mose 26,40–42). Sie wurden recht tief heruntergebracht und sogar aus ihrem Lande unter die Heiden vertrieben, und Gott schien sie ganz verworfen zu haben, aber er erklärt, dass er seines Bundes gedenken und sie zurückführen wollte, wenn sie sich von ihrer Missetat abwenden würden. Ihr Abwenden von der Missetat würde sich als der Wendepunkt ihres Geschickes, als das Ende ihres Wehes und als die Dämmerung ihrer Hoffnung erweisen.

Ich bitte euch, diesem Ruf der Barmherzigkeit zu lauschen und zu beachten, wann das Gericht aufhört. Sie hatten zuerst ihre Missetat zu bekennen, dann sollte die Barmherzigkeit kommen, aber nicht früher. O ihr Gezüchtigten, seid ihr bereit, eure Übertretungen und euer Tun, das nicht gut war, anzuerkennen? Sie hatten ihre Missetaten – ihre eigenen Missetaten, worin dieselben auch bestehen mochten – zu bekennen, ihre Herzen mussten die Sünden zu erforschen suchen, mussten sie bekennen und darüber trauern – dann sollte ihnen Vergebung werden; solange dies nicht geschieht, kann es keine Vergebung geben. Wir müssen die Sünden vor uns stellen, ehe Gott sie von uns hinwegnehmen kann.

Demnächst musste ihr Herz gedemütigt werden: »*Da wird sich ja ihr unbeschnittenes Herz demütigen.*« Stolze Sünder können keine begnadigten Sünder sein. Wenn wir uns nicht unterwerfen, harren unserer noch mehr Plagen. Sie mussten demütig werden, und alsdann konnte die Reinigung von den Sünden erfolgen. Die Zeit der Demütigung bestimmt die Stunde des Trostes. Beachtet auch den besonderen Punkt, dass sie sich die Strafe ihrer Missetat gefallen lassen mussten, worunter ich verstehe, dass sie einsehen mussten, dass ihre Leiden die Resultate ihrer Sünden waren, dass sie anerkennen mussten, dass die Leiden als die natürliche Frucht ihres eigenen Verhaltens ihnen gerechterweise zukamen. Wir dürfen nicht mit Gott hadern, sondern müssen gestehen, dass wir alles verdienen, was er auferlegt, und müssen bekennen, dass er gerecht wäre, selbst, wenn er uns in die Hölle verstieße, und dann dürfen wir auf Gnade hoffen. Wenn ein Kind sagt: »Vater, du tust recht daran, mich zu züchtigen, denn ich verdiene es«, dann nimmt der Vater die Rute weg, denn sie hat ihren Zweck erreicht, und wenn eine Seele so zusammengebrochen ist, dass sie in ihrer Not seufzt: »Ich verdiene deine Rute, ich verdiene deinen ewigen Zorn, o Gott« – **dann, dann, dann** nimmt der Herr die Buße an und schaut voll Erbarmen auf die zerknirschte Seele herab.

Der dritte Abschnitt findet sich ab Vers 42: »*Und ich werde gedenken an meinen Bund mit Jakob und an meinen Bund mit Isaak und an meinen Bund mit Abraham und werde an das Land gedenken, das von ihnen verlassen ist [...] und sie sich die Strafe ihrer Missetat gefallen lassen, darum dass sie meine Rechte verachtet haben und ihre Seele an meinen Satzungen Ekel gehabt hat*« (3.Mose 26,42 f.). »*Doch*«, fährt er in Vers 44 fort, »*wenn sie schon in der Feinde Land sind, habe ich sie gleichwohl nicht verworfen und ekelt mich ihrer nicht also, dass es mit ihnen aus sein sollte und mein Bund mit ihnen sollte nicht mehr gelten; denn ich bin der Herr, ihr Gott. Und ich will über sie an meinen ersten Bund gedenken, da ich sie aus Ägyptenland führte vor den Augen der Heiden, dass ich ihr Gott wäre, ich, der Herr*« (3.Mose 26,44 f.).

Nun, Mitsünder, wenn der Herr dich gedemütigt hat, dass du die Bestrafung annimmst, die er dir auferlegt hat, dann will er seines Bundes, des alten und herrlichen Gnadenbundes, gedenken, den er mit dem gläubigen Abraham gemacht hat, der, besser noch, in der Person des Herrn Jesus mit jedem Gläubigen gemacht ist.[25] Abraham war der Vater der Gläubigen, und der Bund wurde mit allen Gläubigen gemacht, und Gott will desselben gedenken. Und welches ist der Tenor des Bundes? »*Ich will gnädig sein ihrer Untugend und ihren* Sünden, *und ihrer Ungerechtigkeit will ich nicht mehr gedenken*« (Hebräer 8,12). »*Und will euch ein neues Herz und einen neuen Geist in euch gehen*« (Hesekiel 36,26). Dies ist der Gnadenbund, und oh, es ist etwas Seliges, wenn Gott um unseretwillen desselben gedenkt, denn dann gedenkt er der Missetaten seines Volkes nicht mehr. Armer Sünder, wenngleich er dich in seinem Zorn verfolgt und dich

25 Vgl. Römer 4,23 ff.

132

niedergestreckt hat; wenngleich die Überzeugung dich zerbrochen hat, wie ein Löwe seinen Raub zerreißt; wenngleich du fürchtest, dass der Herr dich verworfen und dich ohne Hoffnung auf Gnade gelassen hat – wenn du deine Bestrafung annimmst, dann sollst du, ja du, von der Vergebung singen können, die er mit Blut erkauft hat.

Wenn du stolz bist, wird er dich schlagen; wenn er dich geschlagen hat, musst du deine Bestrafung annehmen; wenn du deine Bestrafung angenommen und deine Sünde bekannt hast, wird der Herr seines Bundes gedenken und dir alle deine Missetat vergeben. Beachte wohl die drei Stufen: Züchtigung, wenn du dich in deine Missetaten einhüllst; gründliche Unterwerfung, wenn du die Züchtigung fühlst, und vollen Bundessegen, wenn deine Unterwerfung eine völlige geworden ist. Wenn gegenwärtig jemand unter uns zu leiden hat – möchten wir uns beeilen, ein völliges Bekenntnis abzulegen, um Wiederannahme und Trost zu erfahren! Gott ist sehr pünktlich; möchte er uns nie saumselig und zögernd finden!

Gott gebe, dass wir vor der Sünde bewahrt bleiben! Möchte er uns, wenn wir darein gefallen sind, aus ihrer Macht erretten! Amen.

Eine Ansprache für trübe Zeiten

»*Hienieden auf Erden rufe ich zu dir, wenn mein Herz in Angst ist, du wollest mich führen auf einen hohen Felsen*« (Psalm 61,3).

Davids Gebet ist ein sehr weises und angemessenes. Er ist unter großem Druck und bittet darum, dass es ihm gegeben werde, sich darüber erheben zu können. Er hat großen Glauben, und darum ist er sich dessen gewiss, dass es eine sichere Zuflucht für ihn gibt, und er ist sich großer Schwäche bewusst, denn er spricht nicht davon, dass er selber den Fels der Sicherheit erklimmen wolle, sondern fleht um göttliche Leitung, damit er dorthin kommen könne. Sein Gebet passt für Lippen solcher Menschen, wie wir es sind, die wir da wohnen, wo die Trübsalswogen hochgehen.

Das Herz kann von verschiedenen Mächten überwältigt werden. Es kann durch ein Schuldgefühl geschehen. Sorglosigkeit und Gleichgültigkeit verschwinden, wenn der Heilige Geist die Überzeugung von der Sünde im Gewissen wirkt, die Gerechtigkeit Gottes offenbart und einen Menschen zu der Erkenntnis bringt, dass er sich in der Gefahr des zukünftigen Zorns befindet; dann wird Herz und Fleisch matt, der Mut und die Hoffnung verlieren sich, und der Mensch ist überwältigt. Eine solche Zeit ist recht geeignet, zu der Bitte zu veranlassen: »*Du wollest mich führen auf einen hohen Felsen.*« Welche Sicherheit genießest du, wenn du in der Kluft des Felsens der Ewigkeiten Zuflucht finden kannst! Der Fels des Sühnopfers erhebt sich höher als deine Sünde, und auf demselben ist auch der Schuldigste über den schäumenden Wogen der Rache weit erhaben. Von göttlicher Hand geführt, um den großen Erlöser und Stellvertreter umschlingen zu können, ist auch die ganz schiffbrüchige Seele sicher gelandet und kann singen, weil sie dem Tode entgangen ist.

Obgleich die Gläubigen an Jesus vor dem göttlichen Zorn völlig gesichert sind, können sie dessen ungeachtet von Trübsalen überwältigt werden. Sie sollten es nicht, denn wenn ihr Glaube tätig wäre, wie er es sein sollte, würde sie keine Furcht ergreifen, aber wegen der Schwachheit des Fleisches und teils auch wegen der innewohnenden Sünde bricht der Unglaube wie eine Flut herein und überschwemmt das ängstliche Herz. Zuzeiten rollen auch gleich ungeheuren atlantischen Wogen die Prüfungen des Lebens daher und schlagen gegen unsere armselige Barke, dass wir hin und her schwanken und wie ein Betrunkener wanken. Das leck gewordene Schiff füllt sich mit Wasser und gehorcht dem Steuer der Vernunft nicht mehr; es lässt sich von der widrigen Strömung treiben, wohin diese will, und der ewige Schiffbruch scheint bevorzustehen. Dann ist es gut, dass der Christ rufe: »*Du wollest mich führen auf einen hohen Felsen*«, denn wenngleich bei einem natürlichen Sturm ein Felsen vermieden werden muss, gibt es in unseren geistlichen Stürmen doch einen hohen Felsen, zu dem wir uns als zu unserer Zuflucht und unserem Hafen flüchten müssen. Wahrlich, dieser Felsen ist höher, als wir sind, und gerade seine Höhe ist unser Trost. Gott, der unendlich Hohe und Herrliche, wird nicht beunruhigt noch verzagt. Seine Absichten sind viel höher als unsere Blicke und sie sind auch weit über die Wirkung des Bösen erhaben; deshalb lassen wir im Vertrauen auf Gott den Sturm weit unter uns und lächeln über den Tumult dort unten.

Meinem Herzen, meine Brüder, kommen die überwältigendsten Gedanken nicht von meiner persönlichen Sünde, denn ich weiß, dass sie vergeben ist, noch von weltlichen Trübsalen, da ich weiß, dass mir »*alle Dinge zum Besten dienen*« (Römer 8,28); aber ich bin durch den gegenwärtigen Zustand der Gemeinde Gottes tief bekümmert. Männer, die von Gott berufen sind, für seine Herde Sorge zu tragen, fühlen sich schmerzlich niedergeworfen, wenn die Zeichen der Zeit dunkel und drohend sind. Mose trug in der Wüste das ganze Volk Israel auf seinem Herzen und zuweilen waren sie ihm eine wahre Last, und so trägt jeder rechte Prediger die Gemeinde auf seinem Herzen und fühlt sich oft sehr beladen. Gegenwärtig kann ich schmerzerfüllt mit Jeremia ausrufen: »*Wie ist mir so herzlich weh! Mein Herz pocht mir im Leibe, und habe keine Ruhe*« (Jeremia 4,19).

Es ist überwältigend für mich, **die zunehmende Verweltlichung der sichtbaren Gemeinde** sehen zu müssen. Viele bekennende Christen – der Herr allein weiß, ob sie wahre Gläubige sind oder nicht – geben uns ernste Ursache zu Befürchtungen. Wir sehen sie Dinge dulden, die ihre Väter nie würden geduldet haben; mein Blut erstarrt mir in meinen Adern, wenn ich daran denke, wie weit manche vornehmen Bekenner irre gehen. Es stehen Familien mit unseren Gemeinden in Verbindung, in denen keine Hausandachten gehalten werden, in denen aber luxuriöses Essen und Trinken und sonstige Extravaganzen an der Tagesordnung sind. Ich bin selbst nicht fern von dem Verdacht, dass sich unter den Bekennern eine beträchtliche Anzahl befindet, die das Theater besucht, sich am Kartenspiel beteiligt, leichte und törichte Lektüre liest und doch zum Tisch des Herrn kommt. Wenn diese sich von der Welt unterscheiden, so ist es schwer zu sehen, wie oder wo das der Fall ist. Weder in ihrer Kleidung, noch in ihrer Sprache, noch in der Art ihres geschäftlichen Treibens, noch in ihren Gewohnheiten daheim sind sie den Unbekehrten überlegen.

Ist das nicht ein großes Übel unter der Sonne? Wenn die Gemeinde zu dem Standpunkt der Welt hinabsteigt, dann ist ihre Kraft dahin. Doch wir können dieses verdächtige Unkraut nicht ausjäten, weil wir fürchten, den Weizen mit auszureißen. Wenn falsche Bekenner offener in ihrem Verhalten wären, würden wir sie erkennen, aber ihre Übel sind geheim, und darum müssen wir sie mit dem Weizen zusammen wachsen lassen,[26] doch zuweilen geht der bekümmerte Landmann zu dem großen Eigentümer und ruft: »*Herr, hast du nicht guten Samen auf deinen Acker ge-*

---

26 Vgl. Matthäus 13,30.

sät? Woher hat er denn das Unkraut« (Matthäus 13,27)? Die Antwort lautet: »*Das hat der Feind getan*« (Matthäus 13,28), und wir werden niedergeschlagen, weil wir fürchten, dass wir dem Feind durch unser Schlafen dazu Gelegenheit gegeben haben.

Ich schaue wieder aus und sehe **eine Anzahl Bekenner ganz abfallen.** Viele Personen, die im Lande Mitglieder von Gemeinden waren, verfallen, wenn sie in diese große Stadt kommen, in die Gewohnheiten ihrer Nächsten und bleiben den Gnadenmitteln fern oder behandeln die Gottesdienste am Tage des Herrn, als ob es in ihrem freien Willen stände, damit zu tun, wie es ihnen gefällt; und wenn sie zum Gottesdienst gehen, dann trippeln sie hierhin und dorthin und vergessen die Pflichten der christlichen Gemeinschaft. Viele andere sind damit zufrieden, berühmte Prediger zu hören, nicht weil sie das Evangelium predigen, sondern weil sie als vorzügliche Männer bekannt sind. Einst wurden Prediger wegen ihrer Gesundheit und Salbung und Erfahrung geschätzt, jetzt aber fragt man und sucht Männer, die populär und geistreich sind.

Manche, die sich Christen nennen, machen schönen Gesang und Musik zu ihrem großen Erfordernis. Wenn sie diese Befriedigung suchen, warum geben sie sich dann nicht damit zufrieden, ein Wochenkonzert an einem geeigneten Orte zu besuchen? Gottes Haus ist nie dazu bestimmt gewesen, in eine Halle umgewandelt zu werden, wo ein Dideldumdei mit dem anderen wetteifert, um den Ohren der Menschen zu gefallen. Nicht wenige wählen ihren Sonntagsbesuchsort, weil die Kirche ein imposantes Bauwerk ist und die Versammlung sich aus respektablen Leuten zusammensetzt. Mögen sie doch, wenn sie nur Gesellschaft suchen, dahin gehen, wo sich die Elite der Gesellschaft passend zusammenfindet und sich selbst auswählt, aber bei der Anbetung Gottes begegnen Reiche und Arme einander, der Herr hat sie alle gemacht. Es ist ein schlimmes Zeichen, wenn Gottes arme Heilige verachtet werden, aber es ist heutzutage so. Wenn Geschäftsleute etwas Geld erspart haben, werden sie zu groß für die Versammlung, in welcher sie sich einst zu Hause fühlten, und müssen notwendig einen Teil einer mehr vornehmen Versammlung bilden. Diese Dinge machen mir auch viel Bekümmernis, nicht weil es in einzelnen Fällen auch Glieder meiner Gemeinde trifft, sondern weil der Umstand vielen auffällt; es ist darum nur eine ganz allgemeine Bemerkung.

Gleich schmerzlich wird mein Herz davon berührt, **die Verbreitung des Aberglaubens** wahrnehmen zu müssen. Ihr könnt kaum eine Straße hinabgehen, ohne eine sogenannte Episkopalkirche anzutreffen, wo »Priester« – so nennen sie sich selbst – törichte Frauen zur Beichte locken und sie mit Messen und Prozessionen zu amüsieren suchen.[27] Eitle Betrüger! Geistliche einer anerkannten protestantischen Kirche gehen eifrig darauf aus, dem Protestantismus das Leben zu nehmen. Es gibt Toren genug, die an diese Priester glauben und sich vor ihren Kruzifixen und Kreuzstationen und dergleichen Schutt beugen und die Gräuel verbreiten sich augenscheinlich wie der Sauerteig im Mehl. Gott allein weiß, wo dieses unser England hinsteuert und wer sein Land liebt fühlt, wie er von solchen Dingen überwältigt wird.

Doch halte ich dies nicht für das schlimmste Zeichen der Zeit. Rings um uns her wächst in verwirrten Massen **das böse Unkraut der »neueren Ideen«** auf, das nichts anderes ist als ein Unglaube, der zu feige ist, seinen eigenen Namen zu tragen. Es gibt Prediger auf christlichen Kanzeln, welche die Authentizität verschiedener Bücher der Bibel leugnen und die wörtliche Inspiration ganz verwerfen. Es gibt nicht eine Lehre des Evangeliums, welche nicht von dem einen oder von dem anderen »Denker« geleugnet würde, und selbst die Existenz eines persönlichen Gottes wird von dem mehr Fortgeschrittenen als ein strittiger Punkt betrachtet, doch die Gemeinden dulden sie und gestatten ihnen, die Kanzeln zu betreten, die einst von gottseligen Predigern Christi besetzt waren. Nachdem sie den Glauben ver-

---

27 Spurgeon spielt hier wohl auf die sog. *Oxford-Bewegung* innerhalb der anglikanischen Kirche an, die im 19. Jahrhundert eine Rekatholisierung innerhalb der Church of England anstrebte und großen Wert auf Zeremonien und Rituale legte.

leugnet, und, so gut sie es nur vermochten, ihre Dolche in das Herz der wesentlichsten Lehren gebohrt haben, beanspruchen sie noch, Prediger des Evangeliums zu sein, und dabei wünschen sie, Glaubensbekenntnisse und Glaubensartikel abzuschaffen, weil diese beständige Zeugen wider ihre Schurkenstreiche sind. Ich wollte mich nicht darum kümmern, was aus dem Kehricht werden mag, wenn nur die Gemeinden von dem Irrtum errettet würden. Ich sehe diesen Sauerteig des Unglaubens nach allen Richtungen hin wirken, und viele sind in dem einen oder anderen Punkt angesteckt; er frisst sich wie ein Krebs in die Seele der Gemeinden ein. Gott erlöse uns davon!

Es ist schwer zu sagen, was geschehen soll, da niemand seinen Nächsten verdächtigen möchte, und doch scheint eine Pest in der Luft zu liegen, so dass sie auch in die bestbewachten Kammern eindringt. Wir hören bald von dem einen, bald von dem andern, dass er seltsame Ideen erörtere, und die, welche man für feste Säulen hielt, werden plötzlich rollende Steine. Wer wird demnächst abgehen? Und was wird sich dann ereignen? Inmitten dieser Verwirrung ist unser Herz in uns geneigt, überwältigt zu werden. Und ist keine Ursache dazu vorhanden? Es ist nicht unser eigenes Haus, nicht unser Vermögen, nicht unsere leibliche Gesundheit, welche in Gefahr ist – wenn das wäre, wollten wir uns stillschweigend beugen und es tragen – sondern es ist die Haushaltung Gottes, das Reich Christi, es ist die Gemeinde Gottes auf Erden, welche so leidet, und wohl mögen die, die den Herrn und seinen Christus und seine Wahrheit lieben, um die Lade zittern und eine heilige Eifersucht in sich brennen fühlen. Zu solcher Zeit ist das Gebet Davids unschätzbar: »*Du wollest mich führen auf einen hohen Felsen.*« Lasst uns sehen, wie diese Bitte der Lage entspricht.

Zuerst wollen wir uns dessen erinnern, dass **Gott lebt.** Herrlicher Gedanke! »*Der Herr ist König; des freue sich das Erdreich*« (Psalm 97,1). Er führt seine Pläne aus und setzt seinen Willen durch.[28] Es wäre sehr kindisch, wenn wir für den Mond fürchten wollten, weil, während er in seinem Glanz dahinzieht, die Hunde ihn anbellen; es wäre absurd, für die ewigen Berge zu fürchten, weil der Wind deren Granitspitzen umweht, und es wäre ebenso töricht, für die Wahrheit Gottes zu zittern. Feste Dinge werden bestehen, und die nicht bestehen können, mögen immerhin fallen. Gott lebt, und alles, was von Gott ist, lebt in seinem Leben. Auf diesem Felsen lasst uns ruhen.

Demnächst wollen wir uns daran erinnern, **dass Gottes Wahrheit noch dieselbe ist.** Es tut nichts, ob 50 000 oder nur fünf oder nur einer ihre Sache zu seiner Sache macht. Die Wahrheit herrscht nicht durch die Wahlurne oder durch die Berechnung der Köpfe, sie bleibt ewiglich. Alle Zungen der Menschen und Engel können die Wahrheit nicht wahrer machen und alles Heulen der Teufel und Zweifler kann sie nicht in eine Lüge umwandeln. Gott sei Preis und Ehre dafür! *»Jesus Christus derselbe gestern und heute und derselbe auch in Ewigkeit«* (Hebräer 13,8). Die ewigen Wirklichkeiten spotten ihrer Leugner, denn sie sind *»wie Spreu, die der Wind verstreut«* (Psalm 1,4). *» Wo sind die Klugen? Wo sind die Schriftgelehrten? Wo sind die Weltweisen? Hat nicht Gott die Weisheit dieser Welt zur Torheit gemacht«* (1.Korinther 1,20)?

Ein anderer Fels kann uns auch Schutz gewähren, nämlich die hohe Lehre, **dass der Herr die Seinen selig machen wird.** Die viel verachtete Wahrheit von der Erwählung steht für uns in unruhiger Zeit fest. Wir seufzen und schreien, weil so viele die Gottheit der Zeit anbeten, aber der Herr antwortet: *»Ich habe mir lassen übrig bleiben siebentausend Mann, die nicht haben ihre Knie gebeugt vor dem Baal. Also gehet es auch jetzt zu dieser Zeit mit diesen, die übriggeblieben sind nach der Wahl der Gnade«* (Römer 11,4 f.). Die Worte des Apostels sind jetzt wahr: *»Die Auserwählten aber erlangten es. Die andern sind verstockt, wie ge-*

---

28   Vgl. Psalm 115,3.

schrieben steht: ›*Gott hat ihnen gegeben einen Geist des Schlafs, Augen, dass sie nicht sehen, und Ohren, dass sie nicht hören, bis auf den heutigen Tag*‹« (Römer 11,7 f.). Ich beuge mich vor der erhabenen Souveränität Gottes und das Geschrei der Leute dringt nicht in meine Ohren. Jehovahs Rat besteht und er tut alles, was ihm wohlgefällt. Von dem sühnenden Blut soll kein Tropfen vergeblich geflossen sein, keine Zeile des ewigen Bundes wird durchstrichen und kein Beschluss des Ewigen wird zurückgezogen werden. Dies ärgert den Widersacher, aber während die Heiden toben und die Leute Eitles ersinnen,[29] finden wir in dieser göttlichen Wahrheit unseren Trost.

Ein hoher Felsen kann mir nicht nur zum Schutz, sondern auch zur Erhebung dienen. Wenn du einen hohen Platz einnimmst, kannst du, selbst wenn du ein Zwerg wärst, weiter sehen als der größte Mensch, der unten steht, und wenn wir nun auf dem hohen Felsen des Wortes Gottes stehen, was sehen wir da? Reinigt eure Augen vom Zweifel und Staub und schaut. Vergesst einen Augenblick die Gegenwart und seht durch das Teleskop des Glaubens. Was sehen wir? Wir sehen, wie die Systeme des Irrtums zerbröckeln und der Aberglaube den Maulwürfen und Fledermäusen zum Raube wird, wie die Wolken sich zerteilen, wie die Finsternis der Nacht verschwindet und die Tiere sich in ihre Höhlen zurückziehen, weil die Sonne der Gerechtigkeit aufgeht mit Heil unter ihren Flügeln.[30] Der Tag des Triumphs der Wahrheit muss anbrechen.

Wenn dies vor der Wiederkunft unseres Herrn nicht geschieht, so wird es zur Verwirrung seiner Widersacher und zur Wonne seiner Heiligen dann geschehen und es wird »*einen neuen Himmel und eine neue Erde geben, in denen Gerechtigkeit wohnt*« (2. Petrus 3,13). Wenn diese alte Erde die Wahrheit noch verwerfen und der alte Himmel noch auf eine Herrschaft des Irrtums herabsehen muss, so werden sie vom Feuer verzehrt wer-

29   Vgl. Psalm 2,1.
30   Vgl. Maleachi 3,20.

den, und auf dieser Erde, auf welcher sie stehen, wird, nachdem sie erneuert und gereinigt ist, ein so herrlicher und schrecklicher Thron errichtet werden, wie das Kreuz Christi schimpflich und schmachvoll war. Das Blut Jesu ist auf diese Welt getropft und hat die Garantie für ihre Erlösung von dem Fluch übernommen, und eines Tages wird unser Herr, nachdem er die unterworfene Kreatur frei gemacht hat, hier wohnen und herrlich herrschen.

Wir sind imstande zu warten, denn die Ewigkeit ist für uns. Wir können es fertigbringen, mit anzusehen, dass die Reihen der Armee des Herrn eine Weile zurückgedrängt werden; wir können es mit ansehen, dass das Banner von rauen Winden hin und her bewegt wird; wir können selbst das »*Haha! Haha!*«[31] der Philister mit anhören, denn wenn der Fürst kommt, werden sie seinen Namen und die Macht seiner Stärke erkennen. Wenn sie sich ihm hier nicht ergeben und sein silbernes Liebesszepter nicht küssen wollen, so werden sie sich beugen müssen, wenn sie sehen, dass sein eisernes Zepter sie wie eines Töpfers Gefäße zerschlägt.[32] Es kommt alles darauf an, zu wissen, dass wir auf Seiten Gottes sind. Wenn ein Mensch weiß, dass sein Herz und seine Seele der Sache Gottes und seiner Wahrheit ergeben ist, so ist er in einer uneinnehmbaren Festung verschanzt und er wird in den ewigen Wirklichkeiten reiche Munition von dem wunderbaren Felsen finden. Er ist gesichert und steht fest, »*wenngleich die Welt unterginge und die Berge mitten ins Meer sänken, wenngleich das Meer wütete und wallte und von seinem Ungestüm die Berge einfielen*« (Psalm 46,3 f.).

Was haben wir denn nun zu tun? Wir haben allen Fleiß anzuwenden, unseren Beruf und unsere Erwählung fest zu machen.[33] Achtet darauf, denn wenngleich manche solche heilige Sorge als Selbstsucht bezeichnen mögen, so weiß unser Herr es doch am besten, und er sagte seinen Knechten, dass sie sich nicht so sehr

31 Vgl. Psalm 35,21.
32 Vgl. Psalm 2,9.
33 Vgl. 2. Petrus 1,10–11.

über ihre Macht über Teufel, sondern vielmehr darüber freuen sollten, dass ihre Namen im Himmel angeschrieben seien.[34] Wacht über euer eigenes Herz und werft euer Vertrauen nicht weg.[35]

Und dann seid in der Abhängigkeit von Gott eifrig bemüht, das Wenige zu tun, was ihr tun könnt; tut es gut und tut es beharrlich. Ihr und ich sind nicht berufen, die Welt zu regulieren, noch das wütende Meer der menschlichen Sünde aufzuhalten. Lasst es uns nicht versuchen, das göttliche Zepter zu schwingen, es ziemt uns das nicht. Natürlich möchtet ihr gern alle Menschen zurechtbringen und alle Prediger orthodox machen. Aber, mein Bruder, das geht über dein Vermögen hinaus. Sei darauf bedacht, in deinem eigenen Leben richtig zu stehen, und sei entschlossen, von jeder Wahrheit, die du erkennst, ein vollständiges, ehrliches und gehorsames Zeugnis abzulegen, und lass es dabei bewenden, denn du bist nicht verantwortlich für das, was über deine Möglichkeiten hinausgeht.

Unser keiner ist viel mehr als eine Ameise auf ihrem kleinen Hügel. Wenn jene winzige Ameise sich in ernsten Erwägungen über Staatsgeschäfte erginge und es dabei vergäße, die Arbeiten des Insektenhaufens zu fördern, so wäre sie ein törichtes Geschöpf. wenn sie aber die großen Dinge anderer überlässt und ihre Ameisenarbeit als Ameise tut, füllt sie ihren kleinen Wirkungskreis aus und entspricht der Absicht ihres Schöpfers. Eine Mutter, die ihre Kleinen lehrt und alles tut, was sie kann, um sie in der Furcht Gottes zu erziehen; ein Prediger mit seinen wenigen Gliedern um sich her; eine Lehrerin mit ihrem Dutzend Kindern; eine stille christliche Frau in ihrem häuslichen Kreise, die ihr gottseliges Zeugnis ablegt; ein Jüngling, der zu anderen Jünglingen von Jesus spricht – es liegt in allen diesen kleinen Berufskreisen nichts Ehrgeiziges, aber ein jeder handelt weise vor dem Herrn. Überlass die Zügel des Universums den Händen

---

34 Vgl. Lukas 10,20.
35 Vgl. Hebräer 10,35.

des Schöpfers des Universums, und dann tue, was er dir zu tun gegeben hat, in seiner Furcht und durch seinen Geist, und es wird mehr danach kommen, als du zu hoffen wagst.

Wir gleichen jenen Korallentierchen, von denen jedes in den verborgenen Tiefen sein kleines Teilchen an dem Aufbau des Korallenfelsens liefert. Wir können mit den mächtigen Panzerschiffen, die den Ozean durchqueren, den Kampf nicht aufnehmen und doch, wer weiß? – wir können bauen und bauen, bis wir ein Riff herstellen, an dem die stolzesten Seefahrer Schiffbruch erleiden dürften. Durch den beständigen, einfachen, redlichen und christlichen Aufbau der Heiligkeit und der Wahrheit können wir – ohne jemand herauszufordern und anzugreifen – dessen ungeachtet eine Situation schaffen, welche der prahlerischen List der Falschheit und der Zweifelsucht des Unglaubens äußerst gefährlich wird. Eine heilige, ernste Evangeliumsgemeinde ist eine große Zerstörerin des Aberglaubens und Unglaubens. Das Leben Gottes im Menschen, die Geduld im Leiden, die Beharrlichkeit im Wohltun, die Treue gegen die Wahrheit, das Gebet im Heiligen Geist, der besondere Eifer um die Verherrlichung Gottes und der unerschütterliche Glaube an den unsichtbaren Gott – das sind unsere Streitäxte und Kriegswaffen, und durch die Hilfe des Heiligen Geistes werden wir den Sieg erringen, ehe der Tag zu Ende geht. Bis dahin führe uns, o Herr, wenn unser Herz überwältigt ist, zu dem hohen Felsen!

Honig aus dem Felsen

»Ich würde sie mit dem besten Weizen speisen
und mit Honig aus dem Felsen sättigen«
(Psalm 81,17).

Thomas Wilcock[36] sagt in **»Ein köstlicher Honigtropfen aus dem Felsen Christi«** unter anderem mit Recht: »Einem Christen fehlt es nie an Trost, es sei denn, dass er die Ordnung und Methode des Evangeliums durchbricht und auf seine eigenen Erwerbungen blickt, und so von Christi vollkommener Gerechtigkeit absieht, und das heißt nichts anderes, als lieber im Kerzenlicht denn im Licht der Sonne leben. Der Honig, den du aus deiner eigenen Gerechtigkeit saugst, verwandelt sich in bittere Galle, und das Licht, das du ihr entnimmst, um darin zu wandeln, verwandelt sich in dunkle Nacht, die sich über deine Seele lagert. Satan versucht dich, dich mit deiner eigenen Gnade abzuplagen und Trost aus derselben zu schöpfen; dann kommt der Vater und verweist dich auf Christi Gnade, die so reich und herrlich und vor ihm so unendlich wohlgefällig ist, und fordert dich auf, Christi Gerechtigkeit zu studieren; und wenn er dir gebietet, so befähigt er dich auch. Das ist die selige Forderung, die deinen Unglauben zurückdrängt. Folge unter viel Gebet diesem leisesten Zug, schätze ihn als einen unschätzbaren Juwel; er ist ein Angeld auf mehr, das da nachfolgt.«

So halte denn, lieber Freund, dein Auge fest auf den Herrn Jesus Christus gerichtet, und so wirst du »mit dem besten Weizen« gespeist. Indem du allein auf Jesus blickst, wirst du »mit Honig aus dem Felsen« gesättigt. Die Süßigkeit der wahren

---

36 Thomas Wilcox (1549–1608), englischer Puritaner. Seine Schrift »A Choise Drop of Honey from the Rock Christ« fand weite Verbreitung in der englischsprachigen Welt. Hierzulande fanden seit dem 18. Jahrhundert auch deutsche Übersetzungen Verbreitung (zuletzt wohl durch die Wuppertaler Traktatgesellschaft).

Religion ist in dem Felsen Jesus Christus, nicht aber in deiner Erfüllung gewisser Pflichten oder in deinem armseligen Versprechen, dich zu bessern, zu finden. Die Süßigkeit ist in dem Felsen, in dem Fels des Heils, der dir geöffnet ist.

Etwas von dem »Honig aus dem Felsen« ist **ein süßes Bewusstsein von unserer Sicherheit in Christus.** Der Gläubige kann vertrauensvoll ausrufen: »Mag mir geschehen, was da will, ich weiß, dass ich in Jesus sicher bin. Er ist mein Fels. Und wenn ich auch meinen einzigen Freund begraben und das letzte Stück meiner irdischen Besitzungen verbrennen sehen muss – ich habe dennoch einen lebendigen, liebevollen Heiland; ich habe ein mir reserviertes Erbe, eine Krone, die mir im Himmel aufbewahrt wird, und ein Reich, das mir nicht genommen werden kann.«

»Ich weiß, an wen ich glaube, und bin gewiss, er kann mir bewahren, was mir beigelegt ist, bis an jenen Tag« (2. Timotheus 1,12). *»Ich weiß, dass mein Erlöser lebt, und als der Letzte wird er über dem Staube sich erheben. Und nachdem diese meine Haut zerschlagen ist, werde ich ohne mein Fleisch Gott sehen. Denselben werde ich mir sehen, und meine Augen werden ihn schauen und kein Fremder«* (Hiob 19,25–27). Ich werde eines Tages Jesus gleich sein, denn ich werde ihn sehen, wie er ist;[37] und selbst jetzt schon weiß ich, dass ich ein Kind Gottes bin. Es ist ein süßer Tropfen »Honig aus dem Felsen«, ein persönliches Bewusstsein von unserer persönlichen Sicherheit in Christus Jesus, dem Herrn, haben zu dürfen.

Ein anderer Tropfen »Honig aus dem Felsen« ist, **meine Vollkommenheit in Christus zu kennen.** Obgleich das Kind Gottes in sich selbst nichtig und schwach ist, kann es doch auf Jesus blicken und sich in dem fleckenlosen Gewand der Gerechtigkeit seines Heilandes gekleidet sehen, und dann kann es ausrufen: In seiner Gerechtigkeit bin ich vollkommen; ich bin vollkommen

---

37 Vgl. 1. Johannes 3,2.

in ihm! Geliebte, wir haben nur nötig, den Geschmack des Unglaubens aus unserem Mund loszuwerden, um die Süßigkeit dieser köstlichen Wahrheiten genießen zu können.

Ferner ist **die Annahme des Heiligen in Jesus** ein lieblicher Tropfen »Honig aus dem Felsen.« Mich »*angenehm gemacht in dem Geliebten*« (Epheser 1,6) zu wissen, ist eins der köstlichsten Dinge, die ich diesseits des Himmels erleben kann.

Noch ein anderer Tropfen »Honig aus dem Felsen« ist **die Fülle, die der Gläubige in Jesus hat:** »*Und von seiner Fülle haben wir alle genommen Gnade um Gnade*« (Johannes 1,16). Du kannst die köstliche Süßigkeit dieses Tropfens »Honig aus dem Felsen« nicht schmecken, bis du eingesehen hast, dass du in dir selbst ein armer Sünder und überhaupt gar nichts bist und bis du Jesus Christus als dein Alles in Allem angenommen hast.

»Ach«, sagt jemand, »ich habe nicht viel Honig aus dem Felsen, ich wünschte, ich könnte von dieser Süßigkeit genießen.« Du kannst das und wirst das auch, wenn du nur in der Nähe des Felsens Christus Jesus leben willst. Wir dürfen nicht erwarten, dass uns der Honig aus dem Felsen jemals entgegengeflossen kommt, weil wir in einiger Entfernung von dem Felsen leben. Wenn ihr »Honig aus dem Felsen« haben möchtet, müsst ihr dicht bei dem Felsen wohnen. Wenn ihr euch mit der bloßen Außenseite der Religion zufriedengebt, müsst ihr ohne Honig zufrieden sein. Die Süßigkeit der Religion liegt in dem Mark derselben und dieses könnt ihr nicht haben, wenn ihr bei der Außenseite verharrt. Wenn ihr nicht »Honig aus dem Felsen« erhaltet, so mag das daran liegen, dass ihr nicht hoch genug wohnt. Ihr müsst höhere und erhabenere Gedanken von Jesus haben. Niedrige Gedanken von Jesus Christus gewähren uns keinen Honig, hohe Gedanken von ihm aber bringen den Honig zu uns herab. Liebt Jesus, bewundert Jesus, erhebet Jesus, und ihr werdet ihn als einen köstlichen Heiland kennen lernen.

Kind Gottes, wenn du »Honig aus dem Felsen« wünschest, so betrachte Jesus im Garten, wo »*sein Schweiß ward wie Blutstropfen, die auf die Erde fielen*« (Lukas 22,44). Er schwitzte Honigtropfen für dich. Betrachte sein dorngekröntes Haupt, und du wirst sehen, wie jeder Dorn dir Honig zufließen lässt. Denke viel an Jesus und lebe in seiner Nähe, dann erhältst du »Honig aus dem Felsen.« Nimm nicht des Teufels Christus, der ist nur ein Zwerg. Des **Christen Christus** pflanzt seinen Fuß überall auf, wo Menschen leben, aber sein Haupt befindet sich in dem Lande, da Engel wohnen. Der Teufel möchte gern, dass du dir Christus als ein schwaches, machtloses Wesen denkst – glaube keine seiner Lügen! Denke hoch von Christus und nähre erhabene Gedanken von Jesus. Du kannst nie zu hoch von ihm denken. Du magst wie auf Adlers Schwingen emporschweben,[38] aber du wirst jene Locken nicht erreichen, die kraus und schwarz sind wie ein Rabe.[39] Du magst deinen Glauben ausdehnen, soweit du willst, doch du wirst die völlige Ausdehnung seiner Gnade nie ermessen; aber du wirst mit der Braut sagen können: »*Mein Freund ist weiß und rot, auserkoren unter vielen Tausenden [...] Seine Kehle ist süß und er ist ganz lieblich*« (Hoheslied 5,10.16).

Wie kam der Honig aus dem Felsen? Der Fels der Ewigkeiten wurde für mich gespalten. O Geliebte, weder ihr noch ich hätten jemals »Honig aus dem Felsen« erhalten, wenn Jesus nicht gestorben wäre! Der Fels der Ewigkeiten wurde für Sünder zerrissen! Als Jesu Seite durchstochen wurde, floss der Honig aus seinem Herzen. Aus dem Munde Jesu ergießen sich für seine Geliebten köstliche Süßigkeiten. Darum sage ich wieder: Lebt in Jesu Nähe, und er wird euch »*mit Honig aus dem Felsen sättigen.*«

---

38 Vgl. Jesaja 40,31.
39 Vgl. Hohelied 5,11.

Das Überhandnehmen des Bösen, ein Grund zum Gebet

»*Es ist Zeit für den Herrn, zu handeln;*
sie haben dein Gesetz gebrochen«
(Psalm 119,126; SLT).

Wenn wir uns Gott im Gebet nahen, kann man auf verschiedene Weise um dieselbe Sache beten. In dem einen Herzenszustande drängt sich die eine Form eines Gegenstandes auf unsere Lippen, während uns unsere Umstände zu einer anderen Zeit eine ganz andere Art des Flehens zu Gott nahelegen. Während ich den 119. Psalm las, beachtete ich, dass der Psalmist, als er den Herrn bat, in seiner Gnade auf die Menschen einzuwirken, einen besonderen Grund geltend machte. Er sagt: *»Es ist Zeit für den Herrn, zu handeln; sie haben dein Gesetz gebrochen.«* Als Gründe für des Herrn Handeln könnten wir die Leiden der Menschheit, die Schrecken der zukünftigen Welt, die Verherrlichung Gottes und die Verdienste des Heilandes hervorheben. Wir könnten die Verheißungen, den Bund, die Prophezeiungen und die lange, ermüdende Zeit des Wartens, ehe sie in Erfüllung gehen, geltend machen, aber es ist eine glänzende Verwendung eines düsteren Umstandes, wenn wir selbst den Unglauben und Aberglauben und die Auflehnung der Menschen in einen Beweggrund zu dem Eingreifen des Herrn umwandeln können: *»Es ist Zeit für den Herrn, zu handeln; sie haben dein Gesetz gebrochen.«* So setzen wir unsere Segel ein, um einen widrigen Wind auszunutzen.

Wir bemerken, dass jetzt viele **die Inspiration der Heiligen Schrift leugnen,** und das heißt, das Gesetz des Herrn zerreißen. Von welchem Nutzen ist uns die Bibel, wenn sie nicht untrüglich vom Heiligen Geist inspiriert ist? Wo ein Schritt ins Verderben führen kann, da ist ein irrender Führer so schlecht wie gar keiner. Wenn wir in diesem Buche nicht den wirklichen Sinn Gottes haben, dann ist es um sein Wesen, um seine Autorität und um seine Kraft geschehen. Doch gewisse Prediger sprechen von der Bibel, als ob beträchtliche Teile derselben von Irrtümern entstellt und keineswegs zuverlässig wären. Sie sprechen von »wesentlichen Teilen des Alten Testaments«, als ob andere Teile beseitigt werden könnten, und ihrer etliche stellen die Evangelien über die Briefe, als ob der eine Geist nicht das ganze Wort diktiert hätte. Es ist schmerzlich zu hören, wie Theologen die Grundlagen des Glaubens unterminieren, die sie predigen sollten. »O Herr, wir wenden uns von diesen deinen ungetreuen Knechten zu dir und bitten: ›Beweise du die Wahrheit der Heiligen Schrift, erfülle die Verheißungen und lege Kraft in die Predigt vom Kreuz, so dass Menschen genötigt werden anzuerkennen, dass dein Gesetz nicht null und nichtig ist, dass die Schrift nicht gebrochen werden kann.‹«

Vor einer Reihe von Jahren sagte John Angell James: »Der Unglaube war nie so fein und so gefährlich und so einnehmend und vielleicht so wirksam als in unseren Tagen. Er hat den niedrigen Boden der Gemeinheit und Grobheit verlassen und sich auf den erhabenen Höhen der Kritik, der Philologie und selbst der Wissenschaft verschanzt. Er durchdringt unsere volkstümliche Literatur in einem schrecklichen Maß; er hüllt sich in die Reize der Poesie ein, um seinen Zauber über die öffentliche Meinung zu verbreiten; er ist bestrebt, sich mit der Wissenschaft zu verweben, und wer nicht weiß, dass er einen großen Teil der Gebildeten dieser Zeit an sich gezogen hat, der ist mit dem gegenwärtigen Stand der Dinge wenig bekannt. ›Es ist Zeit, Herr, dass Du handelst.‹« Dieser Ausspruch gilt von der Jetztzeit noch viel mehr, denn noch ist es wahr: »*Nicht viele Weise nach dem Fleisch, nicht viele Gewaltige, nicht viele Edle sind berufen*« (1.Korinther 1,26). Betet inbrünstiger, dass es der »fälschlich so genannten Philosophie« nicht gestattet werde, die Quellen der Lehren des Evangeliums zu vergiften.

Gewisse kühne Geister zerreißen das Gesetz Gottes, **indem sie einen Moralkodex und ein ethisches System lehren, das**

dem Worte Gottes zuwider ist. Eigentumsgesetze werden dreist angegriffen, als ob der Herr niemals gesagt hätte: »*Lass dich nicht gelüsten*« (5.Mose 5,21). Die heilige Keuschheit, die der Einrichtung des Familienlebens Festigkeit gibt, wird missbraucht, und es wird der Versuch gemacht, die Lust zu dem Platz zu erheben, der nur der ehelichen Liebe gebührt; es gibt tatsächlich schmutzige Federn, welche von den Ehebündnissen zu schreiben wagen, dass sie Ketten und ein Fluch sind. Rohe Zungen greifen alle Gesetze an, durch welche das soziale Gewebe zusammengehalten wird; der Tag des Herrn wird verspottet, und Vater und Mutter ehren ist abgekommen. An Anbetungsstätten werden Bilder errichtet, und materielle Gegenstände werden öffentlich verehrt, als ob dies nie von dem Herrn über alles auf das Bestimmteste verboten worden wäre. »*Wenn uns der Herr Zebaoth nicht ein Weniges ließe übrigbleiben, so wären wir wie Sodom und gleich wie Gomorra*« (Jesaja 1,9). Politisch wären wir längst über unseren nationalen Niagara in die Anarchie und allerlei Gräuel gestürzt und wir hätten bereits alle Schrecken der französischen Revolution sehen müssen, wenn die Gottseligen nicht wären, die die Masse durchsäuern.

Wie schrecklich muss es gewesen sein, in Paris zu leben, als alle Grundlagen der Gesellschaft gelockert waren, als die Religion zur Verehrung der Göttin der Vernunft herabgewürdigt und die Tugend als Laster und das Laster als Tugend angesehen wurde! Ehe es zu dem Schrecklichen kommt, lasst uns zu dem Herrn schreien: »Es ist Zeit, dass Du dazu tust.« Gewiss, es ist jetzt, da großmäulige Lästerer den Heiland kritisieren und Gott tadeln und den Vorschlag machen, die Pfeiler der Gesellschaft umzustürzen, höchst nötig, dass der Herr sein heiliges Gesetz rechtfertige. Sie machen nicht nur ihr eigenes Leben der Moralität bar, sondern sie arbeiten auch daran, das Gesetz selbst zu zerreißen, so dass niemand es mehr zu beachten braucht. Caryl sagt sehr richtig: »Sie handeln, als ob sie nicht nur gegen das Gesetz sündigen, sondern als ob sie das Gesetz hinwegsündigen wollten; sie entziehen sich nicht nur dem Gehorsam gegen dasselbe, sondern suchen es aus der Welt zu schaffen; sie möchten die heiligen Taten Gottes zerreißen und aufheben, damit ihre eigenen gottlosen Taten nicht bezweifelt werden, und damit das Gesetz keine Macht habe, sie zu bestrafen, bestreiten sie demselben die Macht, sie zu beherrschen.«

Männer einer anderen Richtung sind nach einer anderen Seite hin tätig und ernst, das Gesetz Gottes anzugreifen, **indem sie äußere Formen vermehren und Zeremonien zu einer Stellung erheben, die sie niemals einnehmen dürfen.** Von den meisten unter ihnen möchte ich sagen: »*Vater, vergib ihnen, sie wissen nicht, was sie tun*« (Lukas 23,34). »*Sie eifern um Gott, aber mit Unverstand*« (Römer 10,2). Sie zerreißen das Gesetz Gottes durch ihre Traditionen. Da sie in allen Stücken zu abergläubisch sind, zerstören sie die Anbetung Gottes durch ihren selbst erwählten Gottesdienst. Um ihre selbst erfundenen Formen und Zeremonien als gültig zu erweisen, geben sie uns Auslegungen, welche das Evangelium verschleiern, und liefern Decken für Priestererfindungen, für das Mönchtum, für die Marienverehrung und für die Bilderanbetung. Zuweilen werden diese Personen Papisten, zuweilen auch Ritualisten genannt, und in vielen Fällen ist es äußerst schwierig, auch nur den geringsten Unterschied zwischen ihnen zu sehen; sie sind zwei Äpfel an demselben Baum.

Beachtet, dass es eine Sünde ist, die Gottes Gesetz zerreißt, wenn man Gott anders verehrt, als er es angeordnet hat. Wir dienen Gott überhaupt nicht wirklich, wenn wir es uns herausnehmen, es mehr nach unserer Weise als in seiner Weise zu tun. Gott »das unblutige Opfer der Menschen« darbringen heißt, das eine Opfer unseres Herrn Jesus entehren. Die Anbetung der Maria ist eine Beleidigung Jehovahs. Uns vor einem Kruzifix beugen heißt, unter dem Vorgeben der Ehrerbietung Götzendienst treiben. Der Aberglaube ist ein ebenso wirklicher Widersacher der Wahrheit wie der Unglaube selbst und führt schließlich zur Irreligiosität. Götzendienst führt Menschen zum Atheismus und Aberglaube lässt sie im Unglauben landen. Ob ihr dem Rationalismus oder dem Ritualismus begegnet – flehet zu Gott, dass er gnadenvoll seine Hand ausstrecke und seinem reinen Wort den Sieg verschaffe.

Ich finde, dass ich in meiner »Schatzkammer Davids« über die vorliegende Stelle geschrieben habe: »›Es ist Zeit, dass der Herr dazutue; sie haben dein Gesetz zerrissen.‹ David war ein Knecht, und darum war es für ihn stets Zeit, zu handeln; da er aber durch den Anblick des Verhaltens der Gottlosen schwer bedrückt war, fühlte er, dass seines Meisters Hand fehlte, und darum wandte er sich an ihn, dem bösen Handeln entgegenzuarbeiten. Menschen zerreißen das Gesetz Gottes, indem sie leugnen, dass es sein Gesetz ist, indem sie dem entgegenstehende Befehle und Lehren fördern, indem sie an dessen Stelle Traditionen aufstellen oder indem sie die Autorität des Gesetzgebers ganz missachten und verspotten. Wenn Sünde Mode wird, dann wird ein heiliger Wandel als ein verächtlicher Pietismus angesehen und das Laster wird ein Vergnügen genannt. Dann seufzen die Heiligen nach der Gegenwart und Kraft ihres Gottes. Oh, dass die Stunde da wäre, da der König auf seinem Thron das eiserne Zepter[40] schwingt! Oh, dass wieder ein Pfingsten mit all seinen Wundern anbräche, um die Tatkraft Gottes zu offenbaren und Menschen zu zeigen, dass es einen Gott in Israel gibt! Des Menschen Verlegenheit ist Gottes Gelegenheit. Als die Erde wüst und leer war, kam der Geist und schwebte auf den Wassern;[41] sollte er nicht kommen, da die Menschheit zu einem ähnlichen Chaos zurückkehrt? Als Israel in Ägypten bis aufs Tiefste herabgesunken war und es schien, als ob der Bund null und nichtig wäre, erschien Mose und tat gewaltige Wunder;[42] und so dürfen wir jetzt, da die Gemeinde Gottes untertreten und ihre Botschaft verspottet wird, auch erwarten, dass die Hand des Herrn ausgestreckt werde zur Neubelebung der Religion, zum Schutz der Wahrheit und zur Verherrlichung des göttlichen Namens. Der Herr kann dazu tun, entweder durch

40 Vgl. Psalm 2,9.
41 Vgl. 1. Mose 1,2.
42 Vgl. 2. Mose 7–12.

Gerichte, welche die Bollwerke des Feindes niederreißen, oder durch Neubelebungen, durch welche die Mauern seines Jerusalems auferbaut werden. Wie herzlich dürfen wir den Herrn darum bitten, dass er neue Evangelisten erwecke, dass er die belebe, die wir bereits haben, dass er die Gemeinde entzünde und die Welt sich zu Füßen lege!«

So seht ihr, liebe Freunde, wie das Wachsen des Bösen dazu dienen kann, uns im Gebet zu beleben. **Jede Sünde kann als Beweggrund zum Gebet dienen.** Wenn wir im rechten Herzenszustand wären, würden wir bei jedem Fluch, den wir auf der Straße hören, sofort beten: *»Es ist Zeit für den Herrn, zu handeln; sie haben dein Gesetz gebrochen.«* Jedes Mal, wenn wir die Zeitung zur Hand nehmen und von einem Verbrechen lesen, sollten wir ebenso beten. Jedes Mal, wenn wir Sünde in unseren Nächsten oder in unseren Familien sehen oder ihr Wirken in uns spüren, sollten wir zu Gott rufen: »Herr, die Sünde ist tätig, sei du es auch! Die Sünde befleckt; komm, Herr, und wirke du durch deinen Heiligen Geist, und so wirke dem bösen Wirken der Welt, des Fleisches und des Teufels entgegen! Herr, begegne der Energie mit Energie, dem Feuer mit Feuer und lass deinen Sohn, den Weibessamen, dem Schlangensamen entgegentreten und alle Werke des Teufels zerstören!«

So seht ihr, dass unter den Stoppeln der Sünde gute Beweggründe zum Gebet aufgelesen werden können. Wie die Grönländer finden, dass ihnen ihr Holz durch das Meer zugespült wird, so lasst uns Brennstoff zu dem Feuer unseres Ernstes in dem finden, was uns das unruhige Meer menschlicher Gottlosigkeit zuträgt. Brüder, lasst uns ringen im Gebet und dies als Grund benutzen.

Drei Stufen in Jesajas Tempelgesicht

»*Des Jahres, da der König Usia starb, sah ich den Herrn sitzen auf einem hohen und erhabenen Stuhl, und sein Saum füllte den Tempel. Seraphim standen über ihm; ein jeglicher hatte sechs Flügel: mit zweien deckten sie ihr Antlitz, mit zweien deckten sie ihre Füße und mit zweien flogen sie. Und einer rief zum andern und sprach: ›Heilig, heilig, heilig ist der Herr Zebaoth, alle Lande sind seiner Ehre voll!‹, dass die Überschwellen bebten von der Stimme ihres Rufens und das Haus ward voll Rauch. Da sprach ich: ›Weh mir, ich vergehe! Denn ich bin unreiner Lippen und wohne unter einem Volk von unreinen Lippen; denn ich habe den König, den Herrn Zebaoth, gesehen mit meinen Augen.‹ Da flog der Seraphim einer zu mir und hatte eine glühende Kohle in der Hand, die er mit der Zange vom Altar nahm, und rührte meinen Mund an und sprach: ›Siehe, hiermit sind deine Lippen gerührt, dass deine Missetat von dir genommen werde und deine Sünde versöhnt sei. Und ich hörte die Stimme des Herrn, dass er sprach: Wen soll ich senden? Wer will unser Bote sein? Da sprach ich: Hier bin ich, sende mich!‹*«
(Jesaja 6,1–8)

In diesem Abschnitt haben wir den Bericht von einem Gesicht, das dem Propheten Jesaja gewährt wurde, ein Gesicht von so erhabenem Charakter und von einem so großen Einfluss auf den Beschauer, dass er das genaue Datum desselben verzeichnete – »*des Jahres, da der König Usia starb*« (Jesaja 6,1). Solche glänzenden, herrlichen Offenbarungen gibt es nicht alle Tage, und darum ist es gut, sie mit einem roten Buchstaben zu markieren. Vielleicht prägte sich das Datum durch einen Gegensatz seinem Gedächtnis umso tiefer ein! Judas König war gestorben, und da sah der Prophet den lebendigen König auf seinem Thron sitzen. Jener tote König war in den Tempel eingedrungen, aber der ewige König herrscht daselbst und erfüllt das Heiligtum mit seinem Saum.

Unsere einzige Absicht ist jetzt, drei Stufen zu markieren. Der Prophet beginnt seine Erzählung mit der Angabe einer Zeit, und so macht er noch einige Zeitangaben, die uns wichtig erscheinen: »**Da**«, »**da**«, »**da.**«

Das erste »Da« kam folgendermaßen zustande: Der Prophet sollte dahin geführt werden, seine eigene Unreinigkeit und die Unreinigkeit derer zu empfinden, unter denen er wohnte. Wann geschah das? Denn es ist wichtig für uns, dieselbe Überzeugung zu gewinnen, und wir können es durch dieselben Mittel. Geschah es, als er in sein eigenes Herz geblickt und dessen Betrüglichkeit und die dunkeln Ströme tatsächlicher Übertretungen gesehen hatte, die aus dem inneren Born der Verderbtheit aufquollen? Wenn er dahin geblickt hätte, so hätte er sicherlich sagen können: »Wehe mir!« aber bei dieser Gelegenheit tat er es nicht.

Hatte er das Gesetz betrachtet und wahrgenommen, wie überaus breit es ist, wie es die Gedanken und Sinne des Herzens berührt und uns verdammt, weil wir seiner Forderung eines vollkommenen Gehorsams nicht entsprechen? Gewiss, wenn er in das reine und vollkommene Gesetz geschaut hatte, so mochte er wohl Grund haben, seine Schuld zu beklagen, »*denn durch das Gesetz kommt Erkenntnis der Sünde*« (Römer 3,20).

Oder hatte er die Blätter der Erinnerung nachgeschlagen und sein Unvermögen und die Sünden seiner Mitmenschen beachtet? Hatte er sich seine eigenen Fehler im Gebet, in seinem Dienst oder in seiner Geduld notiert? Hatte er sich sein privates und öffentliches Leben vergegenwärtigt, und brachte ihn das Verzeichnis der Vergangenheit zu dem Bewusstsein von seiner Sünde? Wenn das der Fall war, so mochte er genug vor dem Herrn zu beklagen haben, so dass er ausrief: »*Wehe mir, ich vergehe!*« (Jesaja 6,5).

Ich möchte weiter fragen, ob er wohl die Selbstprüfung über einen einzigen Tag seines Lebens vorgenommen haben mochte, und wenn dieser Tag der Sabbat gewesen wäre und er als Prediger amtiert oder unter einer ergreifenden Predigt geweilt hätte, so würde er Grund genug zu einem Bekenntnis gefunden haben. Ich will nicht alle meine Brüder richten, sondern will für mich selbst bekennen, dass ich, wenn ich den besten Tag, den ich je gehabt habe, und die heiligste Stunde, die ich je erlebt habe, prüfe, so kann ich selbst mit meinen armen, schwachen Augen Sünde genug in meinen heiligsten Dingen sehen, so dass ich ausrufen möchte: »*Wehe mir, ich vergehe!*« Die beste Predigt, die ich je gehalten habe, ist mir ein sicherer Beweis dafür, dass ich unreiner Lippen bin, denn wenn ich sie sorgfältig prüfe, entdecke ich tausend Mängel darin.

Aber keines dieser Dinge ist hier als die Veranlassung zu Jesajas demütigem Ausruf erwähnt. Wann war es denn, als er solch überwältigendes Gefühl von seiner eigenen Unwürdigkeit und von der Sündigkeit des Volkes hatte, unter dem er wohnte? Es war **»da«, als er den Herrn sah.** Es war ihm gestattet worden, im Gesicht den großen König auf seinem Thron erblicken zu können; er hatte ihn in seiner unendlichen Souveränität gesehen; er hatte gesehen, wie seine Herrlichkeit den Tempel erfüllte, so dass, das Haus voll Rauch ward, um den unvergleichlichen Glanz zu verhüllen; er hatte im Gesicht gehört, wie seine sündlosen Wesen, die Seraphim, ihre Lippen gebrauchten, um entzückt auszurufen: »*Heilig, heilig, heilig ist der Herr Zebaoth!*« (Jesaja 6,3) und er hatte sorgfältig beobachtet, wie ein jeder von ihnen, als sie sich der erhabenen Majestät näherten, seine Flügel als einen vierfachen Schleier gebrauchte, womit er sich verhüllte: »*Mit zweien deckten sie ihr Antlitz, mit zweien deckten sie ihre Füße*« (Jesaja 6,2). Selbst sie wagten es nicht, ohne eine Decke auf Gottes Herrlichkeit zu schauen oder vor ihm zu stehen. Was Wunder, wenn der Prophet, als er ihren Ruf hörte: »*Heilig, heilig, heilig ist der Herr Zebaoth; alle Lande sind seiner Ehre voll*« (Jesaja 6,3) und bei ihrer Anbetung ihre demütige Haltung sah, durch ihre Ehrerbietung gedemütigt ward und ratlos war, wie oder in welcher Sprache er jemals mit Gott reden könnte. Johannes sagt uns in seinem Evangelium, dass Jesaja Gottes Herrlichkeit in der Person des Herrn Jesu sah.[43] Angesichts des Herrn der ganzen Erde bebten die Überschwellen von dem Rufen, welches von einer unzählbaren Engelschar, als deren Repräsentanten die Seraphim angesehen werden können, aufstieg.[44] Es war das Gesicht von dem dreimal heiligen Gott, welches den Propheten veranlasste, zu sagen: »*Wehe mir, ich vergehe, denn ich bin unreiner Lippen*« (Jesaja 6,5).

Meine lieben Brüder und Schwestern, wenn ihr Gott nie gesehen und noch nie den Blick des Glaubens auf ihn gerichtet habt, so habt ihr euch selbst noch nie gesehen! Ihr werdet nie wissen, wie schwarz ihr seid, bis ihr gesehen habt, wie hell er ist, und insofern ihr nie seinen ganzen Glanz kennen werdet, werdet ihr auch nie eure ganze Schwärze erkennen. Lernet jedoch diese Lektion, dass ihr einen großen Irrtum begeht, wenn ihr euer Angesicht von Gott wegwendet, um die Sünde zu bereuen. Es ist das Gesicht Gottes in Christus Jesus, welches Demut und ein demütiges Bekenntnis der Sünde erzeugt. Träumt nicht davon, dass ihr von Christus fernbleiben müsst, bis ihr hinlänglich eure Sünde beklagt, das ist ein ernster Irrtum und eine betrübende Torheit, denn nichts lässt die Sünde so überaus sündig erscheinen als im Anblick von der Herrlichkeit Gottes in Christus Jesus. Nein, euer Angesicht muss dem Hause eures Herrn zugewandt werden und ihr müsst euch hoffnungsvoll entschließen, euch aufzumachen und zu eurem Vater zu gehen, sonst werdet ihr nie ausrufen: »*Vater, ich habe gesündigt gegen den Himmel und vor dir*« (Lukas 15,21). Ja, und ich will es wagen zu sagen, dass, je näher der verlorene Sohn dem Vater kam, er desto mehr Buße empfand, und dass seine Buße da am tiefsten war, als er sein Angesicht an des Vaters Busen barg und ein Kuss nach dem

---

43 Vgl. Jesaja 12,37–41.
44 Vgl. Jesaja 6,4.

anderen ihn begrüßte. Arme Herzen, wenn ihr nicht mit Buße zu Christus kommen könnt, so kommt zu ihm, um bußfertig zu werden! Wenn ihr fühlen möchtet: »*Wehe mir!*« so kommt und seht die Herrlichkeit Jesu und die Heiligkeit des großen Gottes, und dann wird euer Knie sich beugen und euer Herz wird zittern. Kein Weg zur Buße ist so kurz und sicher als der, eures Gottes zu gedenken und im Geist vor ihn hinzutreten. »*Ich sah den Herrn sitzen auf einem hohen und erhabenen Stuhl ... **Da** sprach ich: Wehe mir!*« (Jesaja 6,1.5).

Ist nun jemand hier, der da sagt: »Ich habe innige Gemeinschaft mit Gott gehabt?« Bruder, wir wollen deiner Rede zuhören und nach deinen Anmaßungen urteilen. Hörte ich dich sagen: Ich bin ein Mensch, der in Gottes Nähe lebt. Ich wandle im Licht, wie Gott im Lichte ist, und erfahre ein höheres Leben als andere Christen? Bruder, deine Rede ist wie tönend Erz und wie eine klingende Schelle,[45] denn kein Mensch, welcher eben von Gott kommt, spricht je in solchen Worten, in denen er sich selbst beglückwünscht. Was sagte Hiob? »*Ich hatte von dir mit den Ohren gehört; aber nun hat dich mein Auge gesehen. Darum spreche ich mich schuldig und tue Buße in Staub und Asche*« (Hiob 42,5 f.). Dies war die Erfahrung eines vollkommenen und aufrichtigen Mannes, der Gott fürchtete und das Böse scheute, und wenn du wirklich in die Gemeinschaft mit dem Herrn eingegangen bist, so werden dieselben demütigen Empfindungen deine Brust erfüllen. Niemand hat den Herrn hoch und erhaben gesehen, solange er sich selbst erhöht. Wenn wir begünstigt werden, den Herrn zu erkennen, dann werden wir gedemütigt, aber nicht früher.

Ihr seht den Propheten zittern, in sich selbst unrein, des ist er sich bewusst, und er ist umgeben von einem Volk, das ebenso unrein ist wie er selbst, und während er sich in diesem Zustande befindet, begegnen wir unserem zweiten »Da.« »*Da flog der Sera-*

45 Vgl. 1.Korinther 13,1.

phim einer zu mir und hatte eine glühende Kohle in der Hand, die er mit der Zange vom Altar nahm, und rührte meinen Mund an und sprach: ›Siehe, hiermit sind deine Lippen gerührt, dass deine Missetat von dir genommen werde und deine Sünde versöhnt sei« (Jesaja 6,6 f.). »Da«, also nicht, als dieser Mann voller Freude war, sondern als er sagte: »*Wehe mir!*« – nicht, als er in der Erhabenheit ruhmsüchtigen Selbstbewusstseins lebte, sondern als er ausrief: »*Ich vergehe*«, »*da flog der Seraphim einer.*« **Als er sich bewusst untüchtig fühlte, bevollmächtigte ihn der Herr;** als er seine Unreinigkeit fühlte und das Verderben seiner Natur und den betrübenden Zustand seines Volkes anerkannte, da kam der seraphische Bote und berührte ihn mit der Kohle vom Altar.

Brüder, fühlt ihr eure Sündigkeit so, dass ihr fürchtet, dass der Herr euch nie zur Bekehrung von Sündern gebrauchen werde? Ich freue mich dessen. Seid ihr euch dessen bewusst, dass eure Lippen nicht würdig sind, für den heiligen Gott zu sprechen? Dann weiß ich, dass ihr auch fühlt, dass, wenn Gott je eine Seele durch euch retten sollte, er alle Ehre davon haben muss. Ihr fühlt, dass es ein Wunder der Gnade ist, dass ihr selbst gerettet seid, und wenn andere durch eure Vermittlung gerettet sind, so bekennt ihr, dass es ein Wunder der göttlichen Macht ist. Über das alles freue ich mich, denn eure Stunde des annehmbaren Dienstes hat begonnen. Ich habe in meiner eigenen Erfahrung beobachtet, dass, wenn ich je in dem Gewinnen von Seelen am meisten gesegnet wurde, es gewöhnlich geschah, nachdem ich eine gründliche Leere in meinem Herzen gefühlt hatte oder nachdem ich durch Seelennot wie in einem Mörser mit einem Stößel so zermahlen war, dass ich mir wie Staub vorkam. Dem Triumph ging die Trübsal voraus. Durch das Niederreißen meiner Hecken wurde mir ein weiteres Feld eröffnet. Ich musste in Selbstvergessenheit zusammenschrumpfen und dann veranlasste mich der Herr in brünstiger Weise, zu seiner Ehre zu reden.

Ich erinnere mich eines törichten Mannes, der einst, nachdem ich gepredigt hatte, zu mir kam und zu mir sagte: »Als Sie predigten, sagten Sie, dass Sie ein Sünder seien.« Ich antwortete: »Ja, das habe ich getan und es auch so gemeint.« Seine Erwiderung war: »Welches Recht hatten Sie zu predigen, wenn Sie ein Sünder sind?« »Nun«, sagte ich, »ein Recht zu predigen liegt in dem Befehl des Herrn: ›Wer es hört, der spreche: Komm!‹ (Offenbarung 22,17), aber ich denke hier wenig an ein Recht, denn ich predige, weil ich nicht anders kann, und ich predige Sündern, weil ich selber ein Sünder bin und Mitleid mit ihnen habe. Wenn es jemand nötig hat, täglich durch Christus selig zu werden, so bin ich es, und darum freue ich mich, das Heil beschreiben zu können, das mir so teuer ist. Wenn ich mich zuweilen wie gebunden gefühlt habe, so habe ich in Ketten zu Menschen in Ketten gesprochen, habe aber Musik mit meinen Fesseln gemacht, indem ich Christus empfahl, während ich für mich selbst kein gutes Wort sagen konnte.« Mich dünkt, dass jemand, der eine Arznei genommen und sich dadurch erholt hat, der Mann ist, der sie anderen gegenüber preisen kann, ja, und wenn er noch fühlt, dass die Krankheit in einem gewissen Maße ihm anhaftet, wenngleich ihre tödliche Macht weggenommen ist, und wenn er fühlt, dass er mit jedem Tage den heilsamen Trank nehmen und sich in dem heilenden Bach waschen muss, so ist er der Mann, der beständig von der dauernden Kraft dieses köstlichen Heilmittels reden muss, das seiner Lage entspricht. Selbst wenn wir mit Gott im Lichte wandeln, macht uns das teure Blut Jesu auch rein von aller Sünde und wir verkündigen noch aus unserer eigenen Erfahrung dessen gnadenvolle Kraft.

Meine lieben Brüder und Schwestern, ich möchte, dass euch dies ermutige, wenn ihr euch in eurem Werk für den Herrn unglücklich fühlt. Wenn ihr euch niedergeworfen fühlt und ausruft: »Wehe mir!«, so gebt darum euren Dienst nicht auf. Wenn ihr an jedem Tage mit diesen euren unreinen Lippen Fehler machet; wenn ihr in eurer Arbeit unter den Leuten, bei denen ihr wohnet, ohne Erfolg geblieben seid, oder wenn ihr bei euren Kindern in euren Klassen oder mit euren Kindern daheim keine Fortschritte gemacht habt, so ist jetzt die Zeit da, den Segen zu suchen und in Hoffnung um denselben zu beten. »*Da flog der Seraphim einer zu mir und hatte eine glühende Kohle in der Hand, die er mit der Zange vom Altar nahm*« (Jesaja 6,6). Der Seraph kommt nicht mit lebendigen Kohlen vom Altar zu Menschen mit reinen Lippen, welche nie vergehen wollen, denn solche sind auch ohne Altarkohle außerordentlich zufrieden, aber wenn der erwählte Knecht des Herrn sich seiner Unwürdigkeit tief bewusst ist, dann wird ihn der Herr von oben her inspirieren. Es ist seine Wonne, leere Gefäße zu füllen und seinen Schatz in Körbe zu legen, die nichts von ihrem eigenen enthalten.

Lasst mich nun sehr kurz über das dritte »**Da**« sprechen. »*Und ich hörte die Stimme des Herrn, dass er sprach: Wen soll ich senden? Wer will unser Bote sein? Da sprach ich: Hier bin ich, sende mich!*« (Jesaja 6,8). Hört ihr heute Abend nicht die Stimme, die nie aufhört, in der Gemeinde zu rufen: »*Wen soll ich senden, wer will unser Bote sein?*« O dass wir bereit wären, darauf zu antworten! Leider zögern wir damit, zu antworten: »*Sende mich!*«, weil wir fühlen, dass unsere Lippen unrein sind; aber Geliebte, wenn, während wir hier sitzen, der Engel die lebendige Kohle – eine der Kohlen, von dem unser großes Opfer verzehrt ward – vom Altar nimmt und eines jeden Lippen damit berührt und sagt: »*Siehe, hiermit sind deine Lippen gerührt, dass deine Missetat von dir genommen werde und deine Sünde versöhnt sei*« (Jesaja 6,7) – dann springen wir auf und rufen: »*Hier bin ich, sende mich!*« Wissend, dass wir nun in Gottes Augen rein sind durch den Altar, der alles heiligt, was er berührt, verlieren wir unsere Befürchtungen, und dankbare Liebe ergießt sich in den Ruf völliger Übergabe und vollständiger Weihe: »Hier bin ich, sende mich!« Hier ist ein Mensch voll Aussatz, und hier ist eines Heilandes Bad. Jehovah Rophi ruft: »Wer will gehen und die frohe Botschaft von der sicheren und wirksamen Heilung veröffentlichen?« Er gibt keine Antwort, weil er selber noch voll von der Krankheit ist, aber in dem Augenblick, da er sich eintaucht und gewahr wird, dass er gereinigt ist, jauchzt er: »Eureka, ich habe es gefunden!«, und beginnt sogleich damit, die frohe Botschaft zu verkündigen. Er sehnt sich nach Gelegenheiten, um seine Geschichte erzählen zu können. Er ruht weder Tag noch Nacht, sondern verkündigt unaufhörlich die frohe Heilsbotschaft.

»Hier bin ich, sende mich!« Wer unter euch will dies im Blick auf die Heidenmission oder im Blick auf heilige Arbeit daheim sagen? Ich erwarte das Wort von denen zu hören, die viel lieben, weil ihnen viel vergeben ist.[46] Die Kohle, welche reinigt, will auch eure Lippen entzünden und die Bande verbrennen, die euren Zungen Zwang anlegen. *»Die Liebe Christi dringet uns«* (2. Korinther 5,14). Wie können wir still sein? Die Sparren im Dach und die Steine in der Mauer würden wider uns schreien, wenn wir nicht für Christus zeugen wollten. Andere mögen still sein können, was uns aber betrifft, so müssen wir ausrufen: *»Hier bin ich, sende mich!«* Ich könnte von Herzen wünschen, dass eurer viele ihre Unwürdigkeit tief empfänden, bis sie mit Angst erfüllt werden, und dass sie des Altars reinigende Flamme von neuem fühlten, denn dann würdet ihr inbrünstig und begeistert werden, und es würde ein großes Werk für meinen Herrn geschehen. Aus eurem Sündenbewusstsein heraus würdet ihr Mitleid mit sorglosen Sündern fühlen, und neu gesegnet mit dem Bewusstsein der Reinigung durch das Opfer würdet ihr die Menschen ernstlich zum Heiland weisen, und das Feuer, das euer Leben angefacht hat, würde sich vielen anderen Herzen mitteilen.

Dies ist das dreimalige »Da«; als ich Gott gesehen hatte, sagte ich: *»Ich vergehe«,* und als ich das fühlte, da brachte der Seraph die brennende Kohle und rührte meine Lippen an, und als die Lippen berührt wurden und ich gereinigt ward, da sagte ich: *»Hier bin ich, sende mich!«* Möchte dies für viele ein Wort zur rechten Zeit gesprochen sein! Wenn viele dadurch gesegnet werden, wollen wir uns miteinander freuen, und dann wird Gott verherrlicht werden.

---

46 Vgl. Lukas 7,47.

Das Beschneiden der Reben

*»Eine jegliche Rebe, die da Frucht bringt, wird
er reinigen, dass sie mehr Frucht bringe«*
(Johannes 15,2).

Das Gebet eines unserer Brüder, das wir soeben gehört haben,
ließ mich an etwas denken, darüber ich einige Worte zu euch
reden möchte. Ich habe in jüngster Zeit sorgfältiger denn je
zuvor die Behandlung der Weinstöcke beobachtet und habe gefunden, wie wahr des Heilandes Worte sind: *»Eine jegliche Rebe,
die da Frucht bringt, wird er reinigen, dass sie mehr Frucht bringe.«* Alle fruchttragenden Bäume oder doch alle, mit denen ich
bekannt bin, bedürfen mehr oder weniger des Messers, um die
überflüssigen Schösslinge vom Holz wegzuschneiden; aber der
Heiland hat unter andern Gründen den Weinstock wahrscheinlich aus dem Grunde erwählt, weil bei ihm das Reinigungsmesser
mehr in Anwendung gebracht wird als bei irgendeinem anderen
Baum. Als ich die Weinstöcke ansah, fand ich, dass die Winzer
sie furchtbar beschnitten hatten; sie schienen fast nichts übrig-
gelassen zu haben als alte, trockene Stämme mit einigen wenigen Knoten und Reben, die wie Schwanenhälse herausragten,
die aber allem Anschein nach vertrocknet und tot werden.

Als ich sie ansah, dachte ich, dass sie mir ähnlich wären, der
ich furchtbar beschnitten worden war.[47] Ich hoffte, viele Reben
gehabt zu haben, die meinem gelobten Meister große Trauben
und süße Früchte bringen müssten, aber stattdessen wurde das
Messer bei mir angesetzt und es wurde hier ein Schössling und
dort eine Rebe abgeschnitten, so dass ich mich wunderte, was

---

47   Diese Ansprache hielt der Vollendete, nachdem er sich von einer seiner vielen
Krankheiten, an denen er gelitten, etwas erholt hatte.

wohl übrigbleiben würde, nachdem der Weingärtner seine Reinigung vollendet haben werde.

Während der Weinstock gereinigt wird oder nachdem der Reinigungsprozess vorüber ist, zeigt sich in seiner Erscheinung eine wunderbare Veränderung. Ihr würdet ihn kaum als denselben, der mit Blättern ganz bedeckt und mit Trauben behängt war, wiedererkennen. Auf unseren Reisen nach Mentone passieren wir einige der vorzüglichen Weingegenden Frankreichs, und der Anblick, den man im Winter von den Weinstöcken hat, ist keineswegs bezaubernd. Indem wir darauf hinblicken, verstehen wir, warum der Heiland mit einer *»Wurzel aus dürrem Erdreich«* (vergleiche Jesaja 53,2) verglichen wurde, von dem viele sagen: *»Er hatte keine Gestalt noch Schöne [...] die uns gefallen hätte«* (Jesaja 53,2). In Mentone sagte man mir, dass die besten Weinstöcke beim Beschneiden am härtesten mitgenommen würden. Die Weingärtner beschnitten sie, bis ich meinte, sie könnten sie nur ganz aus der Erde reißen; sie schienen ganz vernichtet zu werden. Aber die Leute sagten mir, dass sie nicht halb so süße und wertvolle Trauben bringen würden, wenn man sie nicht so beschneiden wollte. Sie sagten, es gäbe auch gewöhnlichere Weinstöcke, die an Spalieren wüchsen und sich hoch hinauf rankten, dass aber die Trauben, die sie trügen, im Vergleich zu denen anderer Weinstöcke sehr armselige Früchte wären; die Szenerie gewönne zwar an Schönheit, aber die Frucht verlöre an Süßigkeit und Fülle ganz bedeutend, die besten Weinstöcke müssten sehr viel beschnitten werden. Es ist mir klar, dass dies eine Regel ist, die sich sowohl auf die Gnade wie auf die Natur anwenden lässt. Ich sage nicht, es sei ein Beweis dafür, dass wir die besten Christen sind, weil wir am meisten zu leiden haben, aber ich sage, dass wir, wenn das Reinigungsmesser am meisten bei uns angesetzt ist, versuchen sollten, die besten Reben an dem wahren und lebendigen Weinstock zu sein.

Beachtet die genauen Worte unseres Herrn: *»Eine jegliche Rebe, die da Frucht bringt, wird er reinigen, dass sie mehr Frucht bringe.«* Diese Reinigung muss eine persönliche sein: ***»Eine jeg-***

liche Rebe, die *da Frucht bringt, wird er reinigen.«* Die Reinigung anderer Reben nützt nicht, das Messer muss an diese besondere Rebe angesetzt werden. Der Reinigungsprozess muss an dir vorgenommen werden, mein Bruder, und an dir, meine Schwester, an euch, die ihr in Christus seid und wegen eurer Verbindung mit ihm Frucht bringet. Es genügt nicht, Mitglied einer fruchtbaren Gemeinde oder Klasse oder Familie zu sein; jede Rebe muss fruchtbar sein, wenn wir den Zweck erreichen wollen, zu welchem wir von unserem Herrn erwählt worden sind. Er sagte: *»Ich habe euch erwählt und gesetzt, dass ihr hingeht und Frucht bringt und eure Frucht bleibe«* (Johannes 15,16).

Und beachtet, dass es **die fruchtbringende Rebe** ist, die gereinigt werden muss. Fruchtlose Reben werden abgeschnitten, aber die da Frucht bringen, werden beschnitten, auf dass sie *»mehr Frucht«* (Johannes 15,2) und *»viele Frucht«* (Johannes 15,5.8) bringen. Der himmlische Weingärtner nimmt die fruchtlosen Reben weg und von den fruchttragenden Reben nimmt er alles weg, was sie daran hindern würde, voller Frucht zu sein. Die anhangenden Triebe des Eigendünkels, das zu luxuriöse Blattwerk des äußeren Bekenntnisses oder irgendetwas, das der möglichst völligen Fruchterzeugung hinderlich ist, muss von schonungsloser Hand weggeschnitten werden.

»Die wird er ***reinigen.****«* Wie scharf das Messer auch sein mag – es befindet sich in der Hand untrüglicher Weisheit und unendlicher Liebe. Wird nicht, der aller Welt Richter ist, recht tun? Ja, gewiss wird er, ob auch die Reinigung die Rebe bluten macht, als ob ihr selbst ihr Leben genommen werden sollte. Er wird weder zu viel noch zu wenig schneiden. Sei dankbar, wenn der Weingärtner dich der Reinigung wert erachtet und dich nicht mit den unfruchtbaren Reben, die ins Feuer geworfen werden, wegwirft.

»Die wird er reinigen.« In seiner Rede zu seinen Jüngern erklärt der Herr, wie diese Reinigung herbeigeführt wird. *»Ihr seid schon rein um des Wortes Willen, das ich zu euch geredet habe«* (Johannes 15,3). Viele liebe Leute sprechen von den Leiden als von dem Reinigungsmesser des Herrn, und ohne Zweifel ge-

braucht der Herr sie oft zu diesem Zwecke, und wenn er so will, sind sie ein höchst wirksames Mittel, seine göttlichen Absichten zu erreichen. Ich lege bereitwilligst Zeugnis ab von dem Segen, den Leiden und Trübsale mir gebracht haben. Ich verdanke dem Feuer und der Feile mehr, als ich es aussprechen kann. Doch die Lehre dieser Stelle ist, dass **es das Wort des Herrn** sei, welches Gläubige zu reinigen hat. Die Leiden mögen der Handgriff des Messers oder die Leiter sein, mittelst welcher der gnadenvolle Winzer jede Rebe des Weinstocks erreicht, aber es ist das Wort selbst, welches gebraucht wird, die nötige Reinigung zu bewirken.

Das große Ziel, das der Weingärtner bei der Reinigung der fruchttragenden Reben im Auge hat, ist, *»dass sie mehr Frucht bringe.«* Andere Bäume mögen zu verschiedenen Zwecken sehr nützlich sein, der Weinstock aber existiert, damit er »Frucht« trage. Ehe wir bekehrt waren, brachten wir schlechte Frucht, nun aber haben wir durch Gottes Gnade *»unsere Frucht, dass wir heilig werden und das Ende das ewige Leben«* (Römer 6,22). In seinem Schreiben an die Galater stellt der Apostel Paulus ein Verzeichnis der Frucht des Geistes auf: *»Liebe, Freude, Friede, Geduld, Freundlichkeit, Gütigkeit, Glaube, Sanftmut, Keuschheit«* (Galater 5,22). Die Menschen werden nicht nach ihrem Bekenntnis, sondern nach ihrem Leben beurteilt; der Prüfstein des Herrn ist: *»Ein jeglicher Baum wird an seiner eigenen Frucht erkannt«* (Lukas 6,44). Wenn wir Frucht tragen, so ist das ein Beweis dafür, dass wir in dem wahren Weinstock sind. Der Herr sagte zu seinen Jüngern: *»Gleichwie die Rebe kann keine Frucht bringen von ihr selber, sie bleibe denn am Weinstock, also auch ihr nicht, ihr bleibet denn in mir«* (Johannes 15,4). Die Reinigung soll uns nur veranlassen, umso inniger in dem Weinstock zu bleiben, damit aller Lebenssaft, der in uns fließt, zur Fruchtbildung verwertet werden kann. *»Wer in mir bleibt und ich in ihm, der bringt viele Frucht; denn ohne mich* (d. h.: von mir getrennt) könnt ihr nichts tun« (Johannes 15,5). Je mehr Frucht wir bringen, desto mehr wird Gott geehrt, und desto mehr beweisen wir, dass wir Christi

Nachfolger sind, zu denen er sagen kann: »*Ich bin der Weinstock, ihr seid die Reben*« (Johannes 15,5).

Dies ist genau, was sich an den Weinstöcken zutrug, die ich beobachtete. Wenn ich es nicht so oft gesehen hätte, würde ich nicht geglaubt haben, dass solche Veränderung bewirkt werden konnte. Die Weinstöcke, die vor meiner Krankheit so furchtbar beschnitten wurden, sind nun mit lieblichen Blättern geschmückt, und, was noch besser ist, es sind Blüten da, aus denen sich die Trauben entwickeln, und die Zweige sind während der Zeit, da ich liegen musste, wunderbar gewachsen. Es kam mir wie ein Wunder vor, den armen, trockenen Weinstock wieder ausschlagen und Hoffnungen auf reiche Frucht erwecken zu sehen. Dies sollte uns alle ermutigen, die wir gereinigt werden. Wenn wir von dem Herrn scheinbar hart behandelt werden, geschieht es nur, damit wir Kräfte sammeln, die nicht zur Erzeugung von Holz und Blattwerk verschwendet werden, sondern die zum Fruchtbringen für unseren lieben Herrn und Meister verbraucht werden. Dies sollte bei jeder Rebe des lebendigen Weinstockes der Fall sein, und dies wird auch der Fall sein.

Unser Bruder betete vorhin, dass ich, nun ich wieder besser bin, eine Kraft haben möchte, wie ich sie mir nicht träumen ließe. Ich hoffe, euer jeglicher wird eine Kraft haben, wir ihr sie euch nicht träumen lasset. Es wäre etwas Köstliches, wenn jede Rebe in dem wahren Weinstock so prächtige Trauben trüge wie die von Eskol.[48] Oh, solche Frucht für König Jesus zu tragen, in ihm so innig zu bleiben und ihn so vollkommen zu verherrlichen, dass etwas Größeres nicht von uns geleistet werden kann! Ich fürchte, dass nicht jeder unter uns diese Stellung erreicht, aber lasst uns suchen, ihm so nahe zu kommen, als es nur irgend möglich ist.

Bei dem Lesen der Geschichte von Männern, die sehr fruchtbar für Gott und seine Gemeinde gewesen sind, muss euch auf-

---

48 Vgl. 4.Mose 13,23.

fallen, wie hart mit ihnen verfahren wurde. Ihr erinnert euch, wie es bei Martin Luther war. Zu einer Zeit, da er in der Welt am nötigsten zu sein schien – als er vom Reichstag zu Worms zurückkehrte – und als er hoffte, bald wieder in seinem geliebten Wittenberg predigen zu können, sah er sich von einer Schar Soldaten gefangen genommen, die ihn nach der Wartburg brachte, und dort war er eine Zeit lang wie eingesperrt, weil er sich nicht unter die Menschen mischen konnte, wie er gern getan hätte. Er war allerdings kein Gefangener, denn er konnte ausgehen, aber er war stets von Wächtern begleitet; und die übrige Zeit brachte er mit Lesen und Studieren zu. Er wünschte, predigen und gegen die Schäden des Papsttums donnern zu können, und er sagte, er glaube, es sei der Teufel, der gekommen war, um ihn einzusperren zu einer Zeit, da er gern im heftigsten Kampf gestanden hätte. Es war dies jedoch nicht die Tat des Satans, sondern seines getreuen Freundes, des Kurfürsten Friedrich, welcher wusste, dass gerade zu dieser Zeit sein Leben in großer Gefahr gewesen wäre, wenn er sich hätte frei bewegen können, und darum schützte er ihn, und auf der Wartburg war er imstande, mehr für Gott und die Wahrheit zu tun, als wenn er seine Freiheit gehabt hätte. Da war es, wo er sein Tintenfass nach dem Kopfe des Teufels warf, und da war es auch, wo er anfing, noch in einem anderen Sinn durch seine Bibelübersetzung und durch andere Schriften das Tintenfass dem Teufel an den Kopf zu werfen. Es war eine gute Zeit für Luther, und es war eine gute Zeit für die ganze Welt. Er war imstande, tätige Übungen vorzunehmen und auch unter Gebet die Heilige Schrift sorgfältig zu studieren und sich so auf zukünftigen Dienst vorzubereiten.

Luther wurde auch noch in einer anderen Weise hart mitgenommen. Dieser treue Knecht Gottes – ich glaube ihn als den Tapfersten der Tapferen bezeichnen zu können, denn er schien vor den Feinden des Herrn unerschrocken zu sein wie ein Löwe – wurde während seines ganzen Lebens so von Zweifeln, vom Unglauben und von schrecklichen Angriffen des Satans gequält, dass ich annehme, dass es kaum einen Menschen gegeben hat, der schmerzlichere Erfahrungen durchzumachen gehabt hat. Keine Barke, die je auf dem Wasser war, erfuhr so grausamen Sturm wie Martin Luther, als er von den satanischen Angriffen verfolgt wurde. Er mochte sein Instrument herbeiholen und darauf spielen in der Hoffnung, den schmutzigen Feind zu verjagen; er mochte mit Katharina von Bora, seinem Weibe – seiner Königin, wie er sie nannte – sprechen, und sie mochte mit ihm rechten und ihn auch zuweilen ausschelten, aber es hatte keinen Zweck. Der arme Martin kam herunter, immer tiefer und tiefer, bis er den Tag seiner Geburt verfluchte und sich ins Grab wünschte. Wenn ihr könnt, so sucht euch vorzustellen, was er ohne alle diese Trübsale gewesen wäre. Mit solch einem Geist, wie er ihn hatte, wäre er einem wilden Eber gleich gewesen, der alles ausgerottet hätte, was ihm im Wege stand, und er würde gegen viele Leute in einer Weise gehandelt haben, die nicht zu ihrem Troste gedient und die seinem guten Namen keine Ehre gemacht hätte. So wurde er hart mitgenommen, und ihm wurde nicht gestattet, nach der Kraft des in ihm befindlichen Saftes aufzuwachsen, und so wurde er befähigt, solche edlen Dienste der großen Reformation zu leisten, mit welcher sein Name auf ewig verbunden ist.

Ich habe in der Hoffnung so gesprochen, euer etliche, die hart geprüft werden, die von Zweifeln angefochten werden und die in ihrem Gemüt bekümmert sind, aufrichten zu können. Flehet zu Gott, dass dieser Reinigungsprozess euch fruchtbar mache zu allem guten Werk und euch befähige, euch dem Willen des Herrn freudig zu unterwerfen. Bittet nicht so sehr um Errettung aus der Trübsal, als vielmehr darum, dass ihr dadurch geheiligt werdet; und möchte der Herr euch alle segnen und die etwa gegenwärtigen unerretteten Seelen erretten! Amen.

»Schreib den Namen Jesu auf alle deine Kreuze«

> »*Pilatus aber schrieb eine Überschrift und setzte sie auf das Kreuz; und war geschrieben:* **Jesus von Nazareth, der Juden König**«
> (Johannes 19,19).

Köstlich ist die Stunde des Gebets, und sie ist umso köstlicher, weil wir draußen in der Welt so vielen Störungen und Unruhen begegnen. Jeder unter uns hat ein Kreuz zu tragen, eine Last, derer wir uns nicht weigern können und mögen. Was sollen wir mit unseren Kreuzen machen? Diesmal wollen wir zu den Philistern hinabgehen und von ihnen lernen.

Ich weiß von keinem Stück, darin ich euch Pilatus zum Vorbild machen möchte, als in diesem einen: Er schrieb den Namen Jesu auf das Kreuz. Da er diese Worte mit eigener Hand geschrieben hatte, weigerte er sich, sie zu ändern: »Jesus von Nazareth, der Juden König« muss über dem Kreuz stehen, ob nun die Hohenpriester darüber wüten oder es sich gefallen lassen. Der wankelmütige Statthalter hielt diesmal an der Wahrheit fest und wollte sich nicht davon wegtreiben lassen.[49]

Wenn ihr nun ein Kreuz habt, so schreibt den Namen Jesu, des Königs, darüber und haltet fest an dem, was ihr geschrieben habt.

Lasst uns Pilatus' Inschrift Wort für Wort betrachten. Sorgt dafür, dass ihr den Namen Jesus über euer Kreuz schreibt. Tragt euer Kreuz für Jesus, mit Jesus und Jesus nach; dies ist ein großes Rezept, es so leicht zu machen, wie es nur sein kann. Beachtet, dass es nur ein hölzernes Kreuz ist, das ihr zu tragen

---

49 Vgl. Johannes 19,21 f.

habt, wenngleich unsere Befürchtungen es oft mit Eisenfarben bemalen. Auch tragen wir kein Kreuz auf unseren Schultern, das uns erdrückt, sondern eins, an welchem wir triumphieren werden, wie auch Jesus das getan hat. Wir haben es in dem Leidenszuge, der seinen Weg durch diese wüste Welt nimmt, nicht voranzutragen, sondern wir tragen es Jesus nach auf dem Wege, den er uns gebahnt hat. Er selbst hat ein viel schwereres Kreuz als wir getragen und seines Herzens Sympathie ist mit uns. Er ist so mit uns vereint, dass alle unsere Kreuze seine eigenen sind. Trage dein Kreuz um Jesu willen. Was könntest du nicht für ihn dulden? Trage es mit Jesus. Was könntest du nicht in seiner Gesellschaft tragen? Auf diesem Wege kannst du deine dir bestimmte Last freudig tragen, die stärkende Berührung Jesu macht dein Joch sanft und deine Last leicht.[50]

O dieser Name Jesu! Ich könnte von seiner Tiefe, von seiner Bedeutung, von seiner Süßigkeit und von seiner Kraft bis zur Mitternacht reden, und wenn die Uhr zwölf schlüge, würdet ihr zu einander sagen: »Es ist schon Mitternacht, und der Prediger hat eben erst die Schwelle seines Themas betreten!« Es ist über den Namen Jesu so viel zu sagen, dass alle Zungen der Menschen und Engel nicht die Hälfte davon erzählen könnten. Er ist die Freude des Himmels droben und inzwischen ist er der Trost in den Schmerzen hienieden. Er ist nicht nur der majestätischste und lehrreichste und wahrhaftigste und kräftigste und heiligendste, sondern auch der tröstlichste Name, der je in diesem Tränental erklungen ist. Wenn ihr euer Herz von dem teuren Jesusnamen duftend erhalten wollt, werdet ihr finden, dass alles Bittere süß und auch das Unangenehmste wohlriechend wird. Jesus, Immanuel, Gott-mit-uns – dies ist wie die geöffneten Fenster des Himmels und wie die herrlichste Musik aus des Königs Gemächern! Unser Heiland ist der große Kreuzträger, Jesus ist der Gekreuzigte, und darum nehmen wir freudig unser Kreuz

50   Vgl. Matthäus 11,30.

auf und folgen ihm und finden zu unserem Erstaunen, dass angesichts seines Kreuzes unser Kreuz leicht geworden ist.

Der römische Statthalter unterließ es nicht zu schreiben: »*Jesus* **von Nazareth**.« Diese letzten Worte bedeuteten Spott der bittersten Art, als ob er gesagt hätte: »Der weise Mann aus dem Irrenhause.« Ihm bedeutete es, dass ein unwissender Mensch aus einem unbekannten Erdwinkel sich zu einem König erhoben hatte. Wundert euch nicht, wenn sich über eure Kreuze ein bitterer Regen der Verachtung ergießt. Nehmt die Schmach und den Hohn als einen Teil der Last eures Lebens an. Lass auch du dich »einen Nazarener« nennen und schäme dich nicht anzuerkennen, dass auch du mit dem Jesus von Nazareth gewesen bist.[51] Wer sind wir, dass wir Lob erhalten sollten, wo Jesus Speichel erhielt? Lasst es uns in unseren Herzen feststellen, dass, wenn es einen Spotttitel gibt, derselbe uns ebenso ehrt wie irgendetwas anderes. Die Welt wird uns ebenso wenig kennen, wie sie Jesus gekannt hat. Wenn sie den Hausvater Beelzebub geheißen haben,[52] dürfen die Knechte keinen schönen Titel erwarten. Schreib **Jesus von Nazareth** auf dein Kreuz, und hinfort werden Verhöhnungen und Schmähungen ihre Schärfe verlieren.

Sehr bezeichnend für uns ist, dass in der Überschrift Pilatus' dem Namen Jesu »**der König**« folgt: Jesus, der König. Dies sind auch äußerst tröstliche Worte, weil unsere Herzen uns nötigen zu sagen: Hat der König ein unendlich schwereres Kreuz getragen als ich? Dann kann ich, ein Knecht, wohl meine Last aufnehmen, die verhältnismäßig leicht ist. Lässt sich Jesus, der König, zu dieser Schmach herab? Dann ist es der Höhepunkt der Ehre, ihm nachzufolgen. Ordnet Jesus, der König, ein Kreuz für mich an? Warum sollte ich dann seine Liebe oder seine Weisheit anzweifeln? Wenn er mich auffordert, das Kreuz auf mich zu nehmen, was bleibt dann einem treuen Untertan anderes übrig, als zu gehorchen? Wenn er ein König ist, so erweise ich mich als

---

51 Vgl. Matthäus 26,71.
52 Vgl. Markus 3,22.

Rebell, wenn ich mich gegen die Last, die er mir auflegt, auflehnen wollte.

Jesus, der König. Ist es nicht köstlich, daran zu denken, dass Jesus selbst am Kreuz der König ist? Indem er stirbt, wird während seiner Erdenlaufbahn unter seinen Landsleuten seine Souveränität zum ersten Male von einer amtlichen Autorität anerkannt, und der Repräsentant Cäsars sitzt da in Jerusalem und schreibt: *»Dies ist Jesus, der Juden König.«* Hebräern, Griechen und Römern wurde durch Pilatus' Hand und Siegel bezeugt, dass der Gekreuzigte tatsächlich ein König sei. Nun, meine Seele, wenn Jesus am Kreuz triumphierte, kannst du dann nicht unter dem Kreuz triumphieren, wenn seine Gnade in dir ist? Bist du nicht trotz deiner Bekümmernisse und Schmähungen und Kreuze dennoch ein Priester und König vor Gott? Er, Gott, der uns zu Königen und Priestern gemacht hat,[53] hat uns keinen leeren Titel gegeben, und der Umstand, dass wir unser Kreuz zu tragen haben, wirft auch nicht den geringsten Schatten von einem Zweifel auf unsere königliche Würde. Wir tragen unsere Kronen durch das Patent des Königs aller Könige, und unser Königtum darf niemand anzweifeln. Auch wenn uns das Kreuz am schwersten drückt, wollen wir uns dennoch freuen, dass wir geehrt werden, mit Christus zu leiden. Seht den königlichen Namen auf unser Kreuz gesetzt, und es wird sofort lieblich in unseren Augen.

Aber Pilatus schrieb: *»Jesus von Nazareth, der Juden König.«* »Nun«, fragt jemand, »was hat das mit uns zu tun?« Ich antworte: Schreibe dies auch auf das große Kreuz, das die ganze Gemeinde Christus nachzutragen hat. Er ist ein König, den seine Untertanen nicht anerkennen wollen. Das schwerste Kreuz, das die Gemeinde zu tragen hat, ist, dass die Welt sich nicht vor Christus beugen will. In unseren jüngeren Tagen sagten wir vielleicht: »Wir haben nur nötig, das Evangelium mitzuteilen, und sie werden demselben gehorchen«, aber wir fanden bald unseren Irr-

---

53   Vgl. 1. Petrus 2,9.

tum heraus; wir haben heute eine andere Meinung. Wir sehen die Legionen der Finsternis noch in ihren Verschanzungen, und wenngleich wir manchen Sieg erlangt haben – wie gering ist unser Erfolg im Vergleich zu dem, was noch geschehen muss! Afrika, China, Indien – das sind alles Teile des großen Kreuzes, das die Gemeinde zu tragen hat. Jesus ist König aller dieser Länder, denn er ist das »*Haupt über alles*« (Epheser 1,22), noch aber sehen wir nicht, dass ihm alles untertan ist,[54] und dies ist unser Kreuz.

Schreibt auf die Lasten eures Dienstes diese Worte: »*Jesus, der Juden König*«, und fasset Mut. Jesus hat einen Thron eingenommen, der auch über Israel herrscht, obgleich Israel noch nicht eingesammelt ist. »Die Juden sind die letzten, die sich bekehren werden«, sagte jemand. Vielleicht, denn es hat sie richterliche Blindheit befallen, aber Jesus ist dennoch ihr König, und er wird sie doch dahin bringen, sich ihm zu Füßen zu legen. Er verzagt nicht an ihnen; er zweifelt nicht daran, dass Israel ihn noch anbeten werde; darum seid auch ihr guten Mutes. Wünscht ihr, dass geschrieben worden wäre: »Jesus, der Heiden König?« Aber dies ist besser noch, denn wenn die Juden ihre Knie vor Jesu beugen werden, dann wird der Heiden Fülle schon eingegangen sein. Ihre Bekehrung ist die Einnahme der stärksten Zitadelle des Unglaubens. Wir begrüßen mit Freuden den Titel: »*König der Juden.*«

Mein hauptsächlicher Punkt ist jedoch dieser: Die Juden verwarfen Jesus, und doch herrschte er am Kreuz über sie, und auch wir werden in demselben Stück triumphieren, in welchem wir am meisten geprüft und fast überwunden werden. Trübsale dringen auf uns ein, aber »*wir rühmen uns auch der Trübsale*« (Römer 5,3). Das Kreuz war Christi Thron über Israel, und unser Leiden ist unser Sieg über die Sünde durch das Werk des Heiligen Geistes, der es zu unserer Reinigung heiligt. Lasst uns darum

---

54 Vgl. 1. Korinther 15,28.

nicht zögern, das Kreuz zu tragen, das unser Herr trug, und denselben Anspruch des Königtums über unser Kreuz zu schreiben, wie er über das seine geschrieben ward.

Lasst uns unsere Kreuze mit einer deutlichen Aufschrift und dem ganzen königlichen Titel versehen. Hebräisch, Griechisch und Lateinisch waren in Jerusalem die drei gangbaren Sprachen. Alle Menschen, die zum Passah zusammenströmten, kannten die eine oder die andere dieser Sprachen, deshalb wurde die Überschrift in drei verschiedenen Schriftzeichen wiederholt. Lasst es uns selbst und allen anderen klar werden, dass wir Gemeinschaft mit Christus in seinen Leiden haben und dass unsere Schmerzen den seinen verwandt sind. Dann werden uns unsere Trübsale Kanzeln erbauen, von denen aus wir Jesus predigen. Unsere Leiden werden uns viele Sprachen lehren, wir werden zu den vielen Söhnen und Töchtern der Leiden sprechen, und jeder einzelne wird in seiner Sprache, darinnen er geboren ist, eine Bruderstimme hören, die den Traurigen in Zion Trost verkündigt. Es ist gut, den Namen des Vielgeliebten überall einzugraben, aber das Kreuz ist eine besonders passende Säule, das teure Denkmal auszurichten. Dieser Titel wird von vielen gelesen werden, wenn wir ihn an das Kreuz festheften. Manche werden spotten, aber andere werden, durch unsere Handlungsweise veranlasst, ernstlich nachdenken und erfahren, wie sie sich mit dem Mann der Schmerzen verbinden können. Ich bin gewiss, dass ihr es weise finden werdet, den Rat zu befolgen:

Schreibt den Namen Jesu auf alle eure Kreuze.

Pfingsten und Pfingstwoche

»Und als der Tag der Pfingsten erfüllt war, waren sie alle einmütig beieinander. Und es geschah schnell ein Brausen vom Himmel wie eines gewaltigen Windes und erfüllte das ganze Haus, da sie saßen. Und es erschienen ihnen Zungen, zerteilt, wie von Feuer; und er setzte sich auf einen jeglichen unter ihnen; und sie wurden alle voll des Heiligen Geistes und fingen an zu predigen mit anderen Zungen, nach dem der Geist ihnen gab auszusprechen. Es waren aber Juden zu Jerusalem wohnend, die waren gottesfürchtige Männer aus allerlei Volk, das unter dem Himmel ist. Da nun diese Stimme geschah, kam die Menge zusammen und wurden bestürzt; denn es hörte ein jeglicher, dass sie mit seiner Sprache redeten«
(Apostelgeschichte 2,1–6).

»Nun er durch die Rechte Gottes erhöht ist und empfangen hat die Verheißung des Heiligen Geistes vom Vater, hat er ausgegossen dies, das ihr sehet und höret. Denn David ist nicht gen Himmel gefahren. Er spricht aber: ›Der Herr hat gesagt zu meinem Herrn: Setze dich zu meiner Rechten, bis dass ich deine Feinde lege zum Schemel deiner Füße.‹ So wisse nun das ganze Haus Israel gewiss, dass Gott diesen Jesus, den ihr gekreuzigt habt, zu einem Herrn und Christus gemacht hat. Da sie aber das hörten, ging's ihnen durchs Herz, und fragten Petrus und die andern Apostel: Ihr Männer, was sollen wir tun? Petrus sprach zu ihnen: Tut Buße und lasse sich ein jeglicher taufen auf den Namen Jesu Christi zur Vergebung der Sünden, so werdet ihr empfangen die Gabe des Heiligen Geistes. Denn euer und eurer Kinder ist diese Verheißung und aller, die ferne sind, welche Gott, unser Herr, herzurufen wird. Auch mit vielen ande-

ren Worten bezeugte und ermahnte er: Lasset euch erretten aus diesem verkehrten Geschlecht! Die nun sein Wort gern annahmen, ließen sich taufen; und wurden hinzugetan an dem Tage bei dreitausend Seelen«
(Apostelgeschichte 2,33–41).

Diese beiden Abschnitte erinnern uns an die großen Ereignisse, die da machen, dass der Tag Pfingsten uns eine beständige Ermutigung und Inspiration bleibt. Er kommt heute fast wie eine Tradition zu uns herüber, und die Tradition hat so betrübende Veränderungen geschaffen, dass uns die Herrlichkeit jener denkwürdigen Zeit zum großen Teil verborgen ist. Man spricht jetzt vom »weißen Sonntag«, vom »weißen Montag«, von der »weißen Woche« – von Bezeichnungen, die dieser Zeit einer Gewohnheit wegen gegeben wurden, die in der früheren Kirche vorherrschend war. Ich schenke dem, was die frühere Kirche getan hat, keine größere Aufmerksamkeit als dem, was die spätere Kirche getan hat, wenn nicht Grund vorhanden ist, zu glauben, dass es des Herrn Wille war, dass sie handeln sollten, wie sie handelten. In manchen Dingen, die der göttlichen Offenbarung nicht unterlagen, waren sie nicht richtiger als wir, und in manchen Dingen viel weniger als wir. So sagten sie: »Dies ist der Tag der Pfingsten, und wir müssen den Tag besonders beobachten.« »Dies ist der Tag der Pfingsten, es wurden an dem Tage dreitausend Gläubige getauft, und wir sollten jenes große Ereignis dadurch feiern, dass wir an dem Tage jedes Jahres unsere Kandidaten taufen.« So geschah es Jahr für Jahr, dass große Scharen, Gläubige an den Herrn Jesus Christus, vorhanden waren, die bis zum Tage der Pfingsten gewartet hatten, auf dass sie getauft würden.

Aber warum hat man es denn ›weiße Woche‹ (Whitsuntide) genannt? Das ist sehr erklärlich, denn es war Sitte, die Kandidaten weiß zu kleiden, und so wurde der Tag der »**weiße** Sonntag« genannt. Wir haben eine ähnliche Weise: Unsere Kandidaten kommen weiß gekleidet zur Taufe. Nicht, weil wir abergläubisch hinsichtlich der weißen Kleidung sind, sondern weil das der Feier angemessen ist. Blau und grün würde es ebenso gut tun, aber es dürfte nicht so schön aussehen. Den Christen des ersten Jahrhunderts schien es passend, dass die Männer und Frauen, welche kamen, ihren Glauben an Christus zu bekennen, weiß gekleidet seien, zumal das in Übereinstimmung mit dem Geschmack der Orientalen war, und so trug denn jeder, der zur Taufe angenommen worden war, ein neues weißes Gewand. Die großen Scharen, welche bis zum Pfingsttage gewartet hatten, mochten nicht alle am weißen Sonntage getauft werden können, weshalb die Handlung am nächsten Tage fortgesetzt wurde, und so nannten sie ihn den weißen Montag und möglicherweise den nächstfolgenden den weißen Dienstag. Ich wünschte nur, dass wir solch einen weißen Sonntag und weißen Montag und weißen Dienstag hätten, dass der Herr uns solche Scharen Bekehrter gebe, dass wir genötigt wären, Tag für Tag zu taufen, weil so viele da sind, die getauft zu werden wünschen.

Zum Preise der Gnade Gottes muss ich hier sagen, dass wir diese vielen Jahre hindurch Ähnliches gehabt haben: Lange Gemeindeversammlungen, Gemeindeversammlung auf Gemeindeversammlung, die ausschließlich stattfanden, um Bewerber um die Taufe zu prüfen und aufzunehmen, die alle das Resultat eines lange anhaltenden Pfingstens sind, das Gott uns gnadenvoll beschieden hat. Unsere Freunde vom Lande machen oft große Augen, wenn ich ihnen sage, dass wir in einem einzigen Monat ein halbes Dutzend Gemeindeversammlungen haben. Sie fragen mich höchst erstaunt: »Was haben nur Ihre Mitglieder so oft zu tun?« Nun, wir haben keine Streitsachen vor und rufen auch keine Gemeindeversammlung zusammen, damit sie feststellen, ob das Tabernakel mit gesprenkelter oder gelber Seife gereinigt werden soll. Aber solche Dinge oder andere unbedeutende Einzelheiten von nicht größerer Wichtigkeit werden in manchen Gemeinden diskutiert; in manchen Gemeindeversammlungen handelt es sich überhaupt um nichts, und das ist dann eine große Sache, um die man kämpft. Das ist nun nicht unser Ideal von einer Gemeindeversammlung, wir kommen sehr oft zu keinem anderen Zweck zusammen, als die Kandidaten zu hören, die in dem Wasser der Taufe ihren Glauben an Christus bekennen möchten, und sie kommen – Gott sei Dank dafür! – noch immer in großer Anzahl. Wir können in Wahrheit sagen: »*Der Herr hat Großes an uns getan*« (Psalm 126,3)! Und er fährt fort, Großes an uns zu tun. Gelobt sei sein heiliger Name!

Aber, meine lieben Brüder und Schwestern, wird euch trotz dieser herrlichen Tatsache das Herz nicht oft beschwert, wenn ihr daran denkt, dass es in dieser Stadt noch ungeheure Massen von Leuten gibt, die überhaupt niemals gehen, um das Wort Gottes zu hören? In manchem Teil der Hauptstadt können wir durch eine Straße nach der anderen gehen und kaum eine christliche Familie finden oder ihr könnt große Familien finden, in denen kein einziges Glied die Gnadenmittel gebraucht. **Die Religionslosigkeit und Gleichgültigkeit der Leute sind entsetzlich;** die wenigen, welche gottesfürchtig sind, sind wie die gesprenkelten Vögel inmitten der Scharen, die völlig sorglos sind. Ich habe an Orten auf dem Lande gewohnt, wo wohl kaum ein Einwohner gewohnheitsmäßig den Sabbat brach; wenn ihr dort einen Sonntag zubringt, könnt ihr die ganze Einwohnerschaft entweder nach der Baptistenkapelle oder nach der Pfarrkirche oder nach der Methodistenkapelle gehen sehen. Ein jeder geht irgendwie zum Hause Gottes; ein Mensch, der nie eine Anbetungsstätte besuchte, würde als ein ganzer Heide angesehen worden sein; aber hier haben wir ganze Scharen, die in diese Art des Heidentums versunken sind, und tut, was ihr wollt, es scheint, als ob wir keine Macht haben, diese Massen religionsloser Leute zu beeinflussen.

Dann zeigt sich **ein zunehmender Unglaube;** nicht ein Unglaube, der viel Gerede macht – er ist dazu zu respektabel – sondern ein Unglaube, der nicht über göttliche Dinge nachdenken mag. Was kann geschehen? Was kann geschehen? Es gibt eine große Menge Anbetungsstätten, die nicht halb gefüllt sind, und eine große Menge, in denen hier und da einige zerstreut sitzen; die Schwierigkeit liegt darin, die Leute hinein zu bekommen und solche Männer zu finden, die die Leute hören mögen und die ihnen Worte sagen, die sie anziehen und festhalten.

Ist der Fall nicht schwierig? Ist die Lage nicht eine hoffnungslose? **Sie ist weder hoffnungslos noch schwierig, weil sie beides ist, hoffnungslos und schwierig.** Wenn wir das Werk aus uns selber zu tun hätten, so wäre es hoffnungslos und unmöglich, aber da der Herr allein es ist, der da tötet und lebendig macht, da er verwundet und verbindet, da das Heil von Anfang bis zum Ende vom Herrn ist, sind wir aus dem Gebiet der Schwierigkeit heraus und infolgedessen auch aus der Region der Hoffnungslosigkeit und Unmöglichkeit. Er kann uns Männer aus Gebieten geben, woher wir sie niemals erwartet hätten; die kühnsten Vertreter des Irrtums können zu den tüchtigsten Verteidigern des Glaubens werden. Das ist vordem geschehen und der Herr kann es wieder und wieder geben. Er kann die Gottlosesten und Lasterhaftesten nehmen und sie reinigen und sie zu auserwählten Rüstzeugen machen, sein Name und sein Evangelium den Leuten zu bringen. Er kann euch, teure Freunde, in euren Häusern oder in euren Werkstätten beschäftigen; er kann irgendeinen unter euch, nein, er kann euch alle unter den Volksmassen zu Spendern des Lebens und der Gnade machen, wie es geschah, als der eben erst ermordete Christus durch seinen allmächtigen Geist die Wenigen, die sehr schwache Leute waren, inspirierte und sie veranlasste, Taten zu tun, die sie ohne den Heiligen Geist niemals zu versuchen gewagt hätten. Lasst den Herrn nur seinen heiligen Arm in unserer Mitte offenbaren, lasst ihn nur euch und mich und jeden einzelnen seiner Knechte mit seinem Heiligen Geist erfüllen, und wer weiß, was danach kommen kann? Er hat Wege und Mittel zu wirken, wo wir nichts haben. Er ist der mächtige Gott, unser starker Fels und unser stets gegenwärtiger Helfer.[55]

---

55 Vgl. Psalm 18,3.

Zuweilen fühle ich mich durch **die entsetzliche Gottlosigkeit der Menschen** mächtig in meinem Glauben gestärkt. Heute erhielt ich einen Brief – ich erhalte öfter Briefe, die Kränkungen und Schmähungen enthalten, und werde so daran gewöhnt, dass ich sie gar nicht mehr beachte – in welchem jemand sämtliche Stellen des Alten Testaments verzeichnet hatte, in denen Gott den Israeliten befiehlt, ihre Feinde umzubringen. Nachdem der Schreiber alle diese Stellen angeführt hat, fragt er mich: »Und dieser Gott ist Ihr Gott? Wenn dies seine Aufträge an sein Volk sind, so wundere ich mich nicht mehr darüber, dass er eines blutigen Opfers bedarf, um seinen Zorn abzukühlen.« Ja, mein Herr, wenn Sie hier sein sollten, sage ich es Ihnen ohne Zögern, dass Jehovah mein Gott ist, und dass ich mich dessen, was er jemals gesagt oder getan hat, keinen Augenblick schäme.

Nun, Freunde, wenn wir der Gerichte Gottes über die Gottlosen in früheren Tagen gedenken, haben wir nicht nötig, auch nur das leiseste Schaudern bei dem zu empfinden, was manche als Gottes Grausamkeit bezeichnen. Wenn ich mir die gräuliche Sündigkeit der Menschen vergegenwärtige, wundere ich mich darüber, dass der Herr in ihrer Bestrafung nicht tausendmal strenger gewesen ist, als er es war, und wenn ich höre, in welcher Art und Weise sie noch jetzt von ihm reden, dann frage ich mich: »Wie ist es möglich, dass er sie noch mit solcher Langmut behandeln kann? Nachdem er sie geschaffen und versorgt hat, versäumen und verachten sie ihn und kämpfen gegen ihn, und ihrer etliche leugnen sogar sein Dasein – warum vernichtet er sie nicht?« Weil er Gott ist und nicht ein Mensch, darum sind sie noch nicht vertilgt; und wenn er zuweilen seinen starken Arm zeigt und ihnen mit der Schärfe seines Schwerts schreckliche Lektionen beibringt, will ich dennoch den erzürnten Gott anbeten und preisen. Er tue, was ihm wohlgefällt,[56] er ist mir durchaus vollkommen, und ob er selbst mich töten wollte, so will ich

56 Vgl. Psalm 115,3.

doch auf ihn hoffen. Jehovah, der Gott Abrahams und Isaaks und Jakobs, der aller Welt Gott genannt wird, ist mein Gott, und er wird trotz aller seiner Widersacher den Sieg davontragen.

Aber vielleicht fragt ihr mich: »Wie können Sie aus den Lästerungen der Menschen nur irgendwelchen Trost schöpfen?« Nun, in folgender Weise. Das wird den Herrn zur Eifersucht reizen und ihn veranlassen, zu sagen: »Nun will ich inmitten dieser aufrührerischen und verkehrten Menschen ein großes Werk tun.« Ich pflegte mich zu wundern und mich zu fragen, was John Bunyan wohl meinen mochte, wenn er sagte, dass er große Hoffnung für die Welt habe, weil er sah, dass so viele junge Leute so entsetzlich gottlos waren. Er fühlte, dass, wenn der Herr solche großen Sünder retten werde, sie in Wirklichkeit große Heilige werden würden. Hier ist ein Gebet, das der Herr von seinem Volke hören will: »*Es ist Zeit, dass der Herr dazutue; sie haben dein Gesetz zerrissen*« (Psalm 119,126). Es liegt in diesem Argument viel Gutes enthalten; Brüder, selbst inmitten der überhandnehmenden Gottlosigkeit der Menschen haben wir Vertrauen zu Gott. Oh, welche große Barmherzigkeit ist es, einen solchen Gott zu haben, zu dem wir unsere Zuflucht im Gebet nehmen können! Wir wollen wieder herzutreten zum Gnadenthron und für die Menschenmassen beten, welche entfremdet sind von Gott durch die Vernunft in bösen Werken. Als die Apostel einmütig bei einander waren im Gebet und Flehen, da kam der Heilige Geist über sie, und sie wurden ausgerüstet mit der Kraft aus der Höhe, die ihnen der Herr verheißen hatte.[57] Möchte es so auch bei uns sein, um seines teuren Namens willen! Amen.

---

57 Vgl. Apostelgeschichte 4,24–31.

Die Fürbitte der Gläubigen –
das Bedürfnis des Predigers

»Durch Hilfe auch eurer Fürbitte für uns«
(2.Korinther 1,11).

Es ist dies ein kurzer, von dem Apostel Paulus geschriebener Satz, den ich eurer ernsten Beachtung dringend empfehle, wenngleich ich nur kurz darüber sprechen will:

»Durch Hilfe eurer Fürbitte für uns.«

Teure Freunde, die meisten von uns sind Mitglieder einer Gemeinde; wir sind unter ein Panier eingetragen und haben geschworen, einem großen Ziele treu zu bleiben, nämlich für Jesus zu leben und die Verherrlichung Gottes zu suchen. Nun können wir nicht alle ein und dasselbe für unseren Herrn tun; ein jeder hat irgendein Amt zu verwalten, das sich von dem unserer Brüder und Schwestern in Christus etwas unterscheidet. Hier lasst mich innehalten und sagen, dass jeder, der ein Werk für Christus zu tun hat, der Gebete seiner Mitchristen bedarf; darum fordere ich euch alle dringend auf, für sie zu beten. Du magst ein Lehrer in einer Kleinkinderklasse in der Sonntagsschule sein, oder du magst nur imstande sein, ab und zu mit einem oder einigen deiner Mitmenschen von deinem Heiland zu sprechen; aber welchen Dienst du auch leisten magst, unterlasse es nicht, dir die Gebete deiner Brüder um einen Segen über deine Arbeit zu sichern. Wie beschränkt auch dein Wirkungskreis sein mag, du wirst ohne die Gebete anderer nicht vorwärtskommen. »Durch Hilfe deiner Fürbitte für mich«, kann auch der schwächste und ärmste Bruder sagen, »kann ich zum Segen werden«, und gerade wegen seiner Schwachheit und Armut kann er umso kräftiger an seine christlichen Brüder und Schwestern appellieren, ihm durch ihr Gebet behilflich zu sein.

Aber die auffälligste Person in der Gemeinde ist die, welche von Woche zu Woche der großen Versammlung das Evangelium zu predigen hat, und er mag darum, wie der Apostel es hier tut, wohl für sich bitten und zu den Gläubigen sagen: »*Durch Hilfe eurer Fürbitte für uns.*« Liebe Freunde, betet für alle, die das Evangelium predigen, gleichviel, ob sie es wenigen oder vielen predigen! Sie alle bedürfen eurer Sympathie und Hilfe, aber ich lasse einen besonders ernsten, persönlichen Aufruf an euch für mich ergehen. Ich sehne mich vor allen Dingen nach euren beständigen Gebeten, denn ich halte dafür, dass mir eine größere Last auferlegt ist, als ein anderer sie zu tragen hat, wegen der Größe unserer Versammlungen und wegen der Menge der Anstalten und Unternehmungen, die mit dieser großen Gemeinde in Verbindung stehen. Viele dieser Zweige werden von anderen geleitet und weitergeführt, und ich kann mich persönlich nur schwach daran beteiligen, und doch habe ich irgendwie den schwierigsten Teil zu tun, in jeder Zeit der Not auszuhelfen, schwache Stellen, wenn sie entdeckt werden, auszubessern und alles in bester Ordnung zu erhalten. Es liegt eine große Sorge auf mir und nicht allein für diese Gemeinde, sondern für viele andere Gemeinden, die in verschiedenen Teilen des Landes von den Brüdern gebildet sind, die die Anstalt für Prediger verlassen haben, und ich habe es mit allerlei schwierigen Fällen über ganz England hin zu tun, und es sind Dinge, die die Gedanken sehr in Anspruch nehmen und zuweilen das Herz beschweren und darum bedarf ich eurer Gebete.

Es sind etliche unter euch, die auf dem Gebiet der Predigt nichts tun können, und ich wünsche nicht, dass sie es versuchen, denn es sind andere Aufgaben da, an die ihr eure Hand legen könnt, und zu euch besonders möchte ich sagen: »Ihr könnt durch eure Fürbitte für uns helfen. Hier ist ein Weg, auf welchem ihr wirklich helfen, wesentlich helfen und wunderbar helfen könnt, und dies könnt ihr selbst tun, wenn ihr bettlägerig werden solltet, ihr könnt still liegen und einen Segen von Gott über unsere Wirksamkeit erflehen. Ihr könnt dies auch tun, wenn ihr, soweit es das öffentliche Sprechen anbetrifft, stumm sein müsst; ihr könnt ganz im Stillen den Engel des Bundes umfassen und ringen und obsiegen.[58] Es sind erstaunliche Möglichkeiten, die im Bereich der gläubigen Menschen liegen. *»Alle Dinge sind möglich dem, der da glaubt«* (Markus 9,23).

Ich habe stets von ganzem Herzen und ohne jedwede Unwahrheit alle Erfolge, die ich jemals hatte, den Gebeten des Volkes Gottes zugeschrieben, und ich tue dasselbe noch heute ohne jede Heuchelei. Gott, der Heilige Geist, hat den Segen stets in Erhörung eurer Gebete gegeben. Ihr habt im Glauben um einen Segen gebetet, und derselbe ist gekommen und er wird kommen, solange solche Gebete fortgesetzt werden. Wenn ich aufgefordert werden sollte, ins Grab zu gehen, wenn ich mich infolge gänzlicher Unfähigkeit von dem Dienst des Herrn zurückziehen müsste, so wäre dies dem betrübenden Ende des Mannes, welcher fällt, weil die nicht mehr da sind, die ihn aufrecht zu halten pflegten, weit vorzuziehen. Es ist schwer, wie ein Josua zu kämpfen, wenn auf des Berges Spitze kein Mose steht und wenn kein Aaron und kein Hur da ist, ihm die Hände im Gebet hoch zu halten.[59] Ich bitte die unter euch, die von Anfang bei mir gewesen sind, mit dem Gebet vor dem Gnadenthron nie aufzuhören. Ich bitte euch, vernachlässigt das heilige Vorrecht und die heilige Pflicht niemals. Ich wende mich an euch, die ihr hier bekehrt worden seid – und eurer sind nicht wenige – und bitte ernstlich darum, dass ihr es nie vergesst, um einen Segen über andere zu beten; derselbe kommt *»durch Hilfe auch eurer Fürbitte für uns, auf dass über uns für die Gabe, die uns gegeben ist, durch viel Personen viel Dank geschehe«* (2.Korinther 1,11).

Ihr sagt, ihr wünschet, Gott zu loben. Ich freute mich, als unser Bruder, welcher eben betete, damit begann, den Herrn

---

58 Vgl. 1.Mose 32,24 f.
59 Vgl. 2.Mose 17,10–13.

für seine Güte zu preisen. Viele beten für ihren Prediger, und das sind die, welche Gott auch für ihren Prediger preisen. Wie viele da sind, die Gott auch über uns gepriesen haben, ist schwer zu sagen. Ich habe eine Familie geistlicher Kinder im Himmel, und sie ist keine kleine; sie alle werden durch alle Ewigkeit den Namen des Herrn erheben und preisen. Und unter den gläubigen Männern und Frauen auf Erden – ich spreche nicht aus Egoismus, sondern weil es einfache Wahrheit ist – dürfte niemand mehr Freunde haben, die Gott beständig preisen für die Wirksamkeit in diesem Bethause und für den Segen, den sie durch das Lesen der gedruckten Predigten genossen haben, als ich. Während ihr darum auf Erden auf euren Knien liegt, sind eure Gebete und Lobgesänge in Harmonie mit der Harfenmusik des Himmels, und durch eure Gebete holt ihr Segnungen herab, welche in Tausenden von Herzen, die ihr nie kennenlernen werdet, bis ihr mit ihnen in der Herrlichkeit zusammentrefft, das Lob Gottes wachrufen.

Es soll mich wundern, ob es wohl jemand auffällt, dass es eine sehr schwierige Aufgabe ist, im Predigen fortzufahren, wenn fast jedes Wort, das man spricht, gedruckt wird. Ich weiß nicht, ob sich jemand die großen Anstrengungen dieses Gehirns, neue Gegenstände und neuen Stoff zu diesen Gegenständen aufzufinden, klarzumachen sucht. Wenn ich anfange, mich auf der Kanzel zu wiederholen, werden wir anstatt einer lebendigen Gemeinde bald eine große schlafende Gesellschaft haben, oder die Mitglieder werden sich nach irgendeinem anderen Platz hin verziehen. Und wenn wirklich Gegenstand und Stoff dazugegeben worden ist, wie kann aber jemand ohne die beständige Fürbitte der Gläubigen sich einen lebendigen Geist bewahren? Fühlst du nicht zuweilen, mein Bruder oder meine Schwester, dass du, wenn du deinen Gegenstand studierst, sehr beschränkt und unverständig bist? Ich weiß, dass es mir so geht, und dann sage ich zu mir: »So geht das nicht, so geht das nicht. So kannst du die Kanzel nicht besteigen, du musst dich aufwecken, du musst auf die Knie, du musst irgendwie Gott nahe kommen. Es taugt nicht, wie ein Toter auf die Kanzel zu steigen und toten Zuhörern von einem toten Evangelium zu erzählen.« Unser Freund William Olney scheint stets lebendig und tätig und ernst zu sein, aber ich zweifle nicht daran, dass er euch um eure Gebete ersuchen wird, um immer so erhalten zu bleiben. Jedenfalls bitte ich euch von ganzem Herzen, mir durch eure Fürbitte behilflich zu sein.

Es ist nichts Selbstsüchtiges, um die Gebete so vieler für einen Menschen zu werben, da diesem Wunsch der Gedanke zugrunde liegt, dass nachher durch die Predigt des Evangeliums der Segen auf die vielen übergehe. Wenn wir gefüllt werden, geschieht es, damit wir ausgeleert werden; wenn wir empfangen, geschieht es, auf dass wir austeilen können, denn der Apostel sagt, was ich in meinem bescheidenen Maß auch sagen kann: »*Ist's Trübsal, so geschieht es euch zu Trost und Heil; Ist's Trost, so geschieht auch das euch zu Trost und Heil*« (2.Korinther 1,6). Ich glaube aufrichtig, dass wir oftmals gezüchtigt worden sind, um anderen ein Segen sein zu können, und dass wir das Joch Christi mehr zu tragen hatten, als wir es um unseretwillen zu tragen gehabt hätten, nur damit wir mehr befähigt würden, mit dem geprüften und leidenden Volk Gottes fühlen zu können. Ob wir Trübsal oder Trost haben, es geschieht euch beides »zu Trost und Heil«. Und hier kann ich auch mit dem Apostel hinzufügen: »*Wir waren über die Maßen beschwert und über Macht, also dass wir auch am Leben verzagten und bei uns beschlossen hatten, wir müssten sterben. Das geschah aber darum, dass wir unser Vertrauen nicht auf uns selbst sollten stellen, sondern auf Gott, der die Toten auferweckt, welcher uns von solchem Tode erlöst hat und noch täglich erlöst; und wir hoffen auf ihn, er werde uns auch hinfort erlösen, durch Hilfe eurer Fürbitte für uns*« (2.Korinther 1,8–11). Paulus vertraute unbedingt seinem Gott und doch erbat er die Fürbitte der Gläubigen, als ob er sich ganz darauf verließe, und so müssen auch wir tun. Gebt uns beständig mehr und mehr von eurer Fürbitte!

Ich hätte mir gern von allen, die heute Abend hier sind, eine besondere Gunst erbeten, nämlich, dass jeder Gläubige zu irgendeiner Zeit in dieser Woche nicht nur einen Segen über das Werk Gottes an dieser Stätte erbitte, sondern dass ein jeder mit einem anderen oder, besser noch, mit zwei oder drei oder vier oder fünf oder sechs anderen – wenigstens doch mit einem anderen – zusammen um einen Segen über diese Gemeinde bitte. Könnte nicht ein jeder zu dem Schluss kommen: »Ich weiß, mit wem ich mich zu dem Zweck verbinden werde?« Ihr werdet es tun, meine Schwestern, daran zweifle ich nicht, ich fürchte mehr um die Brüder, und doch denke ich, dass sie sich an diesem guten Werk beteiligen werden. Ich bin gewiss, es werden viele unter euch so zusammenkommen, und ich kann mir keinen größeren Dienst denken, den ihr mir und der Gemeinde leistet, als wenn zwei Schwestern oder zwei Brüder oder, wo es möglich ist, noch mehrere so zusammenkommen. Möchtet ihr nicht auch etwas vor der Donnerstagabendversammlung – etwa um 6 Uhr – im Hörsaal zusammenkommen? Ich will um 6 Uhr dort sein, um mit euch zu beten und so mein Schwert zu schärfen, ehe ich die Kanzel betrete. Möchte auch ein jeder hier versuchen, am Donnerstagabend noch jemand mitzubringen, damit er hier das Evangelium höre? Ich will den Herrn bitten, dass er mir eine seelengewinnende Predigt gebe, und ich werde mich sehr freuen, wenn ihr alle es versucht, neue Zuhörer zu bringen, damit sie sie hören. Hier ist also eine kleine Arbeit für etliche unter euch; sie mag etwas Nachdenken und Zeit und Anstrengung erfordern, um getan werden zu können, aber ich glaube, dass sie geschehen kann. Lasst uns zusehen, ob nicht jeder von uns eine unbekehrte Person herbeiführen kann, und jeder sage zu sich: »Ich will versuchen, was ich tun kann, ich denke, ich weiß jemand, den ich mitbringen kann.« Lasst es uns denn tun und auch viel darum beten und dann wollen wir sehen, ob das nicht etwas sehr Gutes ist. Ich hoffe, dass viele irgendwie die notwendige Zeit dazu finden werden. Versucht es sogleich und seht, was ihr tun könnt. Es scheint mir das eine gute Anregung zu sein, wie denken Sie darüber, Bruder William Olney?

Herr William Olney: »Das ist in der Tat ein vortrefflicher Gedanke. Ich verspreche mit Gottes Hilfe, den meinen mitzubringen und mehrere, wenn ich kann. Ich will es versuchen, einige meiner Arbeiter mitzubringen, und will sie am Donnerstag eine Stunde früher entlassen, damit sie kommen können.«

Es sind noch andere unter euch, die auch Arbeiter beschäftigen, und andere, welche weibliche Dienstboten haben, oder es ist sonst jemand im Hause, den ihr mitbringen könntet, wenn ihr euch etwas Mühe geben wollt. Warum sollten wir nicht auf diese Weise wirklich etliche zum Heiland bringen, die gegenwärtig allem äußeren Anschein nach außer unserem Bereich sind? Ich werde Gott und euch dankbar sein, wenn es so geschieht, mehr noch, Gott wird diese Bemühung segnen; gewiss, er wird es tun, und ihr werdet Gelegenheit haben, Gott für das zu danken, was ich euch an diesem Abend in Vorschlag gebracht habe, und wenn nicht, so werden doch viele von denen, die ihr herzu bringt, ewig Ursache haben, den Herrn für euren Liebesdienst und für eure gläubigen Gebete zu preisen.[60]

Wenn ich nicht predigen könnte, so würde ich alles Mögliche tun, um andere dahin zu bringen, die Predigt des Wortes zu hören. Ich möchte gern eine große Zahl von Freunden haben, wie mein Bruder Hobson einer war, der dort auf jener Galerie zu sitzen pflegte. Viele sind durch den lieben alten Mann, der nun im Himmel ist, in die Gemeinde gekommen, die sonst kaum hierhergekommen sein dürften, aber er pflegte sich nach solchen umzusehen und ihnen dann zu sagen, dass sie Spurgeon hören müssten, und dann besorgte er ihnen Plätze und so wurden viele gerettet. Hier ist also eine Arbeit für euch, aber geht mit Gebet daran! Ich komme zu diesem Punkt zurück und möchte

---

60 *Originalanmerkung zur Ausgabe von 1904:* Es ist der Beachtung wert, dass jene so angefangenen Gebetsversammlungen an den Donnerstagabenden in dem Hörsaal des Tabernakels noch immer gehalten werden, obgleich seit dieser Ansprache mehr denn zwanzig Jahre verflossen sind. Die von dem geliebten Pastor gegebene Anregung war offenbar eine jener glücklichen Inspirationen, mit denen der Herr ihn oft begünstigte.

den Nagel auf den Kopf treffen und ihn tief eintreiben: »*Durch Hilfe eurer Fürbitte für uns.*« Oh, dass Gott in dieser Stunde einen reichen Gebetsgeist über uns kommen ließe, und ihm sei alle Ehre und Anbetung!

Ich denke, ich tue recht daran, mir diese Gunst zu erbitten, denn ich erinnere, dass unser teurer Bruder Georg Müller, der, wie ihr wisst, im Beten mächtig war, es dennoch, nachdem er siebzig Jahre alt geworden war, für nötig erachtete, an die Gläubigen zu appellieren und zu ihnen zu sagen: »Ich bitte euch, versagt mir eure Gebete nicht«, und er stellte fest, dass er sich nächst Gott auf die Gebete der Heiligen verließ. Er war ein Mann, der in der Erhörung des Gebets erhalten konnte, was er wollte, und dennoch begehrte er die Fürbitte anderer. Niemand unter uns ist würdig, ihm zur Seite gestellt zu werden, wenn er aber der Fürbitte bedurfte, wie viel mehr bedürfen wir ihrer, die wir schwächer sind, und darum bitte ich euch ernstlich, versagt uns eure Fürbitte nicht!

Und nun lasst uns zum Gebet zurückkehren und des Herrn Segen über dies neue Werk erflehen, das wir für ihn hoffen tun zu können.

Warum wir nicht haben

»Ihr habt nicht, darum, dass ihr nicht bittet«
(Jakobus 4,2).

Der Heilige Geist hat durch den Mund seines Knechtes Jakobus gesagt: **»Ihr habt nicht, darum, dass ihr nicht bittet.«** Ich möchte nicht gern tadeln, aber schreiende Übel fordern eine öffentliche Rüge. Meint ihr nicht, dass dieser Text auf viele unserer Gemeinden passt? Sie haben kein Gedeihen, ihre Mitgliederzahl nimmt nicht zu und die Versammlungen sind klein, und was die Hauptursache von dem allen ist: Sie haben kaum eine Gebetsversammlung. Ich höre beständig davon, dass die Gebetsversammlungen eingegangen, oder, was ziemlich dasselbe ist, dass sie mit der Wochentagspredigt verschmolzen wird. Aus verschiedenen Quellen erfahre ich, dass in vielen Fällen die Gebetsversammlungen so schwach besucht sind, dass es schwierig ist, die Stunde durchzuführen, und da in dieselbe von Zeit zu Zeit nur wenige Personen kommen, so gibt es keine Mannigfaltigkeit. In der Tat, an etlichen Stellen existiert die Gebetsversammlung nur, um die Blöße des Landes zu offenbaren. Was ist nun die Ursache, wenn es keine Bekehrungen gibt und solche Gemeinden keinen Zuwachs erfahren? Ist sie nicht hier zu suchen: *»Ihr habt nicht, darum, dass ihr nicht bittet?«*

An vielen Orten besteht ein Mangel an Interesse, so dass die Gebetsversammlung verachtet und als etwas sehr Untergeordnetes angesehen und bezeichnet wird: »Nur Betstunde!« Ist das die rechte Anschauung vom Gnadenthron? Kann das Segen bringen? In gewissen Gemeinden ist keine Einigkeit und infolgedessen auch keine Übereinstimmung im Gebet: *»Ihr Herz ist zertrennt; nun wird sie ihre Schuld finden«* (Hosea 10,2), und ihre Schuld zeigt sich in ihren Gebetsversammlungen. In solchem Falle ist eine schwache Gebetsversammlung sowohl eine

Wirkung wie eine Ursache der Uneinigkeit. Das Gebet ist ein mächtiges Bindemittel und das Fehlen des Gebets ist, als ob einer Menge Stoff jede Anziehungskraft entzogen ist und derselbe nun in viele gesonderte Atome zerstreut wird. Manche Gemeinden sind durch und durch schwach, ihre Glieder sind wie ein Geschlecht von Invaliden, eine Körperschaft schwacher Pensionäre, die in den Wegen der Gottseligkeit kaum noch humpeln können. Sie haben kein Leben, keine Energie, keinen Unternehmungsgeist für Christus, und wundert ihr euch darüber, dass ihre Gebetsversammlungen so dürftig besucht sind?

An manchen Orten, wo liebe, betende Leute sind, werden die Gebetsversammlungen schlecht besucht, weil gewisse langatmige Brüder sie verderben. Ich kenne eine Gemeinde, welche mit einem vortrefflichen Diakon, einem wirklich frommen Mann, beschenkt ist, aber er muss in jeder Versammlung unaufhörlich beten, und ich fürchte, dass er, wenn er nicht bald heimgerufen wird, die Gebetsversammlung ganz totbeten werde. Als er an einem Abend volle zwanzig Minuten geredet hatte, deutete er sowohl dem Himmel wie der Erde an, dass alles, was er gesagt habe, nur die Einleitung – das Herzunahen, wie er es nannte – gewesen sei, und dass er nunmehr beginnen wolle. Keiner seiner Freunde war von dieser Mitteilung angenehm berührt, denn sie hatten angefangen, die Hoffnung zu hegen, dass er bald fertig sein werde. Sie waren sich nun alle betrübend dessen bewusst, dass er nun beten werde »für unser teures Vaterland«, von der Königin auf dem Thron bis zum Bettler in seiner Hütte, sodann für Australien und alle Kolonien, und dann für China und Indien, und dass er dann wieder von neuem anfangen werde, in freundlichen Ausdrücken für die Jungen und für die Alten, für die Kranken, für die Seeleute und für die Juden zu beten. In der Regel bat dieser hochgeschätzte Bruder eigentlich um nichts, sondern er machte nur verschiedene fromme Bemerkungen über alle diese und noch andere Gegenstände.

Es ist ein wahrer Jammer, wenn hochgeschätzte Brüder auf die Idee verfallen, dass sie sich selbst lange bombastische Ansprachen halten müssen; je besser der Mann ist, umso schlimmer ist das Übel, weil wir dann gezwungen sind, es zu dulden. Es betrübt mich, wenn ein sonst so lieber Mann die Idee hat, dass Beten soviel heißt, als seine Erfahrung mitzuteilen oder seine theologischen Ansichten auszusprechen. Man hat mir erzählt, dass unsere Freunde von der Heilsarmee ein Lied anstimmen, sobald ein Freund langweilig und weitschweifig wird, und ich habe große Sympathie für diese Praxis. Wenn das Gebet ein ernstes Bitten ist, kann es gelegentlich mit Nutzen ausgedehnt werden, aber je weniger von bloß heiligem Geschwätz, desto besser ist es. Wenn Gebetsversammlungen in evangelisches Geschwätz ausarten, dürfen wir uns nicht wundern, wenn kein Segen kommt. In solchen Fällen ist das Wort wahr: »*Ihr habt nicht, darum, dass ihr nicht bittet.*«

Wenn irgendein Gläubiger da wohnen sollte, wo die Gebetsversammlung vernachlässigt wird, so sollte er sich dazu entschließen, sie wieder zu beleben. Lasst uns einen feierlichen Bund schließen, dass die Gemeinden zum Beten veranlasst werden oder, dass, wenn sie es nicht tun, es wenigstens nicht unsere Schuld ist. Eine Gebetsversammlung stärken ist ein ebenso gutes Werk, als eine Predigt zu halten. Ich möchte, dass ihr es euch gelobt, dass, solange ihr lebt, die Gebetsversammlung nie aufgegeben werden soll. Seid jener lieben Frau gleich, welche, als an einem gewissen Ort beschlossen wurde, die Gebetsversammlung eingehen zu lassen, die Erklärung abgab, dass das nicht geschehen werde, denn wenn niemand anderes da wäre, würde sie am Platze sein. Sie blieb ihrem Worte treu, und als an einem Morgen jemand etwas scherzhaft sie fragte: »Habt ihr gestern Abend Gebetsversammlung gehabt?« erwiderte sie: »Gewiss haben wir!« »Wie viele waren denn anwesend?« »Vier«, antwortete sie. »Ich habe aber doch gehört, dass Sie allein dort gewesen wären.« »Nein«, sagte sie, »ich war nur die einzige sichtbare Person, aber der Vater war da und der Sohn war da und der Heilige Geist war da, und wir stimmten im Gebet überein.« Es dauerte nicht lange, da schämten sich andere im Blick auf die ernste Beharrlichkeit einer armen alten Frau, und bald gab es eine neu belebte Gebetsversammlung und eine aufblühende Gemeinde. Ich habe von einem Schwarzafrikaner gehört, der die ganze Stunde allein dasitzend gefunden wurde, nachdem seine farbigen Brüder kalt und gleichgültig geworden waren, und auch in seinem Falle wurden die anderen beschämt und zu neuer Energie angeregt. Ich bitte euch demnach, an dieser heiligen Vorschrift festzuhalten, selbst wenn die Gebetsversammlung bis auf zwei oder drei Besucher zusammengeschrumpft sein sollte. Gewiss, eine Gemeinde, wenn es überhaupt eine Gemeinde Christi ist, muss die Rüge fühlen, die ihr durch eure Beharrlichkeit erteilt wird. Oh, lasst uns nie das vereinte Gebet um einen Segen aufgeben! Stellt es feierlichst in euren Herzen fest, dass das Feuer auf dem Altar niemals verlöschen soll. Was mich und meine Gemeinde betrifft, so wollen wir dem Herrn dienen durch die Aufrechterhaltung dieser heiligen Übung in ihrer vollen Kraft, und ich bitte alle anderen Gläubigen, denselben Entschluss zu fassen, denn wenn das nicht geschieht, so gibt es für die Gemeinde Christi traurige Tage.

Und nun lasst uns diese Stelle auf uns selbst als auf Einzelne beziehen: »*Ihr habt nicht, darum, dass ihr nicht bittet.*« Es soll mich wundern, ob sich ein Bruder hier befindet, welcher seit Jahren um eine Sache gearbeitet und gekämpft und gerungen hat, die ihm heute ferner zu liegen scheint, als es jemals der Fall gewesen ist, und ob die Ursache seines Misslingens nicht darin zu suchen ist, dass er niemals darum gebetet hat. Wunderst du dich darüber, lieber Bruder, dass du nicht hast, wenn du nicht bittest? Du kannst mit dem hundertsten Teil deiner jetzigen Mühe das erwünschte Geschenk erhalten, wenn du es in der Hand des Herrn suchst. Ich meine, selbst hinsichtlich zeitlicher Dinge ist es unsere Pflicht, um unser tägliches Brot zu arbeiten und das zu erwerben, was für dieses Leben notwendig ist; aber bedenke auch, dass alles, um das es sich bei einem Christen handelt, Sache des Gebets sein sollte, weil alles, das ein Kind angeht, auch seinen Vater angeht. Wenn ein Kind einen vollkommenen

Vater hat, so interessiert sich dieser Vater sowohl für das Spiel des Kindes wie für die Leiden des Kindes. Er wird sich selbst für die Schulbücher seiner Knaben interessieren und ihn hinsichtlich seiner kleinen Trübsale und seiner Spielstunden ermuntern, denn das, was einen Fremden sehr wenig kümmert, kann einem Vater, der die Dinge nach seiner Liebe zu seinem Kind beurteilt, als sehr groß erscheinen. Wenngleich eine Sache einem Vater, als Mann allein angesehen, sehr klein vorkommen kann, so versetzt sich der Vater doch, weil die Sache dem Kinde groß vorkommt, an die Stelle seines Kindes, und seine Sympathie macht das Unbedeutende zu einer wichtigen Sache. Ich habe von einem großen Könige gehört, zu dem eines Tages ein Botschafter kam, der ihn auf allen Vieren auf dem Fußboden umherkriechend fand, er machte sich zum Reitpferd für seinen kleinen Sohn. Er sagte zu dem Botschafter: »Sind Sie Vater?« »Jawohl, Majestät, ich bin es.« »Dann«, sagte er, »will ich mit meinem Jungen zu Ende spielen, denn Sie werden mich verstehen.« So trottelte er im Zimmer umher, bis der Kleine genug davon hatte, und dann wandte sich Seine Majestät an den Botschafter und sagte: »Nun bin ich bereit, auf Staatsgeschäfte einzugehen.« Ich ehre den König dafür, dass er zeigte, dass er ein Mann war, der eines Vaters Herz hatte. So interessiert sich unser himmlischer Vater für die Kleinigkeiten, welche seine Kinder angehen, wenn es solche sind, die sie angehen müssen, und darum dürft ihr euch nie fürchten, eurem Gott alles zu sagen. Kleine Dinge machen oft mehr Mühe als große Dinge. Wenn ein kleiner Holzsplitter in den Finger eindringt, so kann das ernster werden als ein schwerer Schlag, und so kann ein geringer Schmerz ein recht betrübendes Übel anrichten.

Tragt eure täglichen Leiden, Mängel, Verlangen und Bestrebungen zum Herrn, denn wenn es solche Dinge sind, die recht und wahr sind, so sollten sie ihm zu Füßen gelegt werden. *»In allen Dingen lasset eure Bitten im Gebet und Flehen mit Danksagung vor Gott kund werden«* (Philipper 4,6). Meint ihr nicht, dass viele Wünsche eures Herzens und viele häusliche Trübsale fortbestehen bleiben – die Wünsche unerfüllt, und die Trübsale nicht beseitigt – weil sie nicht zum Gegenstand des Gebets gemacht worden sind? »*Ihr habt nicht, darum, dass ihr nicht bittet.*« Mag das nicht bei so manchem Kaufmann, Studenten, bei so mancher Mutter, oder bei so manchem Arbeiter der Fall sein? Erfolg im Leben, Tröstung, Beschäftigung, Gesundheit, Freunde können in manchen Fällen durch Gebet erlangt und durch Vernachlässigung des Gebets ferngehalten werden.

Hinsichtlich der geistlichen Dinge ist es gewiss oft so. Ein Bruder hat von den hohen Freuden der Heiligen Gottes gehört und von den erhabenen Stellungen, die sie einnehmen, so dass sie durchs Leben gehen, als ob ihre Füße nur leicht die Bergspitzen berührten. Er seufzt: »Ich wünschte, ich hätte deren Glauben!« Wie oft hat dieser Bruder ganz dasselbe gesagt! Lasst mich zu ihm sprechen. Hast du diesen Glauben jemals bei dem Herrn gesucht? Wenn du einmal darum gebetet hättest, so wäre das besser gewesen, als es tausendmal zu wünschen; vielleicht ist dir die Stärke des Glaubens und die Elastizität des Schrittes deshalb versagt, weil du noch nicht darum gebeten hast. Mag es nicht Hundert andere wertvolle Dinge geben, die dir fehlen, weil du nie um sie gebeten hast? Du hast andere, die sie hatten, beneidet, hast infolgedessen an ihrem Charakter herum getadelt und hast dich bei dem Herrn darüber beklagt, dass er sie dir vorenthalten hat, und doch ist währenddessen das Geheimnis deiner geistlichen Armut durch diesen Umstand erklärt: »*Ihr habt nicht, darum, dass ihr nicht bittet.*«

Das eine Mal willst du nicht bitten, weil die Sache zu klein, das andere Mal, weil sie zu groß ist, und noch öfter, weil es dir nicht einfällt, darum zu bitten. Gibt es irgendetwas, um das der Christ nicht beten dürfte? Dann ist es sicherlich das, damit er überhaupt nichts zu tun haben sollte. Rowland Hill schlägt in seinen Dorfgesprächen die Zusammenstellung einer Gebetsform vor, die eine junge Dame gebrauchen könnte, ehe sie ins Theater geht, und eine andere, die sie gebrauchen könnte, wenn sie von einem Tanz zurückkehrt. »Aber das nenne ich die reine

Heuchelei!«, ruft jemand aus. »Wer hat bei solchen Anlässen je vom Beten gehört? Das ist widersinnig.« Das ist so, und so ist klar, dass diese Dinge nicht für Christen sind, denn sie dürfen nichts tun, um das sie nicht beten können, und um die Ungereimtheiten solcher Handlungen darzustellen, schrieb eben Hill, wie er schrieb. Ein geliebter Bruder sagte eines Abends – und ich stimme von Herzen mit ihm überein – dass wir nichts erbitten sollten, von dem wir nicht annehmen könnten, dass unser Herr es gutheißen würde. Er gestattet uns, in seinem Namen zu bitten und so im Gebet seine Autorität zu gebrauchen. Welches Recht hat nun jemand, meinen Namen zugunsten dessen zu gebrauchen, davon er weiß, dass ich es nicht gutheißen würde? Dies kann als Prüfstein für eure Gebete dienen. Gibt es etwas, das Jesus nicht erbitten würde, so lass es dir nicht einfallen, es zu erbitten, sondern demütige dich, weil du dich eines Wunsches schuldig fühlst, der seinem reinen und heiligen Sinn ganz entgegen sein würde.

Diese Regel wird sich euch als vortrefflicher Führer erweisen, denn indem ihr nur um das bittet, was Jesus gutheißen würde, werdet ihr auch in eurem täglichen Leben nur das suchen, worin Jesus euch unterstützen würde. Betet über alles, und das, worüber ihr nicht wagt, zu beten, das rührt auch nicht an. Du hast den Plan, im Geschäft etwas Neues anzufangen; wohl, geh und bete darüber. Du sagst und publizierst, dass du »unterm Selbstkostenpreise« verkaufen willst. Ist es wahr, dass du hoffst, an allem, was du verkaufst, zu gewinnen? Wie kannst du dann den Gott der Wahrheit bitten, dass er deinen Verkauf gelingen lasse? Wenn diese einfache Regel befolgt würde, so würde sie eine Umwälzung im Geschäft herbeiführen, und wahrlich, sie sollte von allen befolgt werden, die sich Christen nennen. Selbst im Handel haben die Menschen nicht, weil sie nicht bitten, sie halten das Betrügen für einen sichereren Weg, zu profitieren, als das Beten. Daher kommen schlechte Gebräuche auf, und endlich werden sie so gewöhnlich, dass sie ihre Wirksamkeit verlieren. Sollten wahre Christen nicht in jedem Falle sich gegen unehrliche Gebräuche kehren? »Jawohl«, sagt jemand, »aber dann würden sie große Verluste haben.« Das möchte sein, und doch ist der Herr imstande, den Verlust in tausendfacher Weise zu ersetzen, wenn sie die Kraft des Gebets erproben würden. Bei verwickelten Geschäftsfragen ist sicherlich da ein Weg, wo nur ein Wille ist, und wenn ihr solchen Weg noch nicht ausfindig gemacht habt, so zitiere ich den Text wieder: »*Ihr habt nicht, darum, dass ihr nicht bittet.*«

Es mag sein, dass viele geistliche Dinge, um die ihr ohne Zweifel bitten dürft, euch nie geworden sind, einfach weil ihr nie um sie gebeten habt. Ist das nicht ein Jammer? Wie! Nichts zu bezahlen, der unschätzbare Schatz einer freien Gewährung, und doch habe ich ihn nicht, weil ich nicht darum bitte! Das ist eine Torheit, wie wir sie im gewöhnlichen Leben nicht finden. Die Armen sind im Allgemeinen in ihrem Betteln sehr dreist. Es sind nur sehr wenige, die ermutigt werden müssen, Liebesgaben zu erbitten, und doch, während geistliche Gaben ums Bitten zu haben sind, haben dennoch viele nicht, weil sie nicht bitten. Tue deinen Mund weit auf, Bruder, und bitte um viel. Fange an, in wirklichem Ernst zu bitten und lass es nie gesagt werden, dass deine geistliche Armut dein eigener Fehler ist.

Wenn es jemals von uns wahr ist: »*Ihr habt nicht, darum, dass ihr nicht bittet*«, was bedeutet das? Es besagt, dass es notwendige geistliche Segnungen gibt, die ihr nicht von ganzem Herzen wünscht. In welchem verkehrten Zustande muss euer Herz sein! Wenn jemand keinen Appetit zu gesunder Nahrung hat, so ist das ein Krankheitszeichen, und wenn ihr keinen Appetit nach der göttlichen Gnade habt, so muss eure Seele krank sein. Gesunde Kinder haben großen Appetit, und wenn Gottes Kinder gesund sind, so hungern und dürsten sie nach der Gerechtigkeit. Wie geht es zu, dass wir diese köstlichen Dinge nicht begehren? Sehr oft geschieht es, weil wir nicht fühlen, dass wir ihrer bedürfen, und welche stolze Unwissenheit ist das, welche ihre Not nicht fühlt! Bruder, wenngleich du meinst, dass du reich bist und gar satt seiest und nichts bedarfst, du würdest, wenn du auf dich blicktest, bald sehen, dass du arm und jämmerlich, nackt, blind und bloß bist. Wie betrübend ist es, dass dir unschätzbare Segnungen entgehen, weil du dir närrischerweise einbildest, dass du sie bereits besitzest!

Oder möglicherweise kennst du dein Bedürfnis und bist besorgt, dem abzuhelfen, und doch bittest du nicht, weil du hinsichtlich der Sache keinen Glauben an Gott hast. Seit wie lange kennst du den Herrn? Vielleicht seit einem Jahr? Ist das nicht lange genug, um Vertrauen zu ihm zu haben? Es gibt manche Personen, auf die du dich sofort verlassen würdest, und Hunderte, denen du wer weiß wie vertrauen würdest, obwohl du sie nur seit wenigen Stunden kennst. Kannst du denn Gott nicht vertrauen? Wie geht es zu, dass du es wagst, an ihm zu zweifeln? Was muss das für eine Sünde sein, einem zu misstrauen, der so treu und wahrhaftig ist!

Oder es mag sein, dass du weder Gottes Fähigkeit noch Gottes Willigkeit, dir zu helfen, bezweifelst, aber du bist mit deinem Beten aus der Übung gekommen. Es ist ein sehr großes Übel, wenn dies der Fall ist. Wenn ich Schmerzen in meinem Handgelenk oder in meinem Fuß habe, habe ich einige Hoffnung, dass sich das bald wieder geben wird; wenn die Schwäche aber im Knie liegt, dann bin ich stets verzagt, denn das ist eine sehr ernste Sache. Brüder, mit Recht sagt die Heilige Schrift: *»Erquickt die strauchelnden Knie«* (Jesaja 35,3). Wenn wir im Gebet nicht zu Hause sind, dann ist alles außer Ordnung. Wer oft zu einem Zimmer geht, weiß, wie er Eingang findet, ein Fremder aber verliert sich in den Gängen. Vertrautheit mit dem Gnadenthron ist in der Erziehung eines Kindes Gottes ein wichtiger Punkt. Trachte danach, sie zu erlangen.

Da sind zwei oder drei Dinge, in Bezug auf welche ich nun um eure ernsten Gebete bitten möchte. Betet um einen sehr großen Segen über diese Versammlung. In den frühen Sommerwochen glaubte ich, annehmen zu müssen, dass dies Haus nicht so voll sein würde, wie es gewöhnlich der Fall ist, und ich wurde recht betrübt darüber. Späterhin aber haben unsere Versammlungen die der früheren Jahre übertroffen und wir sind über den Besuch der Gebetsversammlungen erstaunt. Unser großes Gebäude kann alle Kommenden nicht fassen. Wir haben die Leute zur Zufriedenheit unseres Herzens; wundert ihr euch darüber, wenn ich vor dem Gedanken zittere, dass die Gelegenheit in einem gewissen Maße verloren gehen könnte? Betet, dass ich mit Kraft predigen kann. Bittet den Heiligen Geist, dass er diese begierigen Tausende bekehre. Es kommen Personen aus allen Nationen, Rangstufen, Altersstufen und Religionen hierher. Ich bitte euch, ringet im Gebet, dass sie gerettet werden. Lasst es in ihrem Falle nicht wahr sein, dass wir nicht haben, darum, dass wir nicht beten.

Sehr nötig habe ich eure Gebete für das Werk und für die Tätigkeit dieser großen Gemeinde. Welche Last liegt auf mir! Hier sind eurer 5500, und bei aller Hilfe, die ich habe, liegt noch genug auf mir, das mich erdrückt, wenn ich nicht von oben her gestützt werde. Meine Brüder und die Ältesten tun an mir, was die Ältesten in der Wüste an Mose taten, sonst würde ich matt werden, aber die schwierigeren Fälle und die allgemeine Führerschaft schaffen mir eine Last, die niemand tragen kann, wenn der Herr nicht Kraft gibt. Ich hasse es, so von mir selbst zu sprechen, aber ich muss, denn es ist nötig. Wenn ihr nicht alles wisst, was über mich kommt, so könnt ihr es euch doch denken. Wenn ihr mich liebt, wenn ihr meinen Meister liebt, so bitte ich euch, betet für mich. Ehe ich nach London kam, betete ein lieber alter Mann, dass ich von dem Blöken der Schafe errettet werden möchte. Ich verstand nicht, was er meinte, aber ich weiß es jetzt, wenn Stunde für Stunde alle Arten Bitten und Gesuche, Klagen und Beschwerden und schwere Fragen an mich herantreten. Das Blöken der Schafe ist nicht die hilfreichste Musik in der Welt, insbesondere, wenn ich versuche, die Nahrung für die Tausenden hier und da und überall bereit zu halten, die darauf warten, dass sie Woche für Woche regelmäßig erscheine.

Zuweilen werde ich so bekümmert, dass mir das Herz entfallen möchte und ich davon träume, dass es besser für mich wäre, nie geboren zu sein, als dazu berufen zu sein, diese große Menge auf meinem Herzen zu tragen. Insbesondere fühle ich dies, wenn ich den Leuten nicht helfen kann, die zu mir kommen, und die dennoch erwarten, dass ich Unmöglichkeiten möglich mache. Ferner ist es nicht leicht, in solchen komplizierten Angelegenheiten, wie sie an mich herantreten, weisen Rat zu geben, und ich hoffe, dass ich nie zufrieden sein werde, wenn ich nicht zu allen Zeiten nach bestem Verständnis raten und helfen kann. Oft kann ich nichts anderes tun, als die Fälle im Gebet vor Gott zu bringen und sie als eine Last auf meinem Herzen zu tragen. Diese Lasten sind geeignet, ein mitfühlendes Herz schwer zu bedrücken und eine Ermattung zu erzeugen, die nicht auszusprechen ist. Ich sage dies nur, weil ich mehr und mehr die Sympathien des Volkes Gottes haben möchte, und vielleicht habe ich selbst diese nicht, wenn ich nicht darum bitte.

Wenn ihr mich in eine so schwierige Stellung bringt, müsst ihr mich durch eure Gebete aufrechterhalten. Wenn ich euch in irgendeinem Maße nützlich gewesen bin, so betet für mich; es ist die größte Freundlichkeit, die ihr mir erzeigen könnt. Wenn das Wort, das von diesen Lippen gesprochen worden ist, euren Kindern ein Mittel der Gnade geworden ist, so betet für mich, dass noch andere von der Jugend durch meinen Unterricht zu Jesus gebracht werden. Wenn ihr meine Wirksamkeit vorteilhafter für eure Seelen finden wollt, so betet noch mehr für mich und lasst es von eurem Prediger nicht gesagt werden, dass ihr keinen Nutzen von seinen Predigten habt und *»dass ihr nicht habt, darum, dass ihr nicht bittet«*. Geliebte, lasst uns ringen im Gebet; denn für die Bittenden sind noch ungezählte Segnungen zu haben. Als eine Gemeinde sind wir ganz besonders begünstigt worden, aber wir haben die Möglichkeiten des Gedeihens und die Hilfsquellen der göttlichen Kraft noch nicht erschöpft. Wenn wir beten, gibt es eine Zukunft für uns. Größere Dinge denn diese liegen hinter dem Vorhang, und keine andere Hand kann sie enthüllen als die Hand des Gebets. Die besonderen Segnungen, welche in vergangenen Tagen auf uns geruht haben, fordern uns auf zu beten, das sichtliche Gedeihen und die gegenwärtige Einigkeit laden uns ein zu beten, und die Hoffnungen der Zukunft ermutigen uns zu beten. Siehe, der Herr spricht zu euch: »*Bittet, so werdet ihr nehmen*« (Johannes 16,24). Brüder, Schwestern, werdet nicht träge im Bitten, sondern verdoppelt aus Liebe zu Seelen eure Bitten und vermehrt eure Dringlichkeit.

III.
Zwischenfälle und Illustrationen

Eine Störung, die ausgenutzt wurde[61]

Fasst euch, geliebte Freunde. Wenn wir zum Gebet oder zu einer anderen Form des Gottesdienstes beisammen sind, können Störungen vorkommen, ganz besonders in großen Versammlungen. Wir können nicht erwarten, dass die ganze Natur still werde, weil wir unsere Knie beugen. Gestattet es eurem Gemüte nicht, so leicht verwirrt zu werden, sonst wird eure Andacht sehr unterbrochen werden. Lasst uns lieber dem schmerzlichen Vorkommnis eine Lektion entnehmen. Es war mir, als hörte ich in dem schmerzlichen Aufschrei unserer Freundin eine Stimme, die mich aufforderte, Mitleid zu haben für die vielen, deren ganzes Leben ein langes Leiden ist. Lasst jenen Klageton die Sympathie für die Tausende in den Hospitälern und außerhalb derselben erwecken, die so schmerzlich gequält werden. Wir erfreuen uns der Gesundheit und sitzen hier inmitten einer glücklichen Schar unserer Mitchristen. Lasst uns dankbar dafür sein, dass wir nicht so betroffen sind, dass wir von besorgten Freunden hinausgetragen werden müssen. Sympathie und Dankbarkeit sind zwei wertvolle Empfindungen, und wenn sie beide durch diese Unterbrechung wachgerufen werden, so haben wir dadurch mehr gewonnen, als wir möglicherweise verloren haben.

Sympathie oder Mitgefühl kann wohl durch den Anblick von Schmerz in unseren Mitgeschöpfen erregt werden. Wir können das gern geschehen lassen, denn das Mitgefühl gebührt nicht nur dem Dulder, sondern ist dem menschlichen Herzen, das es empfindet, eine außerordentliche Wohltat. Die, welche niemals krank sind und sich von den Armen und Kranken fernhalten, sind geneigt, sich einem Verhärtungsprozess auszusetzen, der

---

61 Einige bei einer Gebetsversammlung im Tabernakel gesprochenen Worte Spurgeons, als eine ohnmächtig gewordene Person hinausgetragen werden musste.

äußerst schädlich ist. Es ist für den Blinden, der die erhabene Schrift lesen muss, überaus betrübend, wenn sich seine Fingerspitzen verhärten, denn dann kann er die Gedanken der Menschen nicht lesen, die auf den Blättern stehen, aber es ist viel schlimmer, die Feinfühligkeit der Seele zu verlieren, denn dann könnt ihr das Buch der menschlichen Natur nicht durchforschen, sondern müsst in der geheiligten Literatur des Herzens unbelesen bleiben. Ihr habt von »dem eisernen Herzog« gehört, aber ein eiserner Christ wäre ein ganz schreckliches Wesen. Ein fleischernes Herz ist die Gabe der göttlichen Gnade, und eines der gewissen Resultate desselben ist das Vermögen, sehr mitleidig und zartfühlend zu sein.

Ihr würdet für manche Leidenden umso größere Sympathie empfinden, wenn ihr wüsstet, wie lieb sie sind und wie geduldig sie ihre Leiden ertragen. Es ist mir eine Freude, zu sehen, wie fleißig etliche unserer ernst geprüften Schwestern zu den Gottesdiensten eilen. Während viele, die sich ihrer guten Gesundheit erfreuen, unter den nichtigsten Entschuldigungen den Versammlungen fernbleiben, sind gewisse liebe Kranke niemals abwesend. Es befindet sich eine unter uns, die in einer Woche oft Ohnmachtsanfälle hat, aber wie liebt sie es, hier sein zu können! Ich ersuche sie, sich in die Nähe der Tür zu setzen, weil ihre Anfälle in jedem Augenblick wiederkehren können, aber sie ist in ihrer Beharrlichkeit herzukommen uns allen ein Vorbild. Seid mitleidig gegen alle Kranken, insbesondere aber gegen die, von denen in den Worten gesprochen werden kann, die von Lazarus galten: »*Herr, siehe, den du lieb hast, der liegt krank*« (Johannes 11,3).

Ich erwähnte auch **Dankbarkeit,** und ich hoffe, dass sie nicht vergessen werden wird. Möchte der Schmerzensruf uns daran erinnern, dass wir unserem Herrn ein Danklied dafür schulden, dass er uns vor größeren Übeln des Lebens bewahrt hat wie vor der Auszehrung, die die Konstitution zerstört; vor dem Asthma, das es so schwer macht, zu atmen; vor der Epilepsie, die uns zerreißt; vor der Gicht, die die Glieder ihrer Kräfte beraubt. Gelobt sei Gott für unsere gesunden Glieder und Sinne und für die Gesundheit, die alles versüßt. Wir können nie zu dankbar werden, lasst uns reichlich Dank sagen.

Diese Unterbrechung spricht noch in einem tieferen und ernsteren Ton zu uns. Unsere Freundin ist nicht tot, hätte aber leicht sterben können. Jener Schrei ruft mir zu: »*Schicke dich und begegne deinem Gott*« (Amos 4,12)! Wir sind dem Tode in jedem Augenblick ausgesetzt und sollten allezeit dazu bereit sein, ich meine, nicht nur bereit, weil wir im Blute des Lammes gewaschen sind, sondern weil wir unser Haus bestellt haben und bereit sind abzuscheiden. Ich halte es für wichtig, mich, wenn ich meinen Kopf auf mein Kissen lege, zu fragen: »Wenn ich auf Erden nicht wieder erwachen sollte, geht es meiner Seele wohl?« Könnten wir, liebe Freunde, in diesem Augenblick unseren Geist aufgeben und ohne fernere Vorbereitung in die ewige Welt hinübergehen? Könnten wir jetzt mit dem Gebet: »*Vater, ich befehle meinen Geist in deine Hände*« (Lukas 23,46) als solche von der Erde aufsteigen, die zu dem Erbteil droben tüchtig gemacht sind? Es sollte so sein. Alles, das uns angeht, sollte sich so in Ordnung befinden, dass, falls unser Herr kommen sollte, während wir auf dem Felde sind, wir es nicht erst nötig fänden, nach Hause zu gehen, sondern sogleich abscheiden könnten.[62] Ich stimme mit dem großen Gelehrten Bengel darin überein, dass der Tod nicht eine geistliche Parade werden, sondern als der natürliche Abschluss unseres gewöhnlichen Lebens angesehen werden sollte, als der Schlusston des Psalms, von welchem jeder Tag eine Strophe gewesen ist. Wir sollten so leben, dass das Sterben nichts Merkwürdigeres wäre, als es etwa für einen Mann mitten in seinem Geschäft wäre, ein Klopfen an der Außentür zu hören, und der schnell seine Arbeit liegen lässt und zur Tür geht. Es sollte kein Hasten nach dem Geistlichen zum Empfang der sogenannten Sakramente oder nach einem Notar zur Abfassung des Testaments oder nach

---

62 Vgl. Lukas 9,61 f.

einem entfremdeten Verwandten sein, mit dem man sich noch schnell versöhnen muss, sondern es sollte alles wohl geordnet sein, als wenn wir unsere Bücher abgeschlossen und die Bilanz aufgestellt haben und nun die Revision abwarten. Das würde ein edles Leben abgeben und mehr zu Gottes Verherrlichung dienen als die triumphierendste Sterbebettszene.

Ein Freund bemerkte Georg Whitefield gegenüber, dass er, falls er ihn überleben sollte, wohl bei des Predigers Tode gegenwärtig sein möchte, um sein großes Zeugnis für Christus hören zu können. Der treue Knecht des Herrn erwiderte: »Ich halte es nicht für wahrscheinlich, dass ich beim Sterben irgendwelches bemerkenswerte Zeugnis ablegen werde, denn ich habe während meines Lebens viele Zeugnisse von meinem Herrn und Meister abgelegt.« Dies ist viel besser, als nach dem Sonnenuntergang des Lebens auszuschauen, um dann ein Bekenntnis abzulegen. Lasst uns sofort an diese heilige Aufgabe gehen, damit nicht ein schneller Tod uns ereile und uns unsere Lippen verschließe. Seid jeden Tag treu, damit ihr bis an das Ende treu bleiben könnt. Lasst euer Leben nicht einer verwickelten Garnmasse gleichen, sondern haltet es geordnet auf der Spule, auf dass, wenn jemals die Schere den Faden abschneidet, es genau da ende, wo ein gesundes Urteil es wünschen konnte. Eignet euch die vortreffliche Gewohnheit Whitefields an, denn er konnte nicht einmal zu Bett gehen, ohne seine Handschuhe vorher an den rechten Platz gelegt zu haben. Er fühlte, dass sein Meister jeden Augenblick kommen könne, und er wünschte auch bis in die kleinsten Einzelheiten hinein bereit zu sein. Und da nun der beunruhigende Vorgang vorüber ist, wollen wir uns wieder sammeln und uns umso mehr zu Dank und Bitte miteinander vereinigen.

Fischen

Ich fürchte, dass ich während meiner Ferien im Norden nur wenige Illustrationen gesammelt habe, wenngleich ich stets danach ausgeschaut habe. Ich habe fast meine ganze Zeit an Bord der Jacht meines Freundes zugebracht, habe am Tage auf sonnigen Seen gekreuzt und des Abends gewöhnlich in einer einsamen Bucht – fern von dem geschäftigen Treiben der Menschen – geankert, wo ihr weder das Rasseln der Wagen noch das Gesumme des Stadtlebens hören konntet, sondern höchstens von dem Gekreische der Seevögel, dem Schrei des Seehundes und von dem Plätschern eines springenden Fisches überrascht wurdet. Die tiefe Stille jener einsamen Regionen ist ein wahres Ruhebad für ein ermüdetes Gehirn: Der einsame Berg, die funkelnde Woge, der kreisende Vogel und die Seeschwalbe – alles scheint das Gemüt von Sorge und Arbeit hinwegzurufen und zur Ruhe einzuladen. Ich bin für den mir gewährten kurzen Urlaub äußerst dankbar und ebenso für den köstlichen Genuss und für die Ruhe, die ich in den Werken Gottes finden durfte. Keine Ausstellungen oder Bildergalerien oder künstliche Stärkungsmittel oder medizinische Präparate können auch nur den zehnten Teil der Erholung gewähren, die die reine Natur uns darbietet.

Ich habe geruht, bin aber nicht müßig gewesen. Sehr oft habe ich dem **Fischen** zugesehen, und indem ich mit Interesse und Anregung zusah, tat es mir nur leid, dass ich mich so wenig daran beteiligen konnte. Indessen habe ich vielleicht doch ebenso viel von den Angeln und Netzen gewonnen wie die, welche sie persönlich gebrauchten; sie nahmen die Fische, und ich hob mir die silbernen Wahrheiten auf, welche die Geschöpfe in ihrem Munde brachten. Diese Geldstücke habe ich gleich dem Petrus nicht nur für mich, sondern »*für mich und dich*« (Matthäus 17,27) genommen, und nun wollen wir sie miteinander teilen. Wir haben heute Abend eine gute Anzahl geistlicher Fischer in unserer Mitte, denn hier sind die jungen Glieder von der »Fischerschule«, die ihre Netze stricken und flicken; hier sind auch eifrige Glieder einer Gemeinde, in welcher, wenn der Prediger sagt: »*Ich will hin fischen gehen*« alle Mitglieder sagen: »*So wollen wir mit dir gehen*« (Johannes 21,3). Hier sind die Fischer von den Sonntagsschulen und den Bibelklassen, die Fischer von der Traktatgesellschaft und der Evangelistenvereinigung, die alle den Herrn haben sagen hören: »*Folget mir nach; ich will euch zu Menschenfischern machen*« (Matthäus 4,19). Nicht um unseren Mitmenschen zu schaden, sondern ihnen zu nützen, suchen wir sie alle mit der Angel und mit dem Netz zu fangen und sie in unser Boot aufzunehmen, und darum sind wir bereit, von anderen zu lernen, die auch Fischer sind.

Fischersleute sprechen von dem, was sie Sammelköder nennen, und sie sagen, der eine Fisch sei »ein Sammelköder« und ein anderer sei »ein Fangköder.« Wir bedürfen beider. Der Sammelköder bringt die Fische zusammen und macht sich dadurch sehr nützlich. Ihr könnt die Fische nicht fangen, wenn sie nicht da sind, und es ist darum weise, euren Grundköder recht viel auszusetzen, damit er die Menge anziehe. Ich wünschte, manche meiner Mitfischer wären mit dem Sammelköder etwas freigebiger, denn man möchte die Buchten und Hilfshäfen ihrer Bänke und Galerien lebendiger sehen. Ihrer etliche scheinen die Fische mehr wegzuscheuchen, als um ihre Angelhaken herum zu sammeln, sie sind so teilnahmslos, so einförmig, so langweilig und so unfreundlich. Alle geistlichen Fischer sollten die Kunst lernen, anzuziehen. Jesus zog Menschen an und wir müssen es gleicherweise tun. Nicht nur auf der Kanzel, sondern auch in der Sonntagsschulklasse bedürft ihr der Sammelköder, um die Kleinen anzusammeln und ihre Zahl festzuhalten und zu vermehren. In jedem christlichen Wirkungskreise ist es ebenso. Wenn der Glaube aus der Predigt kommt, so sollten wir zuerst bestrebt sein, interessierte Zuhörer zu bekommen, denn wie sollen sie glauben, so ihnen nicht gepredigt wird?[63] Der gesunde Menschenverstand lehrt uns, dass die Leute zuerst zusammengebracht und angeregt werden müssen, um achtzugeben auf das, was ihnen geboten wird, und darum müssen wir es hierauf abgesehen haben, weil es zu unserem höchsten Ziel wesentlich ist. Eine angenehme Weise, ein interessanter Stil und selbst ein Anflug von Witz kann sich als sehr nützlich erweisen. Ich bin zuweilen darob getadelt worden, dass ich hier und da etwas humoristisch bin, aber ich bin das teils gewesen, weil ich nicht anders konnte und hauptsächlich, weil ich wahrgenommen habe, dass durch ein bekanntes und doch auffallendes Wort das Interesse erhalten und die Aufmerksamkeit angeregt wird. Eine genügende Quantität der Dinge, die die Menschen anregen, unserer Botschaft zu lauschen, dürfen wir nicht nur, sondern müssen wir gebrauchen, wenn wir uns nicht mit leeren Netzen und nutzlosen Angelhaken zufriedengeben wollen.

Eine gute Stimmung ist in einer Sonntagsschule ein schöner Sammelköder. Es gibt etliche unserer Brüder und Schwestern, deren Angesichter schon ausreichen, die Kinder um sich zu sammeln. Wenn ich ein kleines Mädchen wäre, so würde ich mich unwillkürlich von einigen der Schwestern angezogen fühlen, welche in unseren Schulen lehren, und wenn ich ein Knabe wäre, so würde mich die freundliche Art und Weise mancher unserer Brüder sogleich an sie fesseln. Freundliche Lehrer haben nicht nötig, die Kinder mit Gaben zu bestechen, ihre Blicke und Worte sind unwiderstehliche Bonbons. Freudigkeit und gute Laune sollte sich in allen unseren Versuchen, Menschen für Jesus zu fangen, offenbaren; wir können sie nicht zum Heiland treiben, aber sie können angezogen werden. Es gibt eine Art, jemand auf der Straße einen Traktat anzubieten, die unseren vollen Beifall findet, und eine andere Art, die den Empfänger mit Vorurteil gegen ihn erfüllt; ihr könnt ihn jemand in so rauer Art in die Hand legen,

63 Vgl. Römer 10,14.17.

dass es fast eine Beleidigung ist oder ihr könnt ihn in so zarter Weise darbieten, dass der Vorübergehende ihn mit Vergnügen annimmt. Werft ihn ihnen nicht zu, als ob es eine gerichtliche Vorladung wäre, sondern ersucht sie, ihn anzunehmen, als ob es ein Hundertmarkschein wäre. Unsere Fische bedürfen zarter Behandlung. Als ein gewisser Maler gefragt wurde, womit er seine Farben mische, antwortete er: »Mit Verstand, mein Herr«, und wir müssen in gleicher Weise nach Menschenseelen fischen. Wenn ihr Seelen gewinnen wollt, dürft ihr keine Toren sein. Man wird in den Sachen des Herrn nicht mehr Erfolg haben als in seinen eigenen, wenn man seinen Verstand nicht zusammennimmt. Wenn Christi Werk in nachlässiger und plumper Weise getrieben wird, so wird es seinem Zweck nicht entsprechen, sondern sich als vergebliche Arbeit erweisen. Wir können nicht machen, dass die Fische anbeißen, aber wir können unser Bestes tun, sie dem Fangbissen des Wortes Gottes so nahe als möglich zu bringen, und wenn sie einmal da sind, wollen wir achtgeben und beten, bis sie gewonnen sind.

Der Fischer denkt jedoch viel weniger an seinen Sammelköder als an seinen **Fangköder,** in welchem er seinen Haken verbirgt. Es gibt sehr zahlreiche Erfindungen, um seine Beute zu erlangen, und er lernt durch Praxis, wie er seinen Fischen seinen Köder anbringen kann. Als Köder dient ihm gar mancherlei, und wenn er nicht tatsächlich bei der Arbeit ist, gibt er sich Mühe, irgendetwas, das ihm in den Weg kommt und das ihm geeignet erscheint, zu erlangen, damit er es habe, wenn die Zeit da ist, seine Angel auszuwerfen. Wir nahmen gewöhnlich Muscheln, Regenwürmer und auch eine geringere Fischart, welche ebenfalls gebraucht werden konnte. Als der Anker niedergelassen worden war, versahen wir unsere Haken mit dem Köder und ließen ihn zur Wohltat der Bewohner der Tiefen hinab, und die Enttäuschung wäre eine große gewesen, wenn sie den Bissen nur umschwärmt, sich aber geweigert hätten, teil daran zu nehmen.

Ein guter Fischer fängt tatsächlich Fische. Er hat nicht immer gleichen Erfolg, in der Regel aber hat er doch Belohnung für seine Mühe. Ich nenne den keinen Fischer, dessen Korb selten einen Fisch enthält. Er wird euch gewiss sagen, dass viele angebissen haben, und wird euch von dem kolossalen Fisch erzählen, den er beinahe gefangen hätte, aber der ist weder hier noch da. Es gibt etliche, deren Kenntnisse von Ausdrücken und Phrasen und deren ausgedehnte Vorbereitungen euch zu der Besorgnis Veranlassung geben, dass sie das ganze Fischgeschlecht wegfangen möchten, da aber ihre Körbe immer leer bleiben, können sie kaum so geübt sein, wie sie zu sein scheinen. Das Gleichnis bedarf kaum der Auslegung: Große Schwätzer und Theoretiker gibt es genug, und es sind ihrer nicht wenige, deren ausgebildete Prahlsucht nur noch von ihren lebenslänglichen Fehlgriffen übertroffen wird. Wir können solche nicht zum Vorbild nehmen, noch ihnen für ihre Anmaßungen ehrerbietig zu Füßen fallen. Wir müssen Sünder gerettet sehen, nichts anderes kann uns zufrieden stellen. Der Fischer muss Fische fangen oder seine Tätigkeit einstellen und wir müssen Seelen zu Jesus bringen, sonst brechen unsere Herzen vor Enttäuschung.

Als ich eines Nachmittags an die Spitze des Bootes ging, sah ich eine Schnur ausgeworfen und musste sie notwendig in die Hand nehmen. Ihr könnt es gewöhnlich an euren Fingern fühlen, ob da unten angebissen wird oder nicht, aber ich war doch einigermaßen im Zweifel darüber, ob etwas Derartiges vor sich gehe oder nicht. Ich dachte, dass sie anbissen, aber ich war mir nicht gewiss, und so zog ich die lange Schnur heraus und fand, dass der Köder ganz weg war: Die Fische hatten ihn ganz abgesogen und dies taten sie in der Zeit, als ich darüber im Zweifel war. Wenn ihr nichts anderes habt als nur eine Art Sammelköder, und wenn die Fische nur kommen und daran saugen, aber den Haken nicht mitfassen, dann werdet ihr keine Fische fangen, ihr bedürft der Fangköder. So etwas geschieht oft in der Sonntagsschule: Ein angenehmer Redner erzählt eine Geschichte, der die Kinder aufmerksam zuhören – er hat sie gesammelt. Aber nun kommt die Nutzanwendung, und kaum ein Kind nimmt Notiz davon. Sie haben den Bissen von dem Haken abgesogen und sind auf und davon. Ein Prediger erzählt in seiner Predigt eine rührende Illustration, aller Ohren sind gespannt, aber wenn nun die Anwendung folgt, haben die Zuhörer keine Ohren mehr. Der Bissen gefällt ihnen sehr, aber nicht der Haken; sie mögen den Schmuck der Geschichte, aber nicht die Moral davon. Das ist armseliges Werk. Wenn ihr es irgend vermögt, so sucht den Haken derart in den Köder zu bringen, dass sie diesen nicht absaugen können, sondern den Haken und alles mitnehmen müssen. Wenn ihr, teure Freunde, Kinder oder Erwachsene lehrt, so tragt Sorge, dass ihr die Anekdoten nicht so einflechtet, dass sie sie absondern können, wie Knaben die Beilage vom Brot wegnaschen, sonst werdet ihr sie wohl amüsieren, aber ihnen nicht wirklich wohltun.

Wenn euer Angelgerät gut in Ordnung ist, dann ist es angenehm zu fühlen, dass Fische anbeißen, aber das Gegenteil ist der Fall, wenn ihr eine Stunde warten müsst und kein Zeichen erhaltet. Dann muss die Geduld vollkommen sein. Es ist ermutigend zu fühlen, dass ein großes Geschöpf irgendwelcher Art an der Schnur zupft. Sofort heraus damit! Besser noch ist's, zwei Haken zu haben und zwei Fische mit einem Male herauszuziehen. Und dies in einer Minute zweimal zu können oder doch so schnell, als ihr die Schnur auswerfen könnt, ist das Beste von allem. Welche Erregung! Niemand wird müde, und der Tag ist kaum lang genug. Heraus damit! Wieder hinein mit der Schnur! Wie, beißt schon wieder einer an? Schnell! Schnell! Es ist, als ob wir uns inmitten eines ganzen Schwarmes befinden. Der Korb ist bald gefüllt. Das ist prächtiges Fischen. Unser Herr führt seine Diener zuweilen zu der rechten Art der Köder und an den rechten Ort der Fische und sie fangen so viele, dass sie kaum Zeit haben, jedem Fall die nötige Beachtung zu schenken, sondern in freudiger Hast die Bekehrten zu Dutzenden aufnehmen und das Boot füllen. Es ist ein großartiges Fischen, wenn die Fische sich um euch sammeln, aber das geschieht nicht den ganzen Tag, noch an allen Tagen der Woche, noch in jeder Woche des Jahres, sonst würde das Fischergeschäft einen großen Aufschwung nehmen.

Wenn Amateure auf dem See sind und die Fische nicht anbeißen wollen, dann haben sie nichts anderes zu tun, als es aufzugeben und sich in anderer Weise zu vergnügen, aber das darf bei uns nicht so sein, denen das Fischen nach Seelen ein Lebenswerk und ein Beruf ist. Wir müssen ausharren, ob wir gegenwärtig Erfolg haben oder nicht. Zuweilen haben wir manche ermüdende Stunde bei unserer Schnur zuzubringen und merken kein Anbeißen, aber wir dürfen deshalb nicht schlafen gehen, denn es wäre ein Jammer, wenn sich ein Angler infolge seiner Nachlässigkeit einen Fisch entgehen lassen wollte. Zieht die Schnur hin und wieder heraus und seht nach dem Haken, versucht einen neuen Köder oder geht nach der anderen Seite des Bootes und werft euer Geräte an einer anderen Stelle aus. Werdet nicht enttäuscht, weil ihr nicht immer so fangt, wie es zu anderen Zeiten geschah; habt Geduld, und eure Stunde wird schlagen.

Als wir uns eines Nachmittags in einer reizenden Bucht befanden, kam unser Kapitän zu mir heran und sagte: »Sehen Sie hier; ich hatte kaum die Schnur ausgeworfen, als dieser prächtige Fisch auch schon anbiss.« Die Fischart, von der er mir einen zeigte, hat die Gewohnheit, den ganzen Köder mit einem Male zu verschlingen. Ich bemerkte ihm gegenüber, dass solcher Fisch einem ernsten Zuhörer gleiche, den nach der göttlichen Gnade hungert und so begierig nach dem heiligen Wort zugreift. »*Hungrig und durstig und ihre Seele verschmachtete*« (Psalm 107,5), und wenn ihnen dann die Verheißung des Evangeliums vorgelegt wird, ergreifen sie sie begierig. Sagt ihnen von Jesus und von der völligen Errettung durch sein köstliches Blut – sie fahren darauf zu und sind nicht zufrieden, bis sie sie haben, und dann halten sie sie fest. Dass wir viele solcher Zuhörer hätten!

Alle Fische sind nicht von dieser Art, denn manche sind äußerst vorsichtig. Der Verfasser von »Der Seefischer« macht uns mit einem alten Matrosen bekannt, der von dem Meeraal sagte: »Er beißt nicht ordentlich an.« Er wollte damit sagen, dass er, wenn er nur irgend kann, den Haken unberührt lässt. In dem angezogenen Falle hatte er den Köder sechsmal gestohlen und war doch nicht gefangen worden. Ach, wir haben eine Menge Zuhörer dieser Art, die sich wohl interessieren, aber keine Eindrücke erhalten und nicht bekehrt werden, »sie beißen nicht ordentlich an« und wir fürchten, dass sie es nie tun werden.

Das Fischen mit der Schnur ist ein lehrreicher Gegenstand, aber wir müssen ihn fallen lassen, um noch ein Wort über das Fischen mit dem Netz, zu sagen – eine Art des Fischens, auf welche der Heiland viel öfter Anspielung macht als auf das Angeln mit einem Haken.

Als wir am Montag nach einem Besuch in Rothesay heimkehrten, warfen wir in einer schön gelegenen Bucht Anker. Mein Freund sagte zu mir: »Achten Sie auf die Fische. Sehen Sie, wie sie von allen Seiten aufspringen, und hier sind die Leute; lassen Sie uns gehen und sehen, was sie fangen.« Wir befanden uns bald im Boot und ruderten auf sie zu, während rings um uns her die Fische in die Luft sprangen und wieder ins Wasser zurückfielen. Wir kamen zu den Fischern, die soeben das Netz auszogen. Ich setze voraus, dass ihr alle wisst, wie das geschieht. Einige Männer blieben mit dem einen Ende des Netzes in der Nähe der Küste, während andere in einem Boot einen großen Kreis auf dem Wasser machten und das Netz auswarfen, während sie weiter ruderten. So umschlossen sie einen großen Raum, und die Lachse innerhalb dieses Gebiets waren gefangen. Als alles fertig war, fingen die Fischer an, an beiden Enden zu ziehen, so dass der Kreis kleiner und kleiner wurde. Wir folgten dem kleiner werdenden Ring und hielten uns dicht außerhalb des Netzes. Die Fische, die um uns her aufgesprungen waren, fingen nun an, ganz ernstlich aufzuspringen, denn die innerhalb des Netzes schienen zu ahnen, dass sie sich in einer unbehaglichen Lage befanden, und sie waren bestrebt, derselben zu entgehen. Einigen gelang es auch wirklich, aber vielen misslang der Versuch. Die Leute zogen das Netz immer mehr zusammen und dann wurde es sehr rege, denn es war augenscheinlich, dass es im Netz sehr lebendig war.

Hier ist ein treffliches Bild von dem, was wir als eine Gemeinde tun sollten. Ich habe am Sonntag mit dem Netz, dem großen alten Netz des Evangeliums, auszugehen, und es ist meine Aufgabe, es auszuwerfen und die Tausende zu umfassen, die das Tabernakel füllen. Am Montagabend in der Gebetsversammlung müssen wir uns dann alle miteinander dazu verbinden, das große Netz einzuziehen und nach den Fischen zu sehen. So bringen wir alles ans Land, was gefangen worden ist. Viele, die während der Predigt von dem Netz umzogen worden sind, werden herausspringen, ehe wir sie uns sichern können, aber es ist doch unser Trost, dass nicht jeder Fisch weiß, wie er aus dem Netz des Evangeliums herauskommen kann. Einige unter ihnen werden wütend werden und nach dem Netz beißen, aber sie werden nur umso sicherer Gefangene bleiben. Mir war es ein sehr angenehmer Anblick, in jenem Netze eine Menge lebendiger, sich windender und kämpfender Lachsforellen zu sehen, von denen die meisten schöne Fische waren. Bei dem einen Fischzuge wurden siebenunddreißig große Fische gefangen. Oh, dass es uns oft gelingen möchte, Menschen in noch größerer Menge zu gewinnen! Lasst uns heute Abend das Netz einziehen! Lasst uns den Herrn bitten, dass er die Gottesdienste am vergangenen Sonntag segne und die Arbeit der Fischer belohne.

Wir dürfen uns nie zufriedengeben, bis wir Sünder aus dem ihnen angeborenen Element herausgehoben haben. Das verdirbt zwar die Fische, aber es rettet Seelen. Wir sehnen uns, Werkzeuge zu sein, die Sünder aus den Wassern der Sünde herauszuheben und sie in das Boot zu den Füßen Jesu niederzulegen. Zu diesem Zweck müssen wir sie wie in einem Netz umschließen. Wir müssen sie unter das Gesetz verschließen und mit dem Evangelium umgeben, so dass sie nicht herauskönnen, sondern Gefangene Christi werden müssen. Wir müssen sie mit Einladungen und Bitten umzingeln und sie mit Gebeten gefangen nehmen. Wir können sie nicht gehen lassen, damit sie in ihren Sünden umkommen, wir müssen sie zu Jesu Füßen landen. Dies ist unsere Absicht, aber wir bedürfen der Hilfe von oben, um sie ausführen zu können. Wir erflehen unseres Herrn Weisung, damit wir erfahren, wo wir das Netz, auswerfen sollen, und flehen, dass der Geist unsrer Schwachheit aufhelfe,[64] damit wir wissen, wie wir es tun sollen. Möchte der Herr uns lehren, was nützlich ist, damit wir von unserem Fischzug zurückkehren und viele Fische mitbringen! Amen.

64   Vgl. Römer 8,26.

»Übertreter, hütet euch!«

Bei der Verkündigung des Evangeliums sind wir bestrebt, sowohl dessen Fülle wie Freiheit zum Ausdruck zu bringen. Wir stellen keine Zäune und Barrieren auf, stellen keine Fragen und geben kein Verbot aus, denn die Einladung lautet: *»Wer da will, der nehme das Wasser des Lebens umsonst«* (Offenbarung 22,17). In der Welt draußen stoßen wir zuweilen auf das Gegenteil, und der Gegensatz kann uns dazu dienen, unsere Idee von der göttlichen Freigebigkeit zu erhöhen. Am heutigen Nachmittag sah ich eine große Tafel, an welcher mit großen Buchstaben deutlich geschrieben stand: **»Unbefugtes Betreten ist bei Strafe verboten. Hunde haben zu diesem Wasser keinen Zutritt.«**

Die »Wasser« bestanden aus einem kleinen, elenden, stagnierenden Pfuhl, der mit Entengries ganz grün bedeckt war, und das Gebiet, das nicht unbefugt betreten werden durfte, war etwa ein halber Morgen Land, das für eine Wiese hätte angesehen werden können, wenn das Gras nicht allzu sehr niedergetreten gewesen wäre. Ich wurde etwas heiter gestimmt durch die Beobachtung, dass die Hunde jener Gegend sehr intelligente Geschöpfe sein müssten und dass dort das Schulwesen sehr ausgebildet sein muss, denn sonst hätte es doch keinen Zweck gehabt, die Bemerkung an die Tafel zu schreiben: »Hunde haben zu diesen Wassern keinen Zutritt«, wenn die Hunde nicht lesen können. Ich habe von gut dressierten Tieren gehört, aber lesende Hunde sind von der Kultur in jenem Bezirk doch ein noch größerer Beweis. Die Ausschließlichkeit dieser Anzeige und Warnung ist nicht ganz neu, da sie aber hier so in die Augen fiel, lenkte sie meine Aufmerksamkeit auf sich.

Wir werden sehr oft daran erinnert, dass »unbefugtes Betreten bei Strafe verboten ist«, aber von solchem Geist zeugt kein Satz des Evangeliums. Hier könnt ihr nicht unbefugt betreten, denn hier gilt die Regel: *»Wer da will, der komme.«* Ihr dürft zu den reichsten Festen des Evangeliums kommen, ihr dürft das Land der Verheißung der Länge und Breite nach auf und ab gehen, aber man wird euch nie fragen, welches Recht ihr dazu habt, denn der Herr sagt: »*Wer zu mir kommt, den werde ich nicht hinausstoßen*« (Johannes 6,37). Es ist uns gegeben eine offene Tür, die niemand zuschließen kann,[65] und wir dürfen frei eintreten. In einer Stadt auf dem Kontinent kenne ich ein Hotel, dem gegenüber ein schöner Garten gelegen ist, an dessen Pforte man folgende Bekanntmachung liest: »**Fremde, auch wenn sie in diesem Hotel nicht logieren, sind jederzeit eingeladen, einzutreten und sich des Gartens zu erfreuen.**« Nun, das ist sehr generös und lobenswert; das ist ganz nach der Art des Evangeliums – tritt ein und vergnüge dich. »*Höret mir doch zu und esset das Gute, so wird eure Seele am Fetten ihre Lust haben*« (Jesaja 55,2). »*Komm herein, du Gesegneter des Herrn! Warum stehst du draußen*« (1.Mose 24,31)!

Der Herr zieht Menschen mit Seilen der Liebe an sich,[66] aber noch hat er nie eine Seele von sich getrieben, und er wird es nie tun. Solange diese Gnadenzeit währt, wird sich auf dem Gebiet der Gnade kein unbefugter Übertreter befinden, denn alle, die da kommen, sind eingeladene Gäste. Hohe Herrschaften erlauben es gewissen begünstigten Personen, ihre Privatanlagen zu besehen, aber der Herr hält die Tore der Barmherzigkeit allen offen, die da kommen, und gibt allen Gläubigen einen goldenen Schlüssel, der ihnen zu jeder Zeit Eintritt in seinen Palast ermöglicht. Wer wollte denn da nicht kommen?

An der Tafel stand auch: »**Hunde haben zu diesen Wassern keinen Zutritt.**« Aber hinsichtlich des lebendigen Wassers der göttlichen Gnade existiert kein solches Verbot, denn auch der ärmste Sünder, der sich wie ein Hund vorkommt, darf kommen, um zu trinken, um zu baden und zu schwimmen. Ohne Zweifel ist es ratsam, Hunde von kleinen, flachen Teichen fern zu hal-

---

65   Vgl. Offenbarung 3,8.
66   Vgl. Hosea 11,4.

ten, denn das Wasser würde bald verunreinigt werden und das Vieh würde sich weigern, davon zu trinken. Aber wir haben nicht nötig, einen großen Strom zu schützen, und es fällt niemand ein, eine Warnungstafel anzubringen, die die Hunde davon in Kenntnis setzt, dass sie im Meer nicht baden dürfen, weil gar nicht zu fürchten ist, dass Hunde, und wenn ihrer noch so viele kämen, den großen Strom und das uferlose Meer verunreinigen könnten. Wo eine unendliche Fülle ist, da kann wohl auch unbeschränkte Freiheit sein. Auch der nichtigste Sünder, der sich für einen Hund hält, der jemals von den Brosamen aß, die von des Herrn Tische fielen,[67] ist eingeladen, sich in den Strom des Wassers des Lebens zu tauchen, welches klar bleibt wie ein Kristall, wenngleich Tausende von unreinen Lippen davon getrunken und Myriaden schmutziger Seelen darin schneeweiß gewaschen worden sind.

»Komm und sei willkommen, komm und sei willkommen!« ist der Ruf, der von Golgatha, von dem Munde des sterbenden Heilandes herübertönt, ja, der auch in der leutseligsten Weise von den Lippen des verherrlichten Christus, der zur Rechten des Vaters sitzt, in mein Ohr dringt. *»Wen dürstet, der komme; und wer da will, der nehme das Wasser des Lebens umsonst«* (Offenbarung 22,17). Niemand kann als Eindringling angesehen werden, wenn die Einladung eine so unbedingte ist, und wer es versucht, einen Sünder zurückzuhalten, der tut das Werk des Teufels. Nicht die, welche zu Jesus kommen, sondern die, welche sich von Jesus fernhalten, sind die Übertreter. Manche fürchten, vermessen zu sein, wenn sie an den Herrn Jesus glauben, aber die Vermessenheit ist ganz woanders zu suchen: Es ist die schlimmste Vermessenheit, wenn man es wagt, die Liebe Gottes, die Wirksamkeit des Blutes des Sühnopfers und die seligmachende Kraft des Erlösers zu bezweifeln. Gib solche stolzen Fragen und Zweifel auf und vertraue Jesus!

---

67 Vgl. Markus 7,28.

Die untätige Dampfwalze

Habt ihr am vergangenen Sonntage unten an einer Straße, die auf unser Tabernakel zuführt, eine Anzeige gelesen, die uns in großen Buchstaben vor einem schrecklichen Ungeheuer warnen sollte? Es hieß da:

Man hüte sich vor der Dampfwalze.

Wenn ich die rote Flagge und die mahnenden Worte sehe, fühle ich mich stets geneigt, in eine Seitenstraße einzubiegen, denn so nützlich auch solche Dampfwalze ohne Zweifel ist, ich kann doch die Pferde nicht dahin bringen zu glauben, dass sie ihre wahre Freundin ist. Bei dieser besonderen Gelegenheit war es nicht nötig, den dampfschnaubenden, kohlenverschlingenden Leviathan zu fürchten, denn das Feuer war ausgegangen, der Dampf gehörte dem vorigen Tage an und das Ungetüm ruhte unter der großen gefirnissten Decke in vollkommener Stille. Es ist ganz in der Ordnung, dass auch selbst Maschinen ihren Ruhetag haben.

Als ich vorüberfuhr, dachte ich daran, dass eine tätige Dampfwalze ein Vorbild von dem ist, was eine Gemeinde sein sollte, aber diese eben erwähnte Dampfwalze ist ein Bild von dem, was viele Gemeinden sind. Eine Gemeinde sollte sein *»furchtgebietend wie Heerscharen mit Kriegsbannern«* (Hoheslied 6,4; SLT), aber oftmals ist sie es nicht. *»**Man hüte sich vor der Dampfwalze!**«* kommt einem unter Umständen mehr als eine humoristische Anzeige vor. Selbst ein Kätzchen hat nicht nötig, sich vor der ungeheuren Maschine oder ihren großen Rädern zu fürchten, wenn das Feuer ausgegangen ist. Der Satan, von dem gesagt wird, dass er bei dem Anblick eines einzigen betenden Menschen zittere, könnte angesichts etlicher unserer Gemeinden lachen, weil er nicht zu fürchten hat, dass sie seinem Reiche irgendwelchen

Schaden tun werden. Wir müssen den Dampf haben, wenn wir den Granit zerdrücken und unserem Gott den Weg bereiten wollen. Das Gewicht unserer Gliederzahl und die Vortrefflichkeit unserer Maschinerie wird nichts ausrichten, wenn nicht das innere Feuer glüht, das die Lauheit in Hitze verwandelt und jedes Rad zu starker, alles überwindender Bewegung zwingt.

Die Dampfwalze könnte ohne ihren Heizer und seine Kohlen und Feuer nichts ausrichten und eine Gemeinde kann nichts ausrichten, wenn in ihr nicht Liebe und Inbrunst und Enthusiasmus hervorgebracht wird. Es ist mein sehnliches Verlangen, dass wir stets mit göttlicher Energie erfüllt werden. Ich sehe in unseren Versammlungen und in unseren Gesellschaften den Altar und das Holz, aber welches Opfer können wir dem Herrn darbringen, wenn uns das Feuer fehlt? Einer der großen Zwecke einer Gebetsversammlung ist, das Feuer brennend zu erhalten. Durch ernstes Flehen häufen wir den Brennstoff auf und der Heilige Geist kommt als ein himmlischer Wind zu uns und macht, dass das Feuer heftig brennt. Es mag hier und da wildes Feuer geben, und wenn dem so ist, beklage ich es, aber soweit meine Beobachtung und Erfahrung reicht, fürchte ich den Mangel an Feuer mehr denn das Übermaß desselben. Die meisten unserer Brüder sind in keiner Gefahr, fanatisch zu werden; die Gefahr liegt nach der anderen Richtung hin. Es ist eher anzunehmen, dass sie ihre Kessel erkalten und ihre Räder verrosten lassen, denn dass sie vor zu großer Hitze zerplatzen oder vor gefährlicher Geschwindigkeit in Stücke zerbrechen. Lasst uns jedenfalls heute Abend um Feuer bitten.

Aber wir dürfen uns nicht mit Wärme zufriedengeben, denn die Dampfwalze bedarf auch des Gewichts, sonst richtet sie nichts Nützliches aus. Als Gemeinde bedürfen wir gesunder Lehre, sonst ist unser Dienst nur leeres Getön und nichts weiter. Wir bedürfen es, selbst von Gott gelehrt zu werden, damit wir wieder andere belehren können. Vorwärts, meine jungen und inbrünstigen Brüder, aber indem ihr vorwärts eilt, bedenkt, dass ihr eine Botschaft zu überbringen habt, denn welchen Zweck hat sonst eure Eile? Ihr müsst etwas haben, das ihr den Leuten sagt, und müsst ihnen wirklich Belehrendes bringen können, sonst ist euer Eifer »viel Lärm um nichts«. Wenn ihr Leute zusammenruft oder sie in ihren Häusern besucht oder zu den einzelnen redet, müsst ihr ihnen köstliche Wahrheiten mitteilen können. Wolken sind ja ganz gut, aber Wolken ohne Regen bringen nur Enttäuschung.[68]

Jede Mutter wird euch sagen, dass es etwas sehr Schlechtes ist, wenn ein Säugling an einer leeren Flasche saugt: Wenn er keine Nahrung aus der Flasche erhält, saugt er viel Wind ein und schafft sich Unbehagen. Hütet euch, denen eine leere Flasche darzureichen, denen ihr eine Wohltat erweisen wollt. Ich fürchte, dass in manchen erregten Versammlungen nur viel geschrien und gestampft wird, aber wenn die Redner nicht das Evangelium lehren, tun sie nicht mehr, als Akrobaten in einem Zirkus tun. Christi Säuglinge bedürfen der unverfälschten Milch des Wortes, auf dass sie durch dieselbe zunehmen, und wenn sie die nicht bekommen, so werden sie hungern, obgleich ihr versucht, sie durch Trommeln und Choräle zu amüsieren. Ich will euch hinsichtlich der Art und Weise, wie ihr es sagt, große Freiheiten zugestehen, aber in dem, was ihr sagt, muss etwas enthalten sein. Wenn ihr in gewissen evangelischen Versammlungen eine Ansprache hört, habt ihr nahezu alles gehört, was ihr hören würdet, wenn ihr ein halbes Jahrhundert wartetet. Bei der Rede eines langweiligen Predigers wandte sich einst ein kleiner Knabe seinem Vater zu und sagte: »Vater, wozu sitzen wir denn eigentlich hier?« Und eine ähnliche Frage könnte aufgeworfen werden, wenn die ernste Unwissenheit ihre Gemeinplätze so oft wiederholt, dass sie ebenso bekannt sind wie der Ruf auf der Straße: »Scheren zu schleifen!«

Wir müssen etwas mitzuteilen haben, sonst sind wir gleich einer Flinte, die Pulver genug, aber keine Kugel hat; wir machen

68 Vgl. 1.Petrus 2,2.

großes Getöse, erzielen aber kein Resultat. Es ist besser, die einfachsten Wahrheiten in größter Ruhe darlegen, als ein großes Geräusch machen und nichts lehren. Die Dampfwalze bedarf des Feuers, aber ob sie sich auch noch so schnell bewegte – wenn sie selber leicht wäre wie eine Feder, so würde sie nie die Steine eindrücken und die Straße ebnen können. Sei darum ebenso fest, wie du ernst bist, und ebenso belehrend wie lebendig.

Ich bin sehr dankbar dafür, dass ich sagen kann, dass es bei uns als Gemeinde zum großen Teil so ist. Unsere eifrigsten Brüder sind dem alten, alten Evangelium am treuesten ergeben, sie sind ebenso enthusiastisch wie die Heilsarmee und dem alten Glauben ebenso treu ergeben wie die standhaftesten Calvinisten.

Oft, wenn ich Briefe hinsichtlich unserer Evangelisten Fullerton und Schmidt erhalte, finde ich darin die Bemerkung: »Ihre Brüder predigen die Wahrheit so gründlich, als ob sie Pastoren wären, und sie ermahnen dennoch die Leute mit aller Freiheit der Evangelisten.« Das ist auch, was ich wünsche: Ich möchte die Lehre des Calvinisten mit dem Feuer des Methodisten und der Heiligkeit des Puritaners verschmolzen sehen. Ich danke Gott dafür, meine Brüder, dass ihr den Unterschied zwischen dem Donner und Blitz, zwischen dem Schlagen einer Pauke und dem Zerschlagen eines Herzens kennt. Macht so viel Geräusch, wie ihr wollt, aber vergesst nicht, dass das Klappern nichts in sich birgt und dass Schreien nicht Gnade ist. Die Wahrheit des Evangeliums, die ausgeteilt wird, ist das wahre Mittel des Segens und nicht die Erregung, die vielleicht damit verbunden ist. Es wird Staub aufgewirbelt, während der Expresszug auf den Schienen dahinsaust, aber der Staub ist es nicht, den der Reisende bewundert, oder darauf sich der Maschinist verlässt. Gebt uns jedenfalls die Wahrheit recht warm, aber achtet darauf, dass es Wahrheit ist, sonst könnt ihr nicht erwarten, dass der Herr es segne. Lasst uns alle Sorge dafür tragen, dass wir persönlich Christus mehr und mehr kennen lernen und mehr und mehr von dem göttlichen Geist erfüllt werden, ohne dessen Hilfe all unser Lehren vergeblich sein wird. Wenn wir nicht der feurigen Energie des Heiligen Geistes teilhaftig werden, ist auch die beste Unterweisung, die wir geben können, zu kalt und leblos und machtlos, um Menschenherzen rühren zu können.

Was mich betrifft, so wünsche ich besonderen Anteil an eurer Fürbitte zu haben, damit ich in dem ernsten Werk, zu welchem ich berufen bin, erhalten werde. Ein Prediger muss durch die Gebete seiner Gemeinde aufrechterhalten werden, sonst kann er nichts tun. Wenn sich ein Taucher auf dem Grund des Meeres befindet, so ist er von den Pumpen oben abhängig, die ihm die Luft zuführen müssen. Pumpt tüchtig, Brüder, während ich unter den Trümmern dieses alten Wracks nach den verlorenen Groschen suche. Ich fühle, wie bei jedem Stoß eurer Gebetspumpe frische Lust eindringt, aber ich werde umkommen, wenn ihr mit eurem Flehen innehaltet. Wenn ein Feuerwehrmann mit seinem Schlauch das Dach erklettert, kann er nichts tun, wenn das Wasser nicht darin hochgetrieben wird. Hier stehe ich und richte meinen Schlauch auf die brennenden Massen. Sendet Wasser hinauf, Brüder! Sendet beständige Hilfe hinauf! Was hat mein Stehen hier mit einem leeren Schlauch für Zweck? Jedermann an die Pumpe! Jeder verrichte sein Werk noch besser denn bisher. Das Reservoir ist im Himmel; jeder Gläubige ist ein Wasserröhrenaufseher; gebraucht eure Schlüssel und sendet mir reichliche Zufuhr. Was ich für mich selbst erbitte, begehre ich für jeden wahren Diener Christi. Überlasst keinen sich selber. Wir alle rufen einstimmig:

»Brüder, betet für uns!«

Wenn so eine Gemeinde mit ihrem Dampf erfüllt ist und Säeleute mit ihren von edlem Samen gefüllten Säetüchern bereitstehen und die Befehlshaber der Armee von einer tapferen Soldateska unterstützt werden, dann geht alles wohlgeordnet voran, wie es auch geschehen sollte, und wir werden noch Größeres denn dieses sehen. Lasst uns nur ganz und völlig unsere Abhängigkeit von dem Herrn, unserem Gott, empfinden, und weil das in diesem Augenblick der Fall ist, **lasst uns beten.**

Die Dampfwalze und die Steinwalze

Teure Freunde! Jeder gerettete Mensch muss versuchen, seinem Gott je nach seinem Beruf, nach seiner Stellung und nach seinem Vermögen zu dienen. Unsere Kräfte sind sehr verschieden und die Art unseres Wirkens muss notwendig auch verschieden sein, aber jeder Einzelne sollte sein Bestes tun und er sollte es versuchen, dieses Beste zu etwas noch Besserem zu erheben. Die größten Fähigkeiten sind zu unserem heiligen Dienst nicht zu groß. Wenn unser jeglicher zehn Pfund gewinnen könnte, so verdient doch unser Herr zehnmal so viel. Der Herr Jesus ist ein so guter Herr, dass er es verdient, gute Knechte zu haben, und solche, die ihm vollkommene Dienste leisten. Oh, dass ich ihn mit tausend Stimmen ehren und durch tausend Menschenleben hindurch ihn beständig erheben könnte! Es mag sein, dass manche unter uns es dahin bringen, einen bemerkenswerten Einfluss auszuüben, aber lasst uns die Fähigkeit verwenden, die wir haben. Welches auch unsere Tätigkeit sein mag, wir müssen unsere ganze Energie hineinlegen und ein Beispiel davon geben, wie eine Aufgabe gründlich gelöst werden kann, und dann wird sie, ob sie nun groß oder klein ist, angenehm sein. Es ist erstaunlich, wie viel der Eifer und die Ausdauer mit einer sehr kleinen Fähigkeit zustande bringen können, und selbst wo nicht viel hinsichtlich der Quantität geschehen kann, da ist das wenige hinsichtlich seiner Qualität umso wertvoller und köstlicher. Wer Elfenbein schnitzt, erwartet nicht, so viel fertig zu bringen, als wenn er seine Werkzeuge auf Holz verwendet.

Als ich hierherkam, begegnete ich einem alten Bekannten, vor dem ich eine Achtung habe, die fast zum Schrecken wird, denn mein Pferd wird zu sehr davon beeinflusst – ich meine die Dampfwalze. Sie ist die Freundin aller, die zu Wagen reisen, und verdient es, unter den öffentlichen Wohltätern an erster Stelle zu stehen. Unebene Wege, die eure Fahrt zu einer Seereise auf der stürmischen See machen, werden durch die Macht dieser Riesin glatt und eben gemacht. Wenn eine lange Strecke des Weges von der Spitzhacke aufgerissen und dann mit zerschlagenen Steinen, die alle sehr scharfkantig sind, aufgefüllt worden ist, dann wird jeder Schritt für die armen Pferde recht unangenehm. Dann kommt unsere gewichtige Freundin und macht mithilfe eines Wasserkarrens die rauen Stellen eben und glatt. Es ist wunderbar, wie jedes unordentlich gelegene Steinstück sich in die rechte Ordnung fügt, sobald die Walze sich bemerkbar macht. Mit einer festen unbeweglichen Entschlossenheit, um welche sterbliche Menschen sie beneiden möchten, führt sie ihr Werk gar großartig aus.

Wenn ich auf dem Wege zum Himmel jemals eine Dampfwalze sein könnte, die die Steine unter sich zwingt, die nur Reisenden ein Hindernis sind, so fürchte ich, dass ich auf meine Macht stolz werden könnte, und darum will ich lieber so ein gefährliches Amt nicht begehren. Dennoch möchte ich ernstlich und begierig nach der Macht und Fähigkeit trachten, die in meinem Bereich liegt, um sie für meinen Herrn und für sein Volk verwenden zu können. Wir dürfen alle darum bitten, dass die Kraft Christi auf uns ruhe und dass wir stark werden aus der Schwachheit[69] – »*stark in dem Herrn und in der Macht seiner Stärke*« (Epheser 6,10). Von solcher Macht kann uns die Dampfwalze als Vorbild dienen, denn alle die Hindernisse, die ihr im Wege liegen, werden auf das wirksamste überwunden und dazu verwandt, ihren Weg besser zu gestalten. Die Dinge, welche wie Schwierigkeiten aussehen, werden als Mittel zur Erreichung ihrer Zwecke behandelt: Die harten Steine bilden das Material, welches die Dampfwalze ihren Zwecken unterwirft. Welches Werk kann ein Mensch für Christus tun, wenn er große Gnade aus der Höhe empfängt und der Herr ihn sehr mit seinem heiligen Geiste ausrüstet!

---

69   Vgl. 2.Korinther 12,9 f.

Aber es kann viel geistige und moralische Macht vorhanden sein, und sie kann unbenutzt bleiben. Wenn Gott dich befähigt hat, eine Dampfwalze zu sein, so hoffe ich, dass du das Feuer anzünden und den Dampf zu einem beständigen Werk verwenden werdest. Aber das ist nicht in jedem Falle so: Die, welche viel tun könnten und am meisten tun sollten, tun oft am wenigsten. Viele Menschen haben Fähigkeiten und sind von großem Gewicht, aber es ist keine treibende Kraft vorhanden. So mancher Prediger ist schwer genug; oh, dass wir Kraft in ihn hineinbringen und ihn tätig machen könnten! Was nützt die Gelehrsamkeit, wenn jemand nicht lehren will? Welchen Zweck hat die gründlichste Erkenntnis von der Theologie, wenn keine Liebe zu Seelen da ist? Welchen Nutzen hat die biblische Belehrung für einen jungen Mann, wenn er nur für sich selbst liest und studiert? Es muss reichlich Gnade in uns sein, die uns in der Sache des Herrn eifrig macht, sonst wird uns unser Gewicht eine große Verantwortlichkeit auferlegen, aber es wird keinen heilsamen Einfluss auf anderer Menschen Herzen ausüben. Es hat wenig zu bedeuten, ob auch der Krug voll sein mag, wenn nichts davon ausgegossen werden kann, um den Durst der Schwachen zu löschen. Es ist gut, die Pfunde zu haben, aber besser ist es, damit für den Meister zu handeln.

Meine großen Brüder, die man mit Dampfwalzen vergleichen könnte, möchte ich herzlich und dringend bitten, jede Unze ihrer Macht zu weihen und fleißig zu verwenden. Oh, wie sehr bedürfen wir der Hilfe aller Männer von Licht und Fähigkeiten! Mächtige Charaktere sind nicht so reichlich unter uns vertreten, dass wir es mit ansehen könnten, dass sie ihre Kräfte verschwenden. Wir sind vielmehr von vielen schwachen Leuten umgeben, die des Beistandes sehr bedürfen, aber nur wenig wirksame Hilfe erwidern können, so dass unser Werk wegen Mangels an fähigen und scharfsinnigen Mitarbeitern sehr schwer wird. Dass Gott uns eine Legion starker Männer senden möchte! Dass er sie aber auch mit seiner Gnade vollfüllen möchte! In meinem Bezirke würde es besser aussehen, wenn einige Dampfwalzen mehr da wären. Ich finde eine Menge Steine auf meinem Wege und ich bedarf aller Kräfte, deren ich nur habhaft werden kann, um eine Straße für unseren Gott ebnen zu können.

Wir können nicht erwarten, dass ihr alle Dampfwalzen seid, und vielleicht ist das auch nicht so nötig. Wenn alle Schiffe Panzerschiffe oder mächtige Fregatten wären, wie könnten dann die flachen Gewässer befahren werden? Wenn alle gelehrt und fein gebildet wären, würden einfältige Leute niemals eine einfache Predigt zu hören bekommen.

Bei Mentone habe ich eine andere Art Walze gesehen, die auf den Wegen gebraucht wird. Die Erinnerung daran amüsiert mich noch. So oft ich sie auch sehen mochte, sie nötigte mir immer ein Lächeln ab. In Südfrankreich werden die Wege in einer besonderen Weise ausgebessert; es hat den Anschein, als ob man bestrebt wäre, möglichst viele Leute zu beschäftigen und jeden Arbeiter so wenig als möglich zu ermüden. Ist da ein Stück Weges auszubessern, so wird immer ein kleiner Teil mit einem Male vorgenommen. Ein Arbeiter pickt das Stückchen Weges eben ein wenig auf, aber er übereilt sich damit nicht, auf dass er nicht zu müde werde, er besinnt sich bei jedem Hieb und verrichtet so sein wichtiges Amt mit Weisheit und Vorsicht. Nachdem er ein kleines Stück Weges von der Größe einer Türmatte oder möglichenfalls eines türkischen Teppichs aufgerissen hat, kommt ein anderer mit einem kleinen Wasserkarren daher, den er zieht, während ein sich sehr anstrengender Kamerad hinten nachschiebt. Da es doch jammerschade wäre, die Arbeit einen Menschen tun zu lassen, die von zweien getan werden kann, so lässt man das Wasser nicht durch einen Schlauch ausfließen, sondern es wird ein Hahn aufgedreht und eine Gießkanne vollgefüllt, eine Brause darauf gesteckt, und nun wird das Teilchen Weges mit ebenso großer Vorsicht begossen, als ob es ein Tulpenbeet wäre. Dann erscheint ein anderer schwer arbeitender Mann mit einem Schiebkarren auf der Bildfläche, der eine sorgfältig abgewogene Last Steine bringt, die einer wohl tragen könnte, ohne dass er sich den Rücken zerbräche. Ihr werdet denken, dass er seinen Karren einfach umstülpen werde, aber da habt ihr es zu eilig, denn in Frankreich versteht man das besser. Da sind ein kleines Körbchen und eine große Schaufel, die Steinchen werden in den Korb geschaufelt und dann sorgfältig in den vorbereiteten Boden gebettet. Dann wird ein Karren mit Sand herbeigeholt, der Sand in den Korb hineingemessen und alsdann behutsam zwischen und über die Steinlage gebreitet, gerade wie eine Köchin ihre Stachelbeercreme mit einer Kruste überzieht und eine Pastete macht.

Es ist ganz schön, diese Kinder der Mühe zu beobachten, wenn sie bei ihrer schweren Arbeit beschäftigt sind. Sie könnten mit noch vielen anderen Arbeitern in den Wettkampf eintreten! Wir alle sollten unsere Wege bessern, aber sollten wir es nicht mit Sorgfalt und Nachdenken und Überlegung tun? So urteilen also unsere französischen Freunde sehr richtig. Nachdem so Steine und Sand vorsichtig vermittelst einer Harke möglichst geebnet sind, tritt unsere Walze in Tätigkeit.

Das Schöne der ganzen Sache liegt nun für mich in dieser Steinwalze. Es ist eine Walze, sehr ähnlich der, die irgendein Gärtner ganz gern über unsere Kiessteige dahinziehen würde; diese Walze aber hat ein Pferd, das sie hin und her bewegt. Ich bekenne, dass es ein sehr altes Pferd ist und eins, dessen sämtliche Rippen man zählen kann, aber es ist doch ein Pferd, und ein sehr großes Pferd für eine so kleine Walze. Ein trefflicher Mann führte es vorsichtig über die Schwierigkeiten des kleinen Teils des Weges hinweg, spannte es vor die Walze und führte es recht behutsam bis an das Ende des kleinen Stückchen Weges, dann hakte er die Zugtaue ab und hakte sie an das andere Ende der Walze an und führte das Pferd wieder zurück und fuhr so mit beharrlicher Ausdauer fort, die Walze vorwärts und rückwärts zu bewegen. Es ist ein schönes Beispiel davon, wie man es anfangen könnte, sich eine große Quantität unerschöpfter Arbeit nützlich zu machen.

Hier ist jedoch die Hauptsache von allem. Als ich über Wege dahinfuhr, die auf diese Weise ausgebessert worden waren, fand ich stets, dass sie wirklich gut ausgebessert worden waren. Die altmodische Methode lieferte ausgezeichnete Resultate. Es nahm ziemlich viel Zeit in Anspruch, aber nachdem die Arbeit getan war, war sie auch gut getan, und die Beschwerde verwandelte sich in gut gelaunte Kritik.

Es fiel mir ein, dass ich gewisse Freunde kenne, die ihre Arbeit für den Herrn sehr ruhig und überlegt und mit ebenso wenig Anstrengung tun, wie der alte Mann und das alte Pferd und die Walze zu Mentone ihre Arbeit tun; doch was sie tun, kann die Besichtigung ertragen, ist von dauerndem Charakter und bewährt sich gut. Es ist darum nicht meine Sache, Fehler zu suchen, sondern im Gegenteil, dieses Tun zu empfehlen, und wenn ich lächle, so geschieht es eben in bester Meinung. Weit davon entfernt, unsere stillen, aber steten Arbeiter zu beunruhigen, wünschte ich, dass wir Tausende derselben hätten. Brüder, lasst euch durch das Getöse und Abjagen dieser ruhmsüchtigen Zeit nicht beirren. Wenn ihr könnt, so bewegt euch etwas schneller, wenn es aber nicht sein kann, so lasst euch durch die Kritik der Schwätzer nicht beunruhigen. Wenn ihr keine Dampfwalzen sein könnt und wenn ihr einer gewöhnlichen Steinwalze ähnlicher seid, so setzt eure Arbeit stetig fort und ebnet das Stückchen Weges, das ihr vor euch habt, nur gut.

Es mag sein, dass ihr nichts tun könntet, wenn ihr eure eigenen Weisen und Methoden aufgeben müsstet. Gebt sie nicht auf, sondern haltet fest an den Wegen, auf denen ihr etwas Gutes ausgerichtet habt. Versucht es nicht, Sauls Waffenrüstung noch selbst Salomos Kleider zu tragen. Verrichtet euer Werk nur gewissenhaft unter Gebet und im Glauben an Gott, und es wird dann doch jemand sagen: »Es geschah zwar etwas langsam, aber es war doch sicher.« Habt ihr nicht schon oft gesehen, dass manche schon sehr viel taten, das schließlich doch in nichts endete? Welches Aufsehen und welchen Lärm haben sie gemacht! Die Zeitungen rühmten ihre gewaltigen Taten und doch sind wir vorübergegangen, und der sich ausbreitende Lorbeerbaum war verschwunden und nicht ein Blatt war übriggeblieben. Die große

Mehrheit unter uns mag nie etwas anderes sein als eine Anzahl sehr bescheidener Arbeiter, aber lasst uns fest entschlossen sein, durch Hilfe des Geistes Gottes gute, gesunde Arbeit zu tun. Besser, dass eine Seele wahrhaft bekehrt werde, denn dass Hunderte sich herzudrängen und sich nur als erregbare Personen erweisen, auf die wohl zeitweise eingewirkt werden konnte, die aber in Geist und Wahrheit nicht zu Jesus geführt wurden. Besser, einen Fuß breit Mauer mit Gold, Silber und Edelsteinen bauen, als einen Kilometer mit Holz, Stroh und Stoppeln.[70]

Während ich zu denen spreche, die gerettet sind, denke ich betrübt daran, dass manche meiner Zuhörer nichts für den Heiland tun können. Wer sind diese? Die, welche bettlägerig sind? Oh, die können auf ihren Lagern von Christus sprechen. Sind es die, welche nur ein Pfund haben?[71] Sie können das eine Pfund für den Herrn verwenden. Eine kleine Kerze kann ein großes Licht geben. Aber welches sind die Nutzlosen? Es sind die, welche noch nicht lebendig geworden sind aus den Toten, die, welche noch nicht zu Jesus gekommen sind. Wie können sie etwas für Jesus tun oder es auch nur versuchen? Deine erste Aufgabe, mein Freund, ist, für dich selbst Jesus zu finden und dich ihm zu übergeben, damit er dir ein neues Herz und einen gewissen Geist geben kann. Dann kannst du ausgehen und ihm dienen. In einem der mir übergebenen Briefe, in denen unsere Gebete gewünscht werden, sagt der Schreiber: »Wenn Gott mich erhören will, so will ich jedermann von seiner Güte erzählen.« Ist das nicht der Entschluss eines jeden, der geschmeckt hat, dass der Herr freundlich ist? Rufen nicht alle Gläubigen aus: »*Schmecket und sehet, wie freundlich der Herr ist*« (Psalm 34,9)?

---

70 Vgl. 1. Korinther 3,12 f.
71 Vgl. Matthäus 25,14.

Zwei gewöhnliche Gefahren

Auf den Straßen der Stadt Eitelkeit, auf welchen wir uns eine Zeit lang bewegen müssen, sind wir zwei großen Gefahren ausgesetzt. Wenn wir uns in unsere Wohnungen einschließen und nie hinausgehen wollten, könnten wir möglicherweise einer derselben aus dem Wege gehen, aber wir würden dann umso gewisser in die andere geraten. Die beiden Gefahren sind: Schaden durch andere zu nehmen und anderen Schaden zuzufügen. In letztere können wir geraten, indem wir überhaupt nichts tun; möglicherweise können wir dadurch mehr Unheil anrichten als durch irrtümliche Tätigkeit. Diese Gefahren sind gleich groß und gleich drohend, wenn wir nicht sehr auf unserer Hut sind. Wohl dem, der unbeschädigt und ohne Schaden zu tun, weder eine Wunde zu erhalten, noch eine zu schlagen, in den Himmel kommt.

Zuweilen kommen uns Illustrationen in den Weg, die Gehör fordern. Ich bin kürzlich durch zwei Gleichnisse, die mir auf dem Wege begegnet sind, belehrt worden, und sie zwangen mich, von ihnen zu lernen, ob ich nun wollte oder nicht. Ich kann es mir nicht versagen, sie euch mitzuteilen.

Als ich jüngst nach Hause fuhr, wäre ich in buchstäblichem Sinne beinahe ein Opfer des Bierhandels geworden. Ein mit einer großen Menge Fässer beladener Rollwagen kam die Straße entlang gerummelt. Es war schwer zu sagen, auf welcher Seite der Straße der Wagen fahren wollte, gewiss aber war, dass man ihm ohne Weiteres Platz machen musste. Da er mehr auf der falschen Seite fuhr, konnte mein Kutscher nichts Besseres tun, als laut zu rufen, in der Hoffnung, die Aufmerksamkeit des befehlhabenden Jehu nachzurufen. Es war keine solche Person sichtbar, kein Jehu, dem gesagt werden konnte, dass er nach der anderen Seite hinüberlenken solle. Die gefühlvollen Rosse hielten sich mitten auf der Straße, und als sie in starkem Trab dicht an uns vorübersausten, sahen wir, dass sie ihre eigenen Herren waren. Wir entgingen soeben der Gefahr und waren dankbar dafür. Der Wagenführer stärkte sich in einem öffentlichen Lokal und seine armen Pferde, die geduldig gewartet hatten, bis sie die kalte Nachtluft fühlten, machten sich auf, um so schnell als möglich nach Hause zu kommen, und sie taten es zur ernsten Gefahr für die Untertanen Ihrer Majestät.

In diesen bösen Zeiten gibt es auf dem Wege des Lebens eine große Menge durchgehender Gespanne, es war das übrigens auch in den besten Zeiten der Fall. Wenn wir nicht von den Übertretern der einen oder anderen Art übergelaufen werden wollen, werden wir es sehr nötig finden, beständig auf der Hut zu sein. Man kann nicht auf die Straße oder in einen Laden oder in eine Werkstatt gehen, ohne sich mehr oder weniger einem Risiko auszusetzen. Durch die bösen Taten oder gottlosen Worte unwiedergeborener Männer und Weiber kann uns ein ganz immenser Schaden zugefügt werden. Satan greift uns durch unsere Mitmenschen an. Er hat überall seine Apostel, Evangelisten und Diener und ist auch nicht ohne Besucher von Haus zu Haus und nicht ohne Traktatverteiler. Die Gefährte und Rollwagen des Argen rasen teils mit großem Getöse und teils geräuschlos die Straße entlang und werden uns umreißen, wenn wir ihnen nicht aus dem Wege gehen. Dies ist eine so schwierige Aufgabe, dass, wenn wir gebetet haben: *»Und führe uns nicht in Versuchung«*, wir aufgefordert werden, hinzuzufügen *»sondern erlöse uns von dem Übel«* (Lukas 11,4), denn auch das sorgfältigste Vermeiden des Bösen genügt nicht, uns vor der Gefahr zu schützen. Der Teufel hält sich nicht auf seiner Seite der Straße, sondern lenkt sein Gefährt dahin, wo wir ihn am wenigsten erwarten. Als die Kinder Gottes zusammenkamen, war da der Satan nicht auch unter ihnen? Jawohl, er ist nicht allgegenwärtig – das kann niemand sein, als der Herr allein, aber es ist schwer zu sagen, wo er nicht ist. *»Wachet und betet, dass ihr nicht in Anfechtung fallet«* (Matthäus 26,41). Wir sind darauf bedacht, nicht dahin zu gehen, wo wir Schaden nehmen können. An Orten, wo sich offenbare und reife Sünde zeigt, sind wir nie zu finden, aber wir müssen auch an den sichersten Plätzen wachen, damit wir nicht in einer Stunde, da wir uns dessen nicht versehen, durch irgendein mächtiges Übel angerannt und verwundet werden.

Die zweite Gefahr ist die, anderen Schaden zuzufügen. Dies wäre wirklich sehr betrübend. Wenn wir von anderen umgelaufen werden, müssen wir den Schaden tragen, und seinerzeit werden wir ihn überwinden, wenn wir aber einen anderen verletzen, wie könnten wir den schmerzlichen Gedanken daran ertragen? Ein feinfühliges Gemüt würde durch die Betrachtung der Verletzung, die es unabsichtlich einem anderen zugefügt hat, in tiefes Elend getrieben werden. Es traf sich, dass der Tag, an welchem ich das nächste Mal nach London fuhr, eine Art Feiertag war, und leider fehlte es an diesem Tage nicht an reichlich betrübenden Zeichen davon, dass »Hans Gerstensaft« auf den offenen Straßen die Herrschaft führte. Ein betrunkener Mann fiel der Länge nach auf das Straßenpflaster. Es war ein schrecklicher Fall auf den Hinterkopf, aber durch Gottes gütige Vorsehung wurde ein noch schlimmeres Übel abgewandt. Wir fuhren in demselben Augenblick vorüber, und als ich aus dem Wagenfenster schaute, sah ich, dass der Kopf des Betrunkenen nur wenige Zoll von den Wagenrädern entfernt lag. Wenn wir über den lang hingestreckten Körper hinweggefahren wären, hätten wir es nicht ändern können, denn sein Fall war ein ganz unerwarteter. Aber welch ein schreckliches Ereignis wäre das sowohl für uns wie für den armen Gefallenen gewesen! Ich hätte dann lieber wünschen können, dass es mir passiert wäre.

Es ist nicht leicht, die Verletzung anderer zu vermeiden, und ihr könnt es tun, wenn ihr da seid, wo ihr ein Recht habt, zu sein und wenn ihr, um es zu verhüten, gern eure Börse leeren möchtet. Ich freute mich ungemein, dieser zweiten Gefahr entronnen zu sein. Ich denke, dass ich mich diesmal mehr gefreut habe als bei dem vorigen Ereignis. Einen anderen schädigen ist bei weitem schlimmer, als selber geschädigt werden. Es ist mir stets höchst peinlich, denen um mich her oder überhaupt jemand auch nur den geringsten Schmerz zu verursachen.

Auf der Hochstraße des Lebens sind kleinere Vorgänge, wie dass man jemand auf die Hühneraugen tritt, für mich etwas sehr Gewöhnliches. In letzterer Zeit habe ich das wohl öfter getan, ohne indessen die geringste Absicht zu haben, es zu tun. Ich werde mir ein Paar weiche Schuhe anschaffen und meine oratorischen Füße dahineinstecken müssen, denn ich fürchte, dass meine Stiefel recht schwere und harte Sohlen haben, da sich manche Leute über den Druck beklagen, selbst wenn ich meine, dass ich sehr leicht auftrete. Ich hoffe, dass mir die zerdrückten Hühneraugen bald vergeben werden.

Schlimmer ist es, wenn sich in unserem Beispiel etwas zeigt, das anderen einen unvermeidlichen, aber wirklichen Schaden zufügt. Wenngleich wir uns dessen zurzeit nicht versehen, machen wir eine betrübende Entdeckung, wenn wir in späteren Tagen herausfinden, dass das, was wir ohne nachzudenken taten, einem jungen Beobachter zum Nachteil gereicht hat. Zurzeit vergegenwärtigten wir uns nicht alle Folgen unserer Tat und konnten auch nicht voraussehen, was daraus entstehen würde, und so geschah die Tat und es wurde eine Wunde geschlagen, die zu heilen wir gern unsere Augen hergeben würden, aber wir können es doch nicht. Es mag sein, dass wir noch sehr demütigende Entdeckungen von den Schäden zu machen haben, die wir ganz unabsichtlich angerichtet haben. Wer unter uns kann hoffen, ganz rein auszugehen? Ein verdrießlicher Blick oder ein kalt gesprochenes Wort oder eine kleine Hilfe, die wir gedankenlos abgeschlagen haben, kann uns später große Reue verursachen. Dies sollte uns mahnen, sowohl gegenwärtig wie zukünftig vorsichtiglich zu wandeln und vorsichtig unter Menschen ein- und auszugehen. Wer mit jungen Lämmern oder kleinen Kindern umzugehen hat, hat es sehr nötig, seine Bewegungen zu bewachen.

Ich sehe, dass meine Mahnung an euch, euch nicht anderer Sünden teilhaftig zu machen dadurch, dass ihr ihnen in Sachen starker Getränke ein Beispiel gebt, dem zu folgen für andere sehr unsicher wäre, hier und da auf Widerspruch gestoßen ist. Ich glaubte, den Fall sehr mäßig dargestellt zu haben. Ich habe nie gesagt noch eingeschlossen, dass es sündlich ist, Wein zu trinken; nein, ich sagte, dass dies an und für sich ohne Schaden geschehen könne. Aber ich bemerkte, dass, wenn ich wüsste, dass ein anderer durch mein Beispiel dazu veranlasst würde und dies ihn zu weiterem Trinken und selbst zur Trunkenheit führen könnte, ich den Wein nicht anrühren möchte. Ich forderte nicht die Abstinenz als eine Pflicht gegen euch selbst, wie ich es wohl hätte tun mögen, sondern ich hatte die Wohlfahrt anderer im Auge. Ich meinte, jeder Christ müsste damit übereinstimmen. Ich machte es nicht zur Sache des Gesetzes, sondern der Liebe. Ich stellte keine Heilslehre durch Speisen und Getränke auf und ich belegte die Ausübung eurer Freiheit nicht mit dem Bann. Ich bat euch jedoch, nicht andere durch ungeeigneten Gebrauch erlaubter Dinge Gefahren auszusetzen. Ich sagte so nicht mehr, als Paulus meinte, da er sagte: »*Darum, so die Speise meinen Bruder ärgert, wollt ich nimmermehr Fleisch essen, auf dass ich meinen Bruder nicht ärgere*« (1.Korinther 8,13). Dies hat einige Brüder etwas erregt, aber in Wahrheit sehe ich dazu keine Ursache. Darf ich meine Ansicht nicht aussprechen? Sind sie sich ihrer eigenen Stellung so unsicher, dass sie fürchten, selbst in der zartesten Weise daraus vertrieben werden zu können? Ich hoffe aufrichtig, dass dies der Fall ist.

Ein Freund fragt: »Müssen wir denn das Rasieren aufgeben, weil sich manche Leute mit dem Rasiermesser die Kehle durchschneiden?« Darauf antworte ich, dass, wenn ich einen wahnsinnigen Freund in meinem Hause hätte, der möglicherweise Selbstmord begehen könnte, ich lieber meinen Bart wachsen lassen würde, als ihm ein Rasiermesser zu zeigen. Wenn ich von einem armen Freunde wüsste, der sich mit meinem Rasiermesser die Kehle durchschnitten hätte, so würde ich den Anblick des Messers hassen und würde dafür sorgen, dass keine zweite Person versucht werden könnte, sich durch ein Rasiermesser zu verderben. Es müsste eine furchtbare Erinnerung sein, sorglos zu einem Selbstmord beigetragen zu haben, und es wäre noch schlimmer, dabei behilflich zu sein, eine Seele durch starke Getränke zugrunde zu richten.

Derselbe Freund fragt: »Wenn ich ein Schlittschuhläufer bin, muss ich mich nun vom Eise fernhalten, weil mein Schlittschuhlaufen einen anderen veranlassen könnte, aufs Eis zu kommen und hinzufallen?« Das ist auch keine schwierige Frage. Wenn ein Schlittschuhläufer weiter kein Unheil anrichtet, als dass einer oder zwei Ungeübte straucheln und hinfallen, so würde ich mich nicht berufen fühlen, davon abzustehen, denn das einzige Resultat wäre nur eine Beule, die bald wieder verschwindet. Aber wenn ich gebrochene Beine oder ein geschädigtes Rückgrat und verlorene Leben sähe, würde ich es mir nie vergeben können, wenn ich auch nur eine einzige Person in solche Gefahr gelockt hätte. Aber der Gegenstand, um den es sich hier handelt, ist kein Kinderspiel. Dass er auch so harmlos wäre! Das Schlittschuhlaufen, davon wir reden, geschieht auf einem gefährlicheren Element als auf gefrorenem Wasser, es gefährdet den Charakter, die Stellung, die ewige Wohlfahrt, und es ziemt sich für Christen nicht, leichtfertig davon zu sprechen. Wenn ich der Armut, des Elends und der Verbrechen gedenke, die durch die Trunksucht verursacht werden, kann ich zwischen diesen Dingen und der gesunden Bewegung auf dem Eise keine Parallele ziehen. Es mag manchen trivial erscheinen, aber denen, die tagtäglich mit dem Übel in Berührung kommen, ist es eine überaus ernste Sache.

Brüder, lasst uns alle unsere Augen offen halten, damit wir auf der Hochstraße des Lebens weder Schaden durch andere nehmen, noch anderen unversehens Schaden zufügen.

Eine kurze Predigt von des Anstreichers Kohlenpfanne

Ich sah einen Anstreicher die Pfosten eines Tores auffrischen, das zu dem Besitztum eines Herrn führte. Der frühere Anstrich war sehr schmutzig, und so hatte der Arbeiter eine mit glühenden Kohlen gefüllte Pfanne, welche er dicht an die Farbe hielt, um sie herunterzubrennen. Sein Ziel war, die Pfosten frisch zu bemalen, und er fing damit an, dass er die alte Farbe mit glühenden Kohlen ausbrannte. Er war kein Einfaltspinsel, sondern verstand sein Geschäft sehr gut, und er wusste, dass er, ehe er neue Farbe auftragen konnte, die alte herunterbrennen musste, weil sonst die Arbeit nur schlecht werden konnte.

Als ich den Maler so tätig sah, sagte ich bei mir selbst: »Dieser Mann tut, was der Herr oft bei mir getan hat« und was er vielleicht bei manchem unter euch tut, die ihr jetzt unter diesem Prozess sehr zu leiden habt. Ihr hattet den Herrn gesucht und gehofft, dass ihr bekehrt werden und sogleich zum Frieden kommen würdet, stattdessen habt ihr euch unter den Predigten nur elender und elender gefühlt. Ihr seid jetzt mehr bekümmert, als ihr es waret, als ihr ernstlich anfinget, das Heil zu suchen. Es ist alles ganz recht so, die alte Farbe wird heruntergebrannt. Eure Selbstgerechtigkeit und Selbstgenügsamkeit werden zerstört und ihr müsst das Feuer des Zornes des Herrn wider die Sünde, die in euren Seelen brennt, recht schmerzlich empfinden.

Wenn das alte Selbst gelassen würde, wie es ist, könnte sich die Farbe der Gnade nie tief in euer Gemüt einsaugen, der alte Stoff würde sie zurückhalten. Ihr würdet nur eine dünne Hülle der Gnade erhalten und bald würde der alte Staub der Natur wieder durch die neue Farbe der Gnade hindurchdringen. Je vollständiger die alte Farbe heruntergebrannt wird, desto besser hält sich die neue Arbeit, und aus diesem Grunde ist euch der Heilige Geist ein Geist des Gerichts und ein Geist des Brennens, bevor er zu eurer Erneuerung wirkt. Seht dies ein und versteht die Weisheit und Güte des Herrn.

Ein ähnlicher Prozess vollzieht sich auch bei den Gläubigen. Mit der Abnutzung des Lebens wird auch eure geistliche Schönheit alt, ihr verliert eure Frische und geratet in einen unschönen Zustand, denn die Atmosphäre, in welcher auch die Besten unter euch leben, ist feucht und räucherig. Dann kommt der Herr zu euch, um eure Seele wiederherzustellen und euch eine Erneuerung des Heiligen Geistes zu gewähren. Um dies zu können, nimmt er das Alte hinweg und verwandelt eure Schönheit in Hässlichkeit. Wo es sich um die wirksame Vorbereitung auf eine schöne und dauernde Erneuerung handelt, da kommt diesem Brennprozess nichts gleich.

Es ist noch keine Mühle erfunden worden, in welcher alte Leute wieder jung gemacht werden können, wenn sie aber jemals erfunden werden sollte, dann wird der alte Mensch sehr zerbrochen und zu Pulver zermahlen werden. Ich fürchte, dass sich die meisten unter uns lieber wegstehlen würden, als sich diesem Zermahlen preiszugeben. Und doch ist dieses Zerbrochenwerden der einzige sichere Weg zur Wiederherstellung. Wir müssen täglich sterben,[72] damit wir völlig ins Leben eintreten können. An der Pforte des Todes finden Scharen von Heiligen ihren Weg in den Himmel und durch tieferes Sterben der Sünde und dem eigenen Selbst erheben wir uns völliger zu dem erfahrungsmäßigen Hauch des neuen Lebens.

Manche unter uns haben der Pfanne mit den glühenden Kohlen sehr viel zu verdanken, denn dies ist ein hauptsächliches Mittel in dem Prozess, durch welchen wir unsere Frische wieder erneuern. Wir werden wieder jung wie ein Adler,[73] und der Adler verjüngt sich durch das Mausern, er verliert sein herrliches Gefieder und sieht dann recht abgemagert und müde aus, und dann bedeckt er sich mit neuerem, frischerem und schönerem

72 Vgl. Römer 8,36.
73 Vgl. Psalm 103,5.

Gefieder. Die Wege des Herrn sind nur den Unerfahrenen seltsam, der Glaube sieht, wie vollkommen natürlich sie sind.

Lernt dann von der Kohlenpfanne noch eine andere Lektion. Als wir zusahen, wie der Anstreicher die alte Farbe herunterbrannte, sagte ich zu einem Freunde: »Das ist es, was der Teufel bei mir zu tun versucht. Er ist ernstlich bestrebt, die Lehren von der Gnade und dem alten evangelischen Glauben aus mir herauszubrennen.« Ach, Freunde, die heiße Pfanne des Spottes und der Unfreundlichkeit ist dicht an meine Seele herangebracht worden! Aber der Versuch ist misslungen, denn in meinem Falle sind jene Wahrheiten kein Anstrich, so dass er heruntergebrannt werden könnte. Das Evangelium ist in den Fasern meiner Seele. Selbst der Teufel kann das nicht herunterbrennen, was ein Teil und Stück von mir selbst, was mein Leben und mein Alles ist. Da die Lehren des Wortes Gottes uns von Gott dem Heiligen Geiste gelehrt und zur Tinktur unseres innersten Lebensblutes geworden sind, kann kein Brennprozess sie von uns nehmen, noch uns veranlassen, sie aufzugeben. Mein Glaube an das Evangelium von der Gnade Gottes und insbesondere an die Lehre von der Stellvertretung unseres Herrn ist kein Furnier, sondern ist in mir. Ich lebe von dieser Wahrheit und mit Gottes Hilfe könnte ich eher sterben, als sie verleugnen. Das wahre Kind Gottes hält nicht so sehr die Wahrheit, als es von der Wahrheit gehalten wird. Diese kann nicht von ihm genommen werden, weil es selber nicht von ihr weggenommen werden kann. Alle Mächte des Feuers oder des Wassers, der Zeit oder der Ewigkeit, des Lebens oder des Todes können uns niemals trennen von der Liebe Gottes, die in Christus Jesus ist, unserem Herrn, noch uns die selige Wahrheit wegnehmen, die er unseren Herzen eingegraben hat.[74] Dies ist also unsere kurze Predigt von der Kohlenpfanne des Anstreichers.

74 Vgl. Römer 8,38 f.

Ein Rettungsgürtel zum täglichen Gebrauch

Unmittelbar nachdem einer unserer großen Passagierdampfer untergegangen war, schrieb jemand in der Zeitung, dass es sehr ratsam wäre, dass jedermann, der an Bord eines Schiffes ginge, sich mit einem Rettungsgürtel versehe. Er riet uns, den Apparat sogleich anzulegen, so dass wir, wenn wir merkten, dass das Schiff anfinge zu sinken, nichts weiter zu tun hätten, als uns vom Schiff wegtreiben zu lassen, bis wir in ein anderes Schiff aufgenommen würden. Es schien mir, als ob das wohl etwa das Letzte sein würde, was sterbliche Menschen jemals zu tun versuchen würden, aber der Vorschlag war ein sehr natürlicher, und in einem geistlichen Sinn und zu den höchsten Zwecken dürfte er uns auf eine Ausrüstung aufmerksam machen, die außerordentlich weise wäre.

Wenn wir stets mit dem Rettungsgürtel an uns umhergingen, dürften wir sehr unbeholfen aussehen, und er dürfte uns bei der Verfolgung unseres gewöhnlichen Lebensberufes sehr hinderlich sein, wenn wir beim Gehen oder Fahren auf trockenem Lande auf das Schwimmen oder Treiben vorbereitet wären. Aber angenommen, es könnte ein Rettungsgürtel erfunden werden, der uns unsere gewöhnliche Kleidung noch angenehmer machte, den wir sowohl auf dem Lande wie im Wasser gebrauchen könnten, der uns Ruhe verschaffte, während wir in unseren Bänken säßen, der uns wirklich Kraft einflößte, während wir umherzugehen haben, wie er uns auch hälfe zu schwimmen, anstatt unterzusinken, der für die Hausfrau in der Küche ebenso nützlich wäre wie für den Kaufmann in seinem Kontor und für den Ackersmann auf dem Felde und für die Arbeiter in der Werkstatt – angenommen, es gäbe einen solchen Rettungsgürtel: Jedermann würde wünschen, ihn zu haben und anzulegen, und er würde nie daran denken, ihn abzulegen.

Nun trifft es sich so, dass, wenn wir auf das Sterben vorbereitet sein wollen, diese Vorbereitung nicht im Geringsten störend in die Pflichten dieses Lebens eingreift, sondern unsere beste Vorbereitung auf dieses Leben ist genau dieselbe, die uns auf das zukünftige Leben vorbereitet. Selbst wenn wir auf Erden unsterblich sein und nie den Tod sehen sollten, wäre doch das Beste, was wir tun könnten, um uns ein glückliches, nützliches und erfolgreiches Leben zu sichern, dass wir zu allererst mit Gott versöhnt würden und von ihm ein neues Herz und einen gewissen Geist empfingen, wodurch wir in den Stand gesetzt würden, so zu leben, dass wir ihm angenehm wären. Nun, liebe Freunde, ihr wisst, wie nötig es ist, auf das Sterben vorbereitet zu sein, aber müsste sich eurer Seele nicht die ernste Erwägung anempfehlen, dass gerade das, was uns geschickt macht zu sterben, das ist, ohne welches wir nicht geschickt sind zu leben?

»Bist du bereit zu sterben?« wird für eine sehr ernste Frage gehalten, und sie ist es auch, aber »Bist du bereit zu leben?« ist eine ebenso ernste Frage, wenn ein Mensch sie im Lichte der Ewigkeit erwägen wollte. Wenn mein Glauben an Jesus zur ewigen Seligkeit mich in diesem Leben elend machte, wäre es nicht doch der Mühe wert, zu glauben, um ein ewiges Leben zu ererben, und eine kurze Spanne Zeit elend zu sein? Wie werden selbst lange Zeiten in nichts zusammenschrumpfen, wenn wir einmal in den ewigen Zustand übergegangen sein werden! Aber, Geliebte, der Glaube an Jesus wird euch nicht elend machen, er ist der Pfad der Glückseligkeit und der Freude. An Jesus glauben heißt, einer schrecklichen Last entledigt werden und das Herz mit süßem Frieden erfüllt zu wissen. So liegt im Glauben ein doppelter Vorteil. Das Resultat wäre des Habens wert, selbst wenn es uns lebenslängliches Elend brächte, aber es hat diese Wirkung nicht, denn es bringt uns sowohl gegenwärtige wie beständige Freude.

Nimm an, dass du von dem Augenblick an, in welchem du ein Christ wirst, stets arm, stets krank und stets leidend wärst, so wäre es doch wert, alles zu erdulden, dessen ein menschliches Wesen nur fähig wäre, um ewig gerettet zu werden und die Freude zu genießen, ewiglich zu Gottes Rechten sein zu können. Aber wenn du an Jesus Christus glaubst, so entzieht dir das nicht notwendig etwas, das des Habens wert ist. Es gibt viele, die es erprobt haben, dass, wenngleich der große Gewinn der Gottseligkeit in der zukünftigen Welt liegt, sie ihnen doch schon hier unzählige Segnungen gebracht hat. Ich erinnere mich der Geschichte eines alten Mannes und seiner Frau, welche einst ersucht wurden, einen Beitrag für die Bibelgesellschaft oder für ein anderes gutes Werk zu zeichnen. Die alte Dame sagte, sie hätten durch ihre Religion schon so viel verloren, dass sie kein Geld übrig hätten. Der alte, würdige Mann sagte: »Ja, wir haben sehr viel verloren. Ich pflegte immer alte, zerlumpte und grießige und schmutzige Kleidungsstücke zu tragen und konnte mir keinen anderen Anzug anschaffen, weil ich ein Trunkenbold war, und du weißt, Marie, dass ich durch meine Religion meine alten zerlumpten Kleidungsstücke verloren habe. Ich pflegte bis spät in die Nacht hinein auszubleiben und dann betrunken heimzukehren, und sehr oft brachte ich infolge von Schlägereien braune und blaue Augen mit nach Hause; das alles habe ich durch meine Religion verloren. Ich hatte auch eine Nase, die da anfing, die Wirkung des Trinkens zu zeigen, und du weißt, Marie, dass ich auch diese feine Röte wieder verloren habe. Das ist nur ein kleiner Teil von dem, was wir durch die Religion verloren haben, und ich denke, wir können es uns wohl leisten, einen guten Beitrag zu geben.«

Verlust durch Religion! Nun, ich möchte wissen, was aus manchem unter euch geworden wäre, wenn Gottes Gnade euch nicht errettet hätte! Wohin kann die Trunksucht und das Laster den Menschen bringen! Wohin bringt selbst die Moralität die Menschen? Sie haben das frostige Mondlicht der Selbstbefriedigung, aber zur Zeit der Not fehlt ihnen der warme Sonnenschein der Liebe und Gnade des Herrn, um sie zu trösten. Jawohl, wenngleich unsere herrlichsten Freuden noch geoffenbart werden müssen, hat es dennoch Gott wohl gefallen, der Selbstübergabe an seinen Sohn viele zeitliche Segnungen beizulegen. Und wer wollte da nicht gern ein Christ sein?

»Die Sache hat auch ihre Schattenseiten«, sagt jemand. »Wenn wir fromm sind, werden wir bespöttelt und ausgelacht.« Ich denke, dass ich daran ziemlichen Anteil habe, aber das hat mir keinen Schaden getan und mir kein Glied am Leibe zerbrochen, ja, mir nicht einmal eine Stunde Schlaf geraubt.

»Aber wir werden gerade im eigenen Hause so grausam behandelt.« Ja, ich weiß, dass das eine sehr ernste Prüfung ist, und dennoch schafft sie die segensreichsten Resultate. Wenn deine Verfolgung aufhören sollte, so wäre das vielleicht das Schlimmste, was dir begegnen könnte. Ich kannte einen jungen Mann in sehr guter Lebensstellung, der augenscheinlich ein sehr ernster Gläubiger und der unermüdlichste Arbeiter war, den ich kennen gelernt hatte. Er hatte daheim wegen seiner Religion viel Widerstand zu erfahren, doch er gab nie um einen Zoll breit nach, sondern fuhr fort, ernstlich für Christus zu arbeiten. Nun hat der Widerstand aufgehört, und er hat sein eigenes Heim, aber ich sehe jetzt bei ihm keinen besonderen Ernst – derselbe hörte auf, als die Verfolgung aufhörte.

Ich habe keine Neigung zu wünschen, dass jeder junge Christ einen ebenen Pfad habe, denn ich finde, dass die kühnsten Gläubigen oft die sind, die die schwersten Kämpfe zu bestehen hatten, um ihre Frömmigkeit zu bewahren. »Es ist ein köstlich Ding einem Mann, dass er das Joch in seiner Jugend trage« (Klagelieder 3,27). Wenn ihr zu viel schönes Wetter habt, werdet ihr jenen Gartenpflanzen gleichen, die zu schnell wachsen: Sie werden nicht stark, sie hatten anfangs zu viel Sonne und es wäre ihnen besser gewesen, wenn sie etwas mehr Kälte gehabt hätten. Ihr wisst, dass der Sellerie nicht gut wird, bis er scharfen Frost bekommen hat, und es gibt manche Christen, die umso besser gedeihen, wenn sie etwas Verfolgung oder Trübsal haben. Sie scheint sie niederzudrücken, aber zugleich gibt sie ihrem Christentum einen inneren Wert. Wenn ihr mich fragt, ob ich es denn gern sehe, wenn wir Widerstand erfahren, so antworte ich: »Nein, das ist nicht der Fall, aber ich möchte euch diese Last nicht abnehmen, selbst wenn ich könnte, denn es ist besser, dass ihr wenigstens etwas davon zu tragen habt.«

Wirklich gerettet, ein Christ zu sein und Christus anzugehören und zu wissen, dass ihr einen ewigen Heiland habt, ist das nicht wert, von vielen Toren verlacht zu werden? Wenn ihr wisst, dass ihr Christus und in ihm ewiges Leben habt, so könnt ihr es ertragen, wenn alle Esel mit einem Male »i-ah« ausstoßen, ohne dass ihr dadurch beunruhigt werdet. Meine lieben jungen Freunde, ich flehe darum, dass ihr dahin gebracht werdet, dies zu erwägen und zu schätzen, und dass ihr durch den Heiligen Geist veranlasst werdet, zu sagen: »Jesus soll mein sein, ich will mich ihm anvertrauen, gleichviel, welche Folgen das auch haben mag.« Ihr werdet nie zu Christus kommen, wenn ihr nicht fühlt, dass ihr ihn nötig habt, wenn ihr nicht davon überzeugt seid, dass ihr wirklich Sünder seid und das bußfertig vor Gott bekennt. Wenn aber der Herr dahin auf euch eingewirkt hat, dass ihr euren wirklichen Zustand erkennt, so kommt, und ihr seid dem Heiland willkommen, der für die Schuldigen gestorben ist. Lasst euch nicht durch Scham oder Furcht fernhalten, die großen Tore der göttlichen Barmherzigkeit stehen weit geöffnet, so dass alle Sünder, die an Jesus glauben, durch sie eintreten und in das Reich Gottes eingehen können, denn »*also hat Gott die Welt geliebt, dass er seinen eingeborenen Sohn gab, auf dass alle, die an Ihn glauben, nicht verloren werden, sondern das ewige Leben haben*« (Johannes 3,16).

Nachdem ihr, liebe Freunde, für euch selbst Christus vertraut habt, denkt daran, dass alle, mit denen ihr zusammentrefft, es nötig haben, von dem Heiland zu hören, der euch errettet hat. Ich habe manche liebe ernste Christen gekannt, welche kaum aufhören konnten, von ihrem Christentum zu sprechen, und manche von ihnen haben zuweilen sehr unvorsichtig gesprochen. Aber ich wollte doch lieber von Hunderten solche Unvorsichtigkeiten hören, als dass ihr euch gegen die Wohlfahrt der Seelen um euch her gleichgültig zeigtet. Beachtet es nicht weiter, wenn ihr hin und wieder als »unklug« bezeichnet werdet; es gibt wohl keinen, der jemals etwas für Christus getan hat, dem es nicht nach dem Urteil anderer Leute an Vorsicht gefehlt hätte. Diese sind natürlich so klug gewesen, dass sie nie zu jemand über Christus gesprochen haben. Sie sind so klug gewesen, dass sie nie gelebt haben, wie Christen leben sollten. Sie sind in ihrem seligmachenden Glauben so klug gewesen, dass sie ihr Geld gespart und nie etwas für Christi Sache gegeben haben. Sie sind so klug gewesen, dass sie, wenn es bei ihnen zum Sterben kam, ernstlich die Frage aufwerfen mussten, ob sie denn überhaupt Christen seien. Und sie sind so klug gewesen, dass, als sie gestorben waren, ihre Freunde nicht wussten, was sie von ihnen sagen sollten, aber sie hofften dennoch, dass der Herr irgendwelches Zeichen der Gnade in ihnen sehen werde, wenngleich während ihres Lebens niemand etwas Derartiges an ihnen gesehen hat.

Ich für meinen Teil wünsche nicht, eine unnütze Suppenzutat zu sein, und ich hoffe, dass ihr etwas sein werdet, das Würze hat, und dass ihr das zeigen werdet, indem ihr zu anderen von dem sprecht, was ihr selbst erfahren habt. Es gibt manche Dinge, die Würze in sich haben, aber das wird nie bekannt, bis sie zerstoßen oder gekocht werden, und es gibt manche Christen, deren Vortrefflichkeit nicht offenbar wird, bis sie zu leiden haben. Darum schreckt vor der feurigen Trübsal, die eurer warten mag, nicht zurück, sondern blickt zu dem Herrn auf, der für die Prüfungsstunde genügende Gnade für euch bereit hält, und zieht fröhlich weiter, indem ihr singt:

> *»Werden wir auch, wie geschrieben,*
> *Täglich von der Welt gekränkt,*
> *Zu der Schlachtbank hingetrieben*
> *Und aus bitter'm Kelch getränkt:*
> *Oh, so ist es uns kein Schade,*
> *Denn wir haben Gottes Gnade;*
> *Ja, wir überwinden weit!*
> *Gott liebt uns in Ewigkeit!«*

Das Auge – ein Sinnbild des Glaubens

Liebe Freunde! Ehe wir uns wieder zum Gebet vereinigen, wobei wir heute Abend die meiste Zeit zubringen werden, möchte ich eben einige Worte zu euch reden, indem ich euch das Evangelium als etwas sehr Einfaches und Klares vor Augen führe. Mein Gegenstand soll sein:

Das Auge – ein Sinnbild des Glaubens,

und seltsam genug ist, dass ich eine Illustration zu meinem Thema habe und noch dazu eine sehr schmerzliche in meinem eigenen Auge. Ich meine diesen Ausdruck ganz buchstäblich. Ich weiß nicht, was es ist, aber irgendein kleines Etwas hat seinen Weg in mein Auge gefunden, und das macht mir viel Schmerzen. Ich will aber dieses Leiden nicht beachten, wenn euer etliche die Lektion lernen, die es mich bereits gelehrt hat.

Ich dachte darüber nach, dass das Auge das Sinnbild des Glaubens ist. Niemand, der seine gesunden Sinne hat, wünscht etwas in seinem Auge zu haben. Er wünscht, sein Auge so zu haben, wie eben ein Auge sein sollte – ohne auch nur das Geringste darin, sondern hell und stark und klar, und das ist genau das, was wir von unserem Glauben wünschen, dass er nämlich hell und stark und klar sei, dass nichts darin sei, so dass wir einfach zu Christus aufblicken und gerettet werden.

Mein Auge sieht sich selbst nicht, ich kann mein Auge nicht sehen, es sei denn, dass ich vor einem Spiegel stehe. Es gibt manche Leute, die beständig ihren eigenen Glauben sehen möchten, aber das ist nicht das Rechte, danach wir ausschauen sollten. Ihr könntet ebenso gut wünschen, euer Auge herauszunehmen, um seinen Bau und seinen Nutzen zu prüfen. Nein, nein, der Gegenstand, auf welchem euer Glaube beruht, auf den er sich verlässt, das, wovon eure Seligkeit abhängt, ist nicht euer Glaube, sondern das, was euer Glaube sieht. Versucht es nicht, euer eigenes Auge zu sehen, schaut durch euer Auge als durch das Fenster eures Leibes und blickt auf den Gegenstand, den ihr zu sehen wünscht, und in derselben Weise gebraucht in einem geistlichen Sinn euren Glauben. Jesus Christus ist des Sünders Heiland, und der Glaube ist einfach das Auge, das zu ihm aufschaut. Oh, dass du, lieber Zuhörer, in diesem Augenblick zu ihm aufschauen möchtest, denn:

> »Wer Jesus am Kreuze im Glauben erblickt,
> Wird heil zu derselbigen Stund';
> Drum blick nur auf ihn, den der Vater geschickt,
> Der auch für dich ward verwund't.«

Denke nicht so viel über deinen Glauben nach als vielmehr über Christus, auf den du durch den Glauben zu blicken hast. Wünsche nicht, etwas in deinem Auge zu haben. Wenn etwas hineinkommt, so muss es wieder heraus, denn es kann dir nicht beim Sehen helfen, sondern wird dir wahrscheinlich viel Schmerz und Leid verursachen. »Ich wünschte«, sagt jemand, »dass ich eine Träne in meinem Auge hätte, ich möchte so gern Buße fühlen.« Ja, mein lieber Freund, aber Tränen sind dir nicht behilflich, eine Person zu sehen – im Gegenteil, sie hindern den klaren Blick auf den Gegenstand, den das Auge sehen sollte. Es ist nicht deine Aufgabe, auf deine Buße zu blicken, sondern auf Christus. Indem du allein auf Christus blickst, wirst du wahrhaft bußfertig werden, wenn du aber auf deine Buße blickst, wirst du nicht bußfertig werden.

Ich erinnere mich eines auffallenden Ausdrucks in jenem köstlichen Buche von Thomas Wilcocks, das ich schon oft angeführt habe: **»Ein köstlicher Honigtropfen aus dem Felsen Christus Jesus.«** Es befindet sich darin etwa folgende Stelle: »Wenn du, indem du Christus suchst, auf deine Buße blickst, so weg mit deiner Buße, denn wenn deine Buße die Stelle Christi einnimmt, dann ist es eine Buße, die es nötig macht, dass dafür

Buße getan werde.« So sage ich zu euch, liebe Freunde, wünscht nicht einmal als einen Teil der Mittel, durch welche ihr hofft, fähig zu werden, Jesus als euren Heiland sehen zu können, eine Träne in eurem Auge zu haben. Bedenkt, dass, wenn eure Tränen auch beständig flössen, sie doch eure Sünden niemals sühnen könnten, das kann Christus ganz allein.

»Aber«, sagt ein anderer, »ich wünschte, ich hätte mehr Gefühl.« Es ist ein merkwürdiger Umstand, dass die, welche sehr oft am meisten fühlen, gerade die sind, die da meinen, dass sie überhaupt kein Gefühl haben. Der eine sagt: »Ich habe eine wahre Angst darüber, dass ich nicht fühlen kann.« Gewiss, diese »Angst« ist der klare Beweis von einer sehr starken Empfindung. Ein anderer sagt: »Mir könnte das Herz darüber brechen, dass ich ein Herz von Stein habe.« Kein Herz von Stein hat je gefühlt, dass es brechen könnte, doch es ist wahr, dass die, welche am meisten fühlen, sich so vorkommen, als fühlten sie überhaupt nicht. Und doch ist das ein wirkliches Fühlen und kein Irrtum. Ihr habt nicht nötig, teure Freunde, euch Gefühle zu wünschen; sie sind gleich dem Stäubchen, das in mein Auge gedrungen sein muss – viel besser draußen als drin.

Ihr habt mit nichts anderem etwas zu tun als allein mit Christus, dem Grund und Gegenstand eures Glaubens. Beachtet den Inbegriff des Evangeliums, wie Paulus ihn den Korinthern gibt: »*Ich habe euch zuvörderst gegeben, was ich empfangen habe: dass Christus gestorben sei für unsre Sünden nach der Schrift*« (1. Korinther 15,3). Der Apostel Petrus stellt es mit gleicher Klarheit dar: »*Welcher unsre Sünden selbst hinaufgetragen hat an seinem Leibe auf das Holz*« (1. Petrus 2,24). Wenn ihr etwas Eigenes – eure Gefühle oder eure Tränen – mit Christus vermengt, so entehrt ihr ihn. Wollt ihr eure befleckten Lumpen an das glitzernde Kleid seiner fleckenlosen Gerechtigkeit anflicken? Es sei ferne von jemand unter euch, so etwas versuchen zu wollen. Geht und spannt eine Mücke mit einem Cherub in ein Joch und seht zu, wie beide miteinander arbeiten werden, aber versucht es nie, Christus und euch zusammenzufügen und das Werk zu tun, das er vollständig und für immer vollendet hat. Schüttelt alles ab, das dem Vertrauen auf das, was ihr seid oder sein könnt, auch nur ähnlich ist.

Ihr habt vielleicht schon einen Ballon gesehen, der zur Auffahrt ins Wolkenland bereit war, und indem ihr darauf blicktet, habt ihr euch vielleicht gefragt: »Warum steigt er nur nicht auf? Er ist doch mit Gas gefüllt, und die Mitreisenden sind bereits in der Gondel, es scheint alles fertig zu sein, warum steigt er nicht auf?« Die meisten Seile sind schon durchschnitten, aber der Ballon sitzt fest, weil ihn noch ein Tau an die Erde bindet, und erst, wenn dies letzte Tau durchschnitten ist, kann er hinauf nach oben schweben. Das ist es, was bei euch geschehen muss. Vielleicht habt ihr etwas eigenes Gutes, ein kleines Etwas, darauf ihr meint, trauen zu können. Wenn es so ist, müsst ihr dieses Tau und alle anderen durchhauen, denn ihr müsst frei und los werden von allem, darauf ihr euch verlassen möchtet, und euch allein auf Jesus Christus, den einzigen Heiland, werfen. »*Gott hat den, der von keiner Sünde wusste, für uns zur Sünde gemacht, auf dass wir würden in ihm die Gerechtigkeit, die vor Gott gilt*« (2.Korinther 5,21). »*Alles und in allen Christus*« (Kolosser 3,11). »*Ihr seid vollkommen in ihm*« (Kolosser 2,10). »*Vollkommen in Christo Jesu*« (Kolosser 1,28). »*Welcher uns gemacht ist von Gott zur Weisheit und zur Gerechtigkeit und zur Heiligung und zur Erlösung*« (1.Korinther 1,30). Dies ist die Lehre der Schrift. Ihr könnt Christus nicht haben und ihn mit etwas anderem vermengen, ihr müsst »**Jesus allein**« haben.

Es soll mich wundern, ob sich etliche unter euch an dieses kleine Etwas in meinem Auge erinnern werden und ob ihr sagen werdet: »Ich muss mein Auge rein und klar haben, ich muss damit direkt auf Christus blicken.« Ihr wisst, wenn jemand recht gesund ist, denkt er nicht an sein Auge. Ihr könnt meilenweit in einem Zuge reisen, und solange euer Auge in Ordnung ist, denkt ihr gar nicht daran, und je weniger ihr über euren Glauben nachdenkt, desto besser ist es, und je mehr ihr über Christum nachdenkt, desto besser ist es. Denn was ist nach allem euer Glaube an und für sich? Abgesehen von Christus, gäbe es nichts, daran man zu glauben hätte, und darum gäbe es keinen Glauben, und was gibt es, das mit Christus zu vergleichen wäre? Hinweg denn, hinweg, hinweg mit allem, was du hast, und mit allem, was du bist, und blicke allein auf Jesus Christus, deinen Herrn und Heiland!

»Nichts zu sagen«

Liebe Freunde! Als ich vor einigen Minuten aufstand und versuchte, darüber nachzudenken, was ich euch sagen könnte, da entdeckte ich, dass ich

nichts zu sagen

hatte. Ich habe den Stoff zu einer kurzen Ansprache oft gefunden, während ich an diesen glücklichen Montagabenden mit euch hier weilen durfte, und heute Abend legt mir meine Erfahrung einen Gedanken nahe, den wir nach meiner Ansicht auf einige Minuten einer nützlichen Betrachtung unterziehen könnten, um dann wieder zum Gebet zurückzukehren, zu welchem wir stets gern den größten Teil unsrer Zeit verwenden. Etliche unter euch mögen sich wohl fragen, ob ich wohl je zuvor gefühlt habe, dass ich »nichts zu sagen« gehabt hätte.

Jawohl, das ist in meinem Leben öfter als einmal der Fall gewesen, und zum ersten Male war es besonders so bei mir, **als ich mich unter der Überzeugung von meiner Schuld befand.** Durch des Herrn zurückhaltende Gnade und durch den heiligen Einfluss sowohl des Vaterhauses wie des Großvaterhauses blieb ich vor gewissen äußeren Formen der Sünde, in denen sich andere ergehen mögen, bewahrt, und wenn ich zuweilen über mich nachdachte, meinte ich wirklich, dass ich ein ganz respektabler Knabe wäre, und war halb geneigt, mich dessen zu rühmen, dass ich nicht war wie andere Knaben: unehrlich, unwahr, ungehorsam und dergleichen mehr. Aber plötzlich trat mir Mose mit dem Gesetz Gottes in seiner Hand entgegen, und als er mich ansah, schien er mich mit seinen Flammenaugen ganz durchforschen zu wollen. Er gebot mir, »Gottes zehn Worte« – die zehn Gebote – zu lesen, und als ich sie las und dabei an das dachte, was mir über ihren geistlichen Sinn, wie der Herr Jesus ihn hineingelegt hatte, gesagt worden war, schienen sie sich alle miteinander zu verbinden, um mich vor den Augen des dreimal heiligen Jehovah anzuklagen und zu verdammen. Da ward ich, wie Daniel, *»sehr entstellt und hatte keine Kraft mehr«* (Daniel 10,8), und ich verstand, was Paulus sagen wollte, als er schrieb: *»Wir wissen aber, dass, was das Gesetz sagt, das sagt es denen, die unter dem Gesetz sind, auf dass aller Mund verstopft werde und alle Welt Gott schuldig sei«* (Römer 3,19).

Als ich mich so vor Gott schuldig sah, konnte ich zu meiner Verteidigung oder Entschuldigung oder Beschönigung nichts sagen. Ich bekannte in feierlichem Schweigen dem Herrn meine Übertretung, aber ich konnte kein Wort der Selbstrechtfertigung oder Bemäntelung sagen, denn ich fühlte, dass ich der schrecklichen Sünden wider den Heiligen Israels schuldig sei. Ich erinnere mich noch, dass es ein entsetzliches Schweigen war, das sich zu jener Zeit meiner bemächtigte. Selbst wenn ich es versucht hätte, ein Wort zu meinen Gunsten zu sagen, so würde ich mich doch als Lügner selbst verdammt haben. Ich fühlte, dass Hiobs Worte auf mich anwendbar waren: *»Wenn ich mich gleich mit Schneewasser wüsche und reinigte meine Hände mit Lauge, so wirst du mich doch tauchen in Kot, und so werden mir meine Kleider gräulich anstehen. Denn er ist nicht meinesgleichen, dem ich antworten könnte«* (Hiob 9,30–32). Und so sagte ich nichts, als ich unter dem Schuldbewusstsein meiner Sünde stand, weil ich »nichts zu sagen« hatte.

Ich will euch von einem anderen Male erzählen, da ich »nichts zu sagen« hatte, und das war, **als ich zuerst den Herrn Jesus Christus als meinen Heiland sah.** Ich erinnere mich noch sehr gut, wie er mir sagte, dass er mich je und je geliebt[75] und sich selbst dargegeben habe, um für mich zu sterben: Ich kann seine wundervollen Worte und die Wirkung, die sie hervorbrachten, nie vergessen. Ich hätte jauchzen mögen: »Hallelu-

---

75   Vgl. Jeremia 31,3.

ja!« Ich hätte mir die Harfen aller Engel borgen mögen, um alle Himmel vom Lobe meines Heilandes wiedertönen zu lassen, ich hätte alle Sterne auffordern können, seine Ehre zu besingen, und jede Stimme im Himmel und auf Erden veranlassen können, ihm zu danken, der so Großes an mir getan hatte, und da ich das nicht vermochte, konnte ich nur stillsitzen und weinen das Lob der Barmherzigkeit, die ich gefunden hatte.

Es dauerte jedoch nicht lange, da fing ich an, anderen von meines Herrn großer Liebe zu mir zu erzählen.

> *»Oh, dass ich tausend Zungen hätte*
> *Und einen tausendfachen Mund!*
> *So stimmt' ich damit um die Wette*
> *Von allertiefstem Herzensgrund*
> *Ein Loblied nach dem andern an*
> *Von dem, was Gott an mir getan.«*

Ja, es soll geschehen, solange ich noch eine Zunge zum Sprechen habe, aber ich werde es nie ausreden können, und zuweilen kann ich unter dem Bewusstsein seiner großen Güte gegen mich mit dem Dichter singen:

> *»Ich will von Deiner Güte singen,*
> *Solange sich die Zunge regt;*
> *Ich will dir Freudenopfer bringen,*
> *Solange sich mein Herz bewegt;*
> *Ja, wenn der Mund wird kraftlos sein,*
> *So stimm' ich noch mit Seufzen ein.«*

Es muss so sein, meine Brüder; aber von Christus sprechen, wie er es verdient, ist ganz unmöglich, solange wir noch in diesem unvollkommenen Zustande sind.

Ich hoffe, dass niemand unter euch jemals in der Lage sein wird, dass er **vor Gott, dem Richter über alle,** »nichts zu sagen« habe. Erinnert euch des Mannes, der, ohne ein hochzeitliches

Kleid angelegt zu haben, zum Hochzeitsmahl des Sohnes des Königs erschien. Als der König hereinkam, die Gäste zu besehen, sagte er zu ihm: »*Freund, wie bist du hereingekommen und hast doch kein hochzeitlich Kleid an?* **Er aber verstummte**« (Matthäus 22,12). O ihr, die ihr das Evangelium hört, es aber nicht annehmt, die ihr euch mit uns in der Anbetung Gottes vereinigt und euch doch dem Herrn Jesus Christus nicht übergebt, besonders ihr, die ihr das unflätige Kleid eurer eigenen Gerechtigkeit dem vollkommenen Kleid der Gerechtigkeit Christi vorzieht – ihr werdet nicht imstande sein, auch nur ein Wort zu eurer Verteidigung und Rechtfertigung zu sagen! Die Schande wird eure Zungen gebunden halten, das Gewissen wird nicht dulden, dass ihr auch nur eine Silbe sprecht, und der König wird sagen zu seinen Knechten: »*Bindet ihm Hände und Füße und werfet ihn in die Finsternis hinaus! da wird sein Heulen und Zähneklappern*« (Matthäus 22,13), und ihr werdet auf ewig von seinem Angesicht vertrieben werden. Oh, meine Zuhörer, lasst das bei keinem unter euch geschehen! Möchte der Heilige Geist jetzt in euch wirken Buße zu Gott und Glauben an unseren Herrn Jesus Christus! Gott gebe es um Christi willen! Amen.

Fasten und Verfall

Liebe Freunde! Ich bat euch, jetzt ganz besonders für die **Abgewichenen** und für die zu beten, die so nach und nach von den Wegen Gottes abweichen, dass die ewige Barmherzigkeit sie aufhalte und wieder zu einem besseren und glücklicheren Zustand zurückführe.

Ihr habt kürzlich in den Zeitungen einen Bericht über einen fastenden Mann gelesen, und ich fürchte, dass es Leute gibt, die geistlich das tun, was dieser törichte Mensch physisch zu tun versucht: Er versucht, ausfindig zu machen, wie lange er fasten kann. Ich vermute, dass er probieren wird, ob er vierzig Tage, ohne zu essen, leben kann. Ich empfehle es niemand unter euch, seinem Beispiel zu folgen, und ich nehme an, dass, wenn ich es täte, ihr es wahrscheinlich doch nicht versuchen würdet. Es gibt doch nicht Toren genug in der Welt, um solches Experiment in einem größeren Umfange vorzunehmen. Gott hat es zum Gesetz unseres Daseins gemacht, dass wir essen müssen, um leben zu können, aber dieser törichte Mann scheint feststellen zu wollen, wie lange er dieses Gesetz umgehen und dennoch leben kann.

Ich habe einige bekennende Christen gekannt, welche, wie es mir schien, versuchen wollten, wie lange sie, ohne zu essen, geistlich leben könnten. Sie vernachlässigen das Gebet, vergessen das Lesen der Heiligen Schrift und beschränken den Gebrauch der Gnadenmittel auf ein sehr dürftiges Maß, und was das Kommen zu den Wochengottesdiensten betrifft, so haben sie das schon ganz aufgegeben. Wenn sie nicht ganz ohne alle geistliche Nahrung fertig werden können, so versuchen sie doch herauszufinden, mit wie wenig sie existieren können. Wenn sie das Experiment lange genug versuchen, wird es ihnen ergehen wie einem wertvollen Pferde, das ein Franzose hatte, der es dahin bringen wollte, von nichts mehr zu leben. Schließlich hatte er ihm das Futter bis auf einen Strohhalm für den Tag entzogen, da aber versagte das Experiment, denn das Tier verendete. Manche Bekenner sind hinsichtlich ihrer geistlichen Nahrung für eine ganze Woche bis auf einen Sonntagsgottesdienst heruntergekommen und wir werden nicht allzu sehr erstaunt sein, wenn wir hören, dass ihre armselige Religionsform ganz ausgestorben ist. Sie versuchten, von wie wenig ihre Seelen leben könnten, und in einem solchen Experiment liegt ein furchtbares Risiko.

Zunächst nun, der Mensch, welcher es versucht, ohne Nahrung zu leben, **versagt sich selbst ein natürliches Vergnügen.** Was man auch immer über das Essen zur Ernährung des Leibes sagen mag, dies ist hinsichtlich der geistlichen Nahrung gewiss wahr, denn sich am Worte Gottes weiden, ist dem Herzen eine Wonne, und sich an Christus weiden, ist ein himmlisches Festmahl. Habt ihr das nicht selbst einst empfunden? Dann müsst ihr, wenn ihr euch jetzt der geistlichen Nahrung nicht erfreut, tatsächlich krank sein. Wenn ihr nicht essen könnt, so betrachtet es als ein sicheres Zeichen davon, dass da etwas nicht in Ordnung ist. Der Psalmist spricht von »*Narren*«, denen »*vor aller Speise ekelte*«, und er fügt bezeichnend hinzu: »*und wurden todkrank*« (Psalm 107,17 f.). Gebe Gott, dass wir nicht in einem geistlichen Sinn solche Narren seien.

Wir sind nicht erstaunt zu hören, dass der fastende Mensch **nach und nach am Gewicht verliert.** Das wäre nun gerade kein so großer Schaden für jemand, der so wie ich mit Fleisch überladen ist, aber für die meisten Leute ist es eine sehr bedenkliche Sache, am Gewicht zu verlieren, und wenn ihr nicht geistliche Nahrung habt, werdet ihr gewiss in mancherlei Weise am Gewicht verlieren: Ihr werdet am Gewicht des moralischen Charakters verlieren. Ihr werdet am Gewicht des Einflusses verlieren. Ihr werdet am Gewicht der Festigkeit und des friedevollen Herzens verlieren. Ihr werdet die Kraft im Gebet verlieren. Ihr werdet nach jeder Richtung hin an Macht verlieren, und wenn ihr auch nicht tatsächlich sterbt, so werdet ihr doch zu einem lebendigen Skelett werden.

Ich kenne manche Bekenner, die, wenn sie überhaupt Christen sind, nichts als Skelette sind: Es sind knöcherne Menschen, an denen man sich nicht stoßen möchte, weil es Löcher geben könnte. In dem Augenblick, da ihr mit ihnen zusammenstoßt, fangen sie an, an euch herumzubohren über Formen des Gottesdienstes oder über die Wiederkunft oder über hohen Calvinismus oder über irgendetwas anderes, das nun eben ihre Manie ist. Sie haben an Gewicht verloren, sie haben den Genuss verloren, sie haben alle Freude an der Religion verloren und es wird unbehaglich, mit ihnen zusammen zu sein, denn sie sind sehr geneigt, andere so elend zu machen, wie sie es selber sind.

Jener fastende Mann **verliert auch Kraft.** Er hat keine Kraft, um einen Berg hinauflaufen zu können, er kann jetzt nur wenig tun, und wenn er sein törichtes Experiment fortsetzen sollte, wird er überhaupt nichts mehr tun können. Und was kann der tun, der sich geistlich nicht ernährt? Was können jene Bekenner ausrichten, die keine geistliche Nahrung zu sich nehmen? Geht und holt euch eine Anzahl Schwindsüchtiger aus dem Krankenhause und sagt ihnen: »Kommt, ihr armen Geschöpfe mit euren schwachen Knochen, wir wollen einen Eisenbahntunnel bauen. Hier sind die Planken und Spitzhacken und Schaufeln, geht an die Arbeit und macht den Durchstich so schnell fertig, als ihr nur könnt.« Sie stehen still oder legen sich auf die Erde, und ihr sagt zu ihnen: »Warum geht ihr nicht an die Arbeit?« Ach, die armen Wesen können sie ja nicht tun! Einer von ihnen versucht es, seine Haue aufzuheben, aber sie ist zu schwer, so dass er sie nicht aufheben kann, noch weniger kann er Arbeit damit tun. Ein anderer ergreift seinen Spaten und setzt seinen Fuß darauf, aber es ist keine Kraft in ihm, und so sagen wir zu ihnen allen: »Ihr tut am besten, ins Krankenhaus zurückzukehren.« Nun bringt uns ein Dutzend kräftige Erdarbeiter und sagt ihnen, was ihr getan haben wollt, gebt ihnen die Spitzhacken, die Schaufeln und die Planken und seht, wie sie an die Arbeit gehen und ihre Werkzeuge gebrauchen, als ob sie mit Nadeln umgingen! So lasst einen Menschen durch das Genießen des wundervollen Brotes, das Jesus Christus unserer Seele gibt, geistliche Kräfte sammeln, und ihm wird alles möglich sein. Was kann er aber ausrichten, wenn er ohne diese geistliche Speise dahinlebt?

IV.
Gemischte Ansprachen

An Sünder gerichtete Predigten

Ich hoffe, dass wir als eine Gemeinde stets das sehnliche Verlangen nach der Bekehrung aller pflegen werden, die zu unserer Tür eingehen, ja aller, die um uns her wohnen. Ich hoffe, dass ihr nie wünschen werdet, dass der Prediger so predige, dass ihr geweidet werdet ohne Rücksicht darauf, ob Sünder gerettet werden oder nicht, noch dass ihr euch zu einer behaglichen Körperschaft bildet, die nur den Zweck hat, sich zu nützen und sich gegenseitig zu bewundern. Uns verlangt danach, die Hochzeitstafel voll besetzt zu sehen. Die öffentliche Wirksamkeit darf sich nicht auf einen Teil der Wahrheit beschränken, denn soweit Sterbliche es vermögen, soll der ganze Rat Gottes verkündigt werden.[76] Es ist mir eine Lust, die Lehre von der Erwählung und alle anderen großen Lehren zu predigen, die Jehovahs besondere Liebe zu seinen Auserwählten erklären, aber ich habe es zugleich als meine Pflicht erkannt, das Evangelium aller Kreatur zu predigen. Wir kennen für unsere Einladung keine andre Schranke als diese: »*Wer da will, der nehme das Wasser des Lebens umsonst*« (Offenbarung 22,17). »*Wohlan, alle, die ihr durstig seid, kommt her zum Wasser! Und die ihr nicht Geld habt, kommet her, kaufet und esset; kommt her und kauft ohne Geld und umsonst beides, Wein und Milch*« (Jesaja 55,1).

Kürzlich amüsierte mich eine Geschichte, die mir ein lieber Mitarbeiter am Evangelium erzählte. Eines seiner Gemeindeglieder kam zu ihm und sagte, dass er die Absicht habe, sich einer anderen Gemeinde anzuschließen, die höher in der Lehre stehe und sich weniger mit Evangelisationsbestrebungen befasse. Es sagte: »Wenn Sie die Lehren von der Gnade predigen, bin ich sehr glücklich, wenn ich aber höre, wie Sie Sünder einladen, zu

---

76 Vgl. Apostelgeschichte 20,27.

Christus zu kommen, dann will mir das Herz entfallen.« »Das ist ja sehr betrübend«, sagte der Prediger, »aber ich kann doch um deswillen meine Predigtweise nicht ändern, denn ich halte dafür, dass Sie nicht richtig stehen.« Als unser Bruder an jenem Abend mit seiner Gemeinde zur Gebetsversammlung zusammenkam, erzählte er, was vorgegangen war, und sagte: »Ich kann es nicht unterlassen, den Sündern zu predigen, wie ich das bisher getan habe, selbst wenn eurer noch mehrere davonlaufen sollten. Ich werde Sündern predigen, solange noch irgendwo ein Sünder ist.« Unser Freund sagte dann ferner, dass die Predigtweise bei gewissen Freunden ihn an seine Knabenschuljahre erinnerte. Ein Knabe hatte einen niedlichen, rotbackigen Apfel, den er vor den Augen seines Freundes wie einen Ball in die Luft warf und dann zu ihm sagte: »Siehst du diesen Apfel?« »Ja.« »Nun, dann sieh ihn dir recht genau an«, erwiderte der Knabe, »denn das ist dein Teil, den du daran hast«, und dann steckte er ihn wieder in die Tasche. Ein anderer Spielgenosse zeigte sich freigebiger und sagte: »Aber lass doch den armen Jungen wenigstens daran riechen!« Aber weiter ging selbst seine Freigebigkeit nicht. Habt ihr nie derartiges Predigen gehört? »Hier ist ein köstliches Heil! Ich hoffe, ihr Sünder seht, wie köstlich es ist, denn das ist der Teil, den ihr daran habt.« Der Prediger steckt seine himmlische Frucht wieder in die Tasche, und die Predigt ist aus, und das wird freie Gnade genannt! Die Freigebigsten unter denen, die es nicht wagen, den Sünder einzuladen, versuchen es, ihm das Evangelium zu riechen zu geben, indem sie ihm von dem Frieden und der Freude sagen, die es bringt.

Nun, wenn ich Sündern predige, fühle ich mich stets geneigt, jeden einzelnen zu bitten, den goldenen Apfel in seine Tasche zu stecken, denn diese köstliche Frucht von dem Baume des Lebens kann Millionen gehören und doch kann sie noch ganz für andere Millionen übrigbleiben. Es gibt nicht einen Sünder in der Welt, dem gesagt werden müsste, dass er nicht zu Jesus kommen dürfe, um alle Segnungen des Evangeliums zu empfangen. Welch ein Segen ist es doch, nicht nur ein völliges, sondern auch ein freies

Heil predigen zu dürfen! Ich wenigstens empfinde, dass es so ist. Ein jeglicher muss je nach dem Lichte sprechen, das er hat, aber während ich klar die Lehren von der unterscheidenden Gnade erkenne, sehe ich auch die Allgemeinheit der Forderung des Evangeliums ein.

Vor vielen Jahren hatte ich einen lieben alten Freund, der gleich mir eine Vorliebe für die calvinistische Lehre hatte. Er sagte eines Tages zu mir: »Ich liebe es, zu hören, wie Sie die Lehren von der Gnade predigen, aber mir wird unbehaglich zu Mute, wenn Sie die Sünder so freimütig einladen. Mir ist dann, als könnte ich nicht auf meinem Platze aushalten.« Ich sagte zu ihm: »Soll ich denn nun, um Ihnen zu gefallen, die Einladung an die Sünder aufgeben?« »O nein, keineswegs«, erwiderte er, »denn vor einem oder vor zwei Monaten ging mein Schwiegersohn, um dessen Seele ich sehr besorgt war, hin, um Ihre Predigt zu hören, und Sie sprachen sehr überzeugend zu den Sündern und boten ihnen Christus so frei als nur möglich dar. Ich selbst freute mich nicht darüber, aber als ich heimkam, fand ich meinen Schwiegersohn in Tränen, und jene Predigt brachte ihn unter der Einwirkung des Heiligen Geistes zum Heiland. Darum denke ich, Sie tun am besten, in Ihrer gewohnten Weise fortzufahren und Ihre Predigtweise nicht zu ändern, um einem so alten Mann, wie ich es bin, zu gefallen.«

Ich antwortete: »Genauso empfinde auch ich, ich möchte gern in allem mit Ihnen übereinstimmen, aber ich möchte doch auch den Versuch nicht wagen, die eine Seite der Wahrheit auszulassen.« Späterhin sagte er zu mir: »Wenn ich auch mit Ihren Einladungen an Sünder nicht ganz übereinstimme, so ist doch klar, dass Gott sie segnet, und darum muss ich mir die Sache noch näher ansehen, um herauszufinden, ob ich recht habe oder nicht. Sie haben die Lehren von der Gnade verkündigt, und doch haben Sie die Einladungen des Evangeliums ebenso frei dargeboten, und ich hoffe, mein lieber Freund, dass Sie fortfahren werden, das zu predigen, was Sie in Ihrer eigenen Seele als richtig erkannt haben.« Ich bin seinem Rate gefolgt und ich hoffe es zu tun, solange der Herr mich hienieden lässt. Wir werden die Lehre von Gottes Souveränität verkündigen, ohne sie herabzustimmen, und die erwählende Liebe, ohne ins Stottern zu geraten, aber wir werden auch die andere Wahrheit verkündigen.

Die, welche sich nach der einen Richtung hin von uns unterscheiden, müssen auch bedenken, dass es andere gibt, die sich nach der anderen Seite hin von uns unterscheiden. Eine Schwester sagt in einem Briefe an mich, dass, wenn ich nun einmal an die Erwählung glaube, sie doch nicht möchte, dass ich die Lehre predige, sondern sie rät mir, das für mich zu behalten und für mich selbst Trost daraus zu schöpfen. Ich weiß nicht, wer diese Freundin ist, denn sie hat ihren Namen unterzuschreiben vergessen, aber ich möchte es sie doch gern wissen lassen, dass ich ihre Idee auch nicht einen Augenblick annehmen kann. Sicherlich erwartet sie auch nicht von mir, dass ich tue, wie sie sagt, denn wenn ich es täte, würde ich wie ein Jesuit handeln. Ich würde das eine sagen und etwas anderes glauben, und das sei ferne von mir! Ich hoffe, dass keine irdische Macht mich je dahin bringen wird, das zu tun, nein, auch nicht einmal ein anonymer Brief von einer lieben Dame!

Ich werde alles predigen, davon ich glaube, dass es in Gottes Wort steht, ob meine Zuhörer es annehmen oder nicht. Es ist mir ein großer Trost, dass so große Scharen meine Predigten annehmen, und ich bin nie erstaunt, wenn ich solche antreffe, die es nicht tun. Ich erwarte nicht, dass jedermann alles genieße, was ich auf den Tisch setze. Ich mag zuweilen das eine Gericht mit zu viel Salz oder mit zu viel Pfeffer würzen, aber euer eigenes Urteil wird unter viel Gebet euren Geschmack bestimmen. Wir müssen die ganze Wahrheit predigen, und dies eine ist gewiss: Wir werden die Liebe zu den Seelen der Menschen nie aufgeben und werden nie aufhören, es zu versuchen, die Verlorenen von den Landstraßen und Zäunen hereinzubringen.[77] Solange wir

---

77 Vgl. Matthäus 22,9 f.

leben, werden wir den herrlichen Ruf unseres Herrn Jesus wieder ertönen lassen: »*Kommet her zu mir, alle, die ihr mühselig und beladen seid; ich will euch erquicken*« (Matthäus 11,28). Mühselige und Beladene werden dieses gnadenvolle Wort beständig hören, und wenn sie nicht zu Jesus kommen, so sei ihr Blut auf ihrem Haupt, denn die Einladung ist so frei, wie der Segen völlig ist. Die Posaune des Evangeliums erklingt hell und klar über Berg und Tal. »*Der Geist und die Braut sprechen: Komm! Und wer es hört, der spreche: Komm! Und wen da dürstet, der komme; und wer da will, der nehme das Wasser des Lebens umsonst*« (Offenbarung 22,17). Wir können nicht machen, dass Menschen kommen; das ist das Werk des Heiligen Geistes. Aber wir können sie durch die Liebe Jesu und durch die Schrecken des Herrn zu überzeugen suchen. Wir können Christus den Sündern predigen, wenn wir die Sünder nicht zu Christus hinpredigen können, und wir wissen, dass des Herrn Wort nicht wieder leer zurückkommen soll.[78]

---

78 Vgl. Jesaja 55,11.

Ein voller Christus für leere Sünder und Heilige

Es war eine sehr schöne Art sich auszudrücken, als jemand von »einem reichen Christus für arme Sünder und Heilige« sprach. Mir ist, als könnte ich dem einen anderen Ausdruck zur Seite stellen, der unsere Erfahrung von Christi Köstlichkeit ebenso gut beschreibt. Er lautet:

Ein voller Christus für leere Sünder und Heilige.

Abgesehen von der Schuld, die das Herz des Sünders zu etwas Schlimmerem als zu einem leeren Herzen macht, ist eine Leere in seinem Herzen, und der Gläubige ist Tag für Tag von der fortgesetzten Gnade Gottes noch ebenso abhängig, als er es anfangs war, da er schuldbeladen und schambedeckt zu Christus kam und Vergebung suchte.

Lasst mich denn zuerst einige Worte sagen über **einen vollen Christus für leere Sünder.** Brüder, seid ihr heute Abend leer? Dann ist Christi Fülle genau das, was ihr nötig habt, und eure Leere ist genau das, was Christus sucht, und wenn die zwei einander begegnen, dann sind, wie unser Bruder eben in seinem Gebet sagte, die rechten Dinge am rechten Platze. Wo könnte eure Leere an einem passenderen Platze sein als da, wo Christus sie füllt? Wo könnte Christi Fülle nützlicher sein, als wenn sie die Leere eines armen, schuldigen Sünders ausfüllt?

»Ach«, sagt jemand, »ich fühle meine Leere nicht.« Dann, mein Freund, bist du einer von den Leeren, weil du nicht einmal ein Gefühl von der Leere hast, das dich füllen könnte. Gewöhnlich finde ich, dass die, welche meinen, ihre Sündigkeit nicht zu fühlen, die sind, die sie am meisten fühlen, und wenn jemand sagen sollte: »Ich fühle die Last der Sünde hinlänglich genug«, so denke ich, dass ich ihm sagen sollte, dass er überhaupt davon noch nichts weiß. Es ist äußerst überwältigend, die Last der Sünde völlig zu empfinden, und kein Mensch denkt wohl je, dass er bußfertig genug ist, oder wenn er so denken sollte, so ist das ein Beweis dafür, dass er überhaupt alle seine Sünden noch nicht bereut hat. Selbst wenn unsere Tränen beständig flössen, so wären sie noch nicht der völlige Ausdruck, wie wir ihn nötig hätten, um die ganze Buße zu bezeichnen, die wir wegen der Sünde fühlen sollten.

»Ich fürchte«, sagt jemand, »dass ich überhaupt nichts Gutes in mir habe.« Dann, mein Bruder, bist du ein anderer von denen, die leer sind. »Aber ich fürchte mich, anzunehmen, dass ich zu ihnen gehöre!« Dann scheinst du selbst der Hoffnung und des Mutes leer zu sein. Gut, gut, du bist also wirklich leer. »Zuweilen habe ich gedacht, dass, wenn ich Verzagtheit fühlte, ich – es ist seltsam, das zu sagen – etwas Hoffnung hegen dürfte, aber ich habe nicht einmal dieses Gefühl.« Wohl, mein Freund, ich sehe, dass du leer bist. Wenn ich dich selbst mit einem Licht ganz durchforsche, ist nichts Gutes, nicht eine Spur von etwas Guten in dir zu finden.

Aber was nun? Dies beweist nur, welch ein leerer Sünder du bist, und für alle leeren Sünder gibt es einen vollen Christus. Wenn sie nur recht leer sind, dann ist der Meister bereit genug, sie zu füllen. Bekennt eure Leere, anerkennt, dass in euch nichts Gutes wohnt, und bittet ihn, euch, ja, euch nach seiner unendlichen Barmherzigkeit und nach seiner großen Güte zu füllen. Ich bin gewiss, dass der Augenblick, in welchem wir in Christus angenehm sind, der Augenblick ist, in welchem wir uns darüber klar sind, dass wir Christi bedürfen und unsere Leere von seiner Fülle ausfüllen lassen müssen. Gewöhnlich erhalten wir Christus, wenn wir uns selbst als die niedrigsten und unwürdigsten der Menschen anerkennen. Wer bankrott und jeden Bewusstseins von dem Verdienst des Geschöpfes und aller menschlichen Hoffnung bar ist, das ist der Mensch, dem der Reichtum der Bundesgnade am gewissesten gehört. Der Herr bringe uns dahin, einzusehen, was wir in seinen Augen sind und dass wir in unserer Auffassung von uns das seien, was wir tatsächlich sind – »*nichts und wie ein Nichtiges und Eitles geachtet*« (Jesaja 40,17).

Aber, liebe Zuhörer, nachdem ich einige wenige Worte über eure Leere gesprochen habe, bitte ich euch nun, viel über Christi Fülle nachzudenken. Ihr seid voller Sünde, wohl, aber er ist voller Barmherzigkeit. Ihr seid voll Schuld, er ist voll sühnender Verdienste. Ihr seid voll Herzenshärtigkeit, er ist euch gegenüber voll Langmut und Zärtlichkeit. Ihr seid voller Irrtümer, er ist voll Weisheit. Ihr seid völlig machtlos, er ist voll Stärke. Wenngleich ihr nichts habt, so hat er doch alles. Es ist große Barmherzigkeit, dass Christus in den Punkten, da es euch gänzlich fehlt, überaus reich ist, und dass seine Verdienste zu eurem Verschulden passen wie der Schlüssel zum Schloss. Christus hat für solche, wie ihr es seid, gesorgt! Sein Charakter und sein Werk entsprechen so ganz den Bedürfnissen eures betrübenden und gefallenen Zustandes.

Wenn ihr nun Christi bedürft, weil ihr leer seid, und wenn Christus euch haben will, weil er voll ist, wer wollte denn Einspruch dagegen erheben, wenn der Vorschlag gemacht wird, dass ihr euch miteinander verbinden möchtet? Hier ist ein Baum mit schöner Frucht beladen, es ist Herbstzeit und sämtliche Äpfel haben rote und gelbe Farbe. Sie sind alle da, um eingesammelt zu werden. Woran fehlt es nun? Nun, es fehlt an Körben. An was für Körben? »Sieh«, sagt jemand, »hier ist ein gefüllter Korb.« Das hat gar keinen Zweck. Ein anderer sagt: »Hier ist noch ein voller Korb.« Aber der kann uns nichts nützen. Was wir für jenen Baum mit seinen Früchten nötig haben, das sind leere Körbe. Nun, hier ist Jesus Christus, der Baum des Lebens, beladen mit den reifen Früchten seiner überschwänglichen Gnade. Woran fehlt es hier? Nun, nicht, dass ihr kommt, die ihr bereits voll seid, nein, sondern, dass ihr kommt, die ihr den leeren Körben gleicht, die ihr der herrlichen Frucht des Lebens bedürft. Er bedarf eurer, und ihr bedürft seiner. Nun sage ich noch einmal: Wer wäre da, der Einspruch erheben könnte, wenn Christus die Sünder liebt, und wenn Sünder seiner bedürfen?

Aber wo ist der Ring? Wie wollen wir die Verbindung zustande bringen? Der Ring ist der Glaube. Wenn du einfältig Christus Jesus vertrauen willst, so bist du gerettet. Manche Leute sagen zuweilen: »Wie, ich soll dies und das glauben, um gerettet zu werden?« Nein, darum handelt es sich hier nicht. Du wirst nicht dadurch gerettet, dass du an dies oder das glaubst. Nicht das Glauben an eine Lehre rettet dich, es ist das Vertrauen auf eine Person, das Verlassen auf ihn, das dich rettet, und wenn du ihm vertraust, dann ist dein Glaube der Trauring, der dich mit dem Herrn Jesus auf ewig verbindet. Diese Verbindung kann durch die Kraft des Heiligen Geistes hier und jetzt geschlossen werden.

Nun möchte ich zweitens ein oder zwei Worte sagen über **einen vollen Christus für leere Heilige.** Ich denke nicht, dass wir schon viel über Christus wissen, wenigstens wir nicht, die wir in göttlichen Dingen erst Anfänger sind. Manche unserer älteren Brüder mögen mehr wissen, aber ich denke, ich weiß genug, um sagen zu können, dass der, der am meisten von Christus weiß, wahrscheinlich auch am meisten von seiner Leere entdeckt hat; dass, je nachdem wir niedergehen, Christus hochgeht, und je mehr und mehr wir von der tiefen Verderbtheit unserer Herzen sehen, wir auch mehr und mehr die erstaunliche Vortrefflichkeit der Person und des Werkes unseres Herrn Jesus Christus sehen werden.

Wie kommt denn ein Christ dahin, sich leer zu fühlen? Nun, es gibt viele Wege. Etliche unter uns sind zu gewissen Zeiten unseres eigenen Willens entleert worden. Du hast ein kränkelndes Kind oder einen kranken Mann oder ein von vielen Schmerzen heimgesuchtes Weib oder eine geliebte Schwester, und hast unter starkem Geschrei und Tränen mit Gott gerungen und hast viel gebetet, und Nacht und Tag hast du deine Bürde getragen und sie ist natürlich sehr schwer gewesen. Endlich bist du dahin gebracht worden zu sagen: »Herr, ich sehe, dass sich hier das eigene Ich geltend machen möchte, ich hätte gern meinen eigenen Willen gehabt«, und nun hat der Heilige Geist dich dahin gebracht zu sagen: *»Nicht mein, sondern dein Wille* *geschehe*« (Lukas 22,42). Es hat vielleicht lange gedauert, ehe du dahin gebracht werden konntest, schließlich aber hast du doch den Eigenwillen zu des Herrn Füßen gelegt, weil du nichts mehr damit zu tun haben wolltest. Du hast gesagt: »Nein, Herr, ich will nicht klagen, ich will kaum noch einen Wunsch aussprechen, ich breite die ganze Angelegenheit vor dir aus, tue, wie du willst. Ich habe dir gesagt, wozu mich die Natur anregte, und du hast mir nun geholfen, mehr der Gnade als der Natur zu folgen. Du hast zu entscheiden, tue, wie du willst.«

Zu solcher Zeit nun, da ihr eures eigenen Willens entleert werdet, fangt ihr auch an, die Fülle Christi zu sehen, denn ich bin überzeugt, dass unser Eigenwille der graue Star auf dem Auge ist, der die Seele daran verhindert, eine klare Anschauung von Jesus zu haben. Wenn aber der Eigenwille Christus unterworfen ist und unter seiner Herrschaft behalten werden kann – welch süßes und köstliches Bewusstsein von der Liebe Jesu können wir dann allezeit genießen! Wenn wir unseres eigenen Willens leer geworden wären, würden wir in dem Willen Gottes eine Fülle der Freuden haben. Es wäre uns lieb, im Leiden zu sein, und wir würden uns selbst der Trübsale rühmen, wenn unser Wille dem Willen Gottes ganz unterworfen wäre, und wir könnten sogar die Rute küssen, mit welcher er uns züchtigt.

Eine andere Art der Leere ist die Entleerung von aller Kraft. Wir, die wir beständig im Werk des Herrn tätig sein müssen, haben diese Leere recht oft zu fühlen. Es ist euch, als ob ihr der nächsten Predigt gar nicht gewachsen oder ganz unfähig wäret, in der Klasse zu unterrichten oder zu denen zu sprechen, die da sind in allerlei Trübsal. Oft ist euch, als ob ihr mit Jona zum Schiff eilen und davonsegeln möchtet. Das Werk selbst ist köstlich, aber es ist euch, als ob ihr keine Tüchtigkeit zu der Aufgabe habt. Ihr geht daran und erfahrt gnadenvolle Hilfe, aber ihr kehrt klagend heim: »Wer glaubt unserer Predigt?« und seid so mutlos wie noch nie. Manche von denen, die ihr für bekehrt hieltet, sind zurückgegangen, andere, die ihr fähig wähntet, unerschütterlichen Glaubens die Trübsal zu erdulden, sind nicht imstande gewesen, zur Zeit der Prüfung festzustehen, und ihr geht sehr entmutigt und niedergeschlagen heim. Oh, das ist die Zeit, da Christus sich aufmacht! Es gibt nichts, das einen so passenden Rahmen bildet, um das Bild Christi hineinzubringen, als ein gründlich zerschlagener Geist. Dann kommen wir zu ihm und fühlen, dass er das große Alles-in-Allem[79] ist, und dass wir armselige Nichtse sind, dann eilen wir zu ihm und bitten ihn, dass er unsere Arbeit durch seine Verdienste angenehm machen und vor seinem Vater für uns beten möchte, dass unsere Schwächen weggenommen oder der größeren Entfaltung der Gnade Gottes Platz machen und dass wir Gott mehr Ehre machen, weil er doch auch durch solche schwache Werkzeuge solche große Taten verrichten kann. Ihr seht die Fülle Jesu Christi als des allmächtigen Heilandes nie so gut, als wenn ihr aller Kraft leer geworden seid.

Und lasst mich euch auch sagen, dass es für die Gläubigen Zeiten gibt, da es scheint, als ob sie selbst alles geistlichen Lebens leer geworden seien. Natürlich sind sie nie so ausgeleert, weil sie leben müssen, da Christus lebt, doch zuweilen scheint es ihnen so, als ob sie ihre Religion ganz verloren hätten und als ob kein Fünkchen wahrer Gottseligkeit in ihnen übriggeblieben wäre. Ihr mögt die Asche umwühlen und niederknien und die Funken anzublasen suchen, aber ihr könnt nicht einmal einen Funken finden. Ihr solltet Gott für alle seine Güte dankbar sein, aber es ist euch, als ob ein großer Stein vor die Tür eures Herzens gewälzt und dieses selbst in ein Grab verwandelt worden wäre. Ihr habt kein Licht. Ihr möchtet beten, denn ihr fühlt, dass ihr beten müsst, ihr könnt ohne Gebet nicht leben, doch eure Gebete sind »unaussprechliches Seufzen«[80]. Es ist euch, als müssten sie die Bande eurer Seele sprengen, und doch ist es euch wieder, als ob ihr überhaupt nichts fühltet. Es gibt Verheißungen, aber ihr könnt sie nicht ergreifen, es gibt Drohungen, aber ihr fühlt deren Kraft nicht. Zu solchen Zeiten ist es etwas Seliges, daran

---

79 Vgl. Kolosser 1,16.
80 Vgl. Römer 8,26.

erinnert zu werden, dass Christus »*selig machen kann immerdar, die durch ihn zu Gott kommen, und lebt immerdar und bittet für sie*« (Hebräer 7,25). Leere Heilige können sich freuen, dass Christus noch der Heiland der Sünder ist. Wieder und wieder werden wir zu Christus allein getrieben, wie es anfangs geschah. Wir sind verpflichtet, aufzublicken, denn wir fühlen, dass, wenn wir nicht aufblicken könnten, es Tod wäre, ins Innere zu blicken, da drinnen nichts sein kann, das uns trösten könnte. In dem Aufblick zu Jesus, in dem Wegblicken vom eigenen Selbst und in dem Hineinblicken in die Wunden Christi und in dem Lesen der Liebe seines Herzens – darin finden wir Trost. Zu glauben, dass ich gerettet bin, wenn die Gnaden des Heiligen Geistes in meiner Seele reichlich vorhanden sind, ist kein Glaube, das ist nur Lesen; sondern an Christus glauben, wenn ihr keinen Beweis sehen könnt, wenn die Sünde zunimmt und Zweifel und Befürchtungen über euch dahinfahren, wenn man im Dunkeln sitzt und in dem Bewusstsein von der natürlichen Verderbtheit sagen muss: »Herr Jesus, ich glaube; über diesen Berg der Sünde hinweg, aus der finsteren Grube dieser Missetat heraus strecke ich meine Hände aus und umschlinge dein Kreuz. Obgleich ich mir von Natur wie ein Teufel vorkomme, der nur verdient, von deiner Barmherzigkeit verstoßen und zur untersten Hölle getrieben zu werden, so glaube ich dennoch, dass du mich retten kannst, und ich werfe mich auf dich und auf dich allein.« Dann geschieht es, dass der leere Heilige, gleich dem leeren Sünder, einen vollen Christus findet, der ganz genau für ihn passt.

Als ich vorhin jene Verse sang, schien mein Geist unseren Herrn Jesus Christus zu malen, und ich stand in stiller Betrachtung vor ihm und sang – ich kann wohl sagen – von ganzem Herzen:

> »*Wenn je ich dich geliebet habe,*
> *Mein Heiland, liebe ich dich heut.*«

Da sehe ich ihn stehen, der bis zu den Füßen mit einem leinenen Gewand bekleidet und mit einem goldenen Gürtel umgürtet ist, und indem ich ihn betrachte, wie bleibt er immer derselbe, und wie wandelt er sich dennoch! In einem Augenblick sehe ich die Mitra auf seinem Haupt, und er ist mein Priester, und ich sehe das Brustschildlein mit köstlichen Edelsteinen besetzt am goldenen Kettlein hängen, und ich freue mich, dass er mein hochgelobter priesterlicher Fürbitter ist!

Und dann sehe ich wieder und siehe, an Stelle der Mitra ist eine Krone da. Er ist ein König, und wie wahrhaft königlich erscheint er – König über Himmel, Erde und Hölle, König meiner Seele, Herr meines Herzens! Blickt auf das silberne Zepter, wie er es schwingt! Wenn er damit schlagen wollte, so könnte er die Nationen zerschlagen, wie eines Töpfers Gefäß mit einer eisernen Rute zerbrochen wird;[81] aber er streckt es aus und fordert mich auf, es anzurühren. »Du«, spricht er zu jedem Gläubigen, »du hast Gnade bei dem Herrn gefunden.«

Nun sehe ich noch einmal, und die Krone ist für einen Augenblick weg, und ich sehe ihn in dem Prophetenmantel. Wie weise er ist! Welche Weisheit trieft von jenen herrlichen Lippen! Wie ich wünsche, zu seinen Füßen zu sitzen und von ihm gelehrt zu werden! Er ist der untrügliche und gute Lehrer, der das Herz lehrt, während andere nur den Kopf belehren.

Blickt nun auf ihn, und indem ihr blickt, fallen eure Augen auf die Nägelmale, und ihr betet ihn an als das Lamm, das erwürgt ward. Und im nächsten Augenblick sind die Nägelmale weg, und ihr seht ihn, wie Salomo ihn sah: »*Seine Hände sind wie goldene Ringe, voll Türkise. Sein Leib ist wie reines Elfenbein, mit Saphiren geschmückt*« (Hoheslied 5,14). Seine Herrlichkeit erstrahlt nun in himmlischem Glanze.

Seht ihn wieder, und in dem Augenblick, da ihr auf ihn schaut, werden eure Augen geblendet – die Gottheit ist so erhaben und

---

81   Vgl. Psalm 2,9.

so herrlich, aber ihr wendet euch wieder hin, und die Menschheit ist so milde und so lieblich! Wenn jene Gottheit allein da wäre, möchtet ihr davor fliehen, aber wenn ihr seht, wie sie durch das durchsichtige Glas der Menschheit Christi hindurchleuchtet, werdet ihr getröstet, und ihr sprecht in der Sprache des Hohenliedes: »*Er küsse mich mit dem Kusse seines Mundes; denn deine Liebe ist lieblicher als Wein*« (Hoheslied 1,2).

Könnt ihr ihn jetzt nicht sehen? Seht ihr ihn nicht? Rings um das gläserne Meer[82] her beugen sich die Engel vor ihm, und die Ältesten mit ihren Schalen voll Rauchwerks und ihren goldenen Harfen legen ihre Kronen vor den Thron nieder.[83] Könnt ihr ihn nicht sehen, wie er, »Gott hochgelobt in Ewigkeit«, wie er, als Jesus, der Sohn der Jungfrau, als Gottes und des Menschen Sohn, erhaben zur Rechten des Vaters thront? Unsere Herzen rufen aus: »Gepriesen sei Dein Name ewiglich! Du bist hoch erhöht über alle Himmel! Du bist würdig, du sterbendes Lamm, würdig, du auferstandener Herr! Es sollen dich alle Engel Gottes anbeten, du Vielgeliebter, du Eingeborener des Vaters!«

Und was sollen wir demnächst zu ihm sagen? Nun, dies: »Herr, offenbare dich uns. Komm jetzt, und wenn unsere Herzen verschlossen sind, so stecke deine Hand durch das Gitter, damit unser Inneres dir zugewandt werde. Wenn du vor der Tür stehst, Herr, und durch den lieblichen Einfluss deiner Gnade anklopfest, dann lass die Tür sich öffnen und komm herein und halte Abendmahl mit uns und lass uns mit dir Abendmahl halten.[84] Wir wollen das leere Haus in unseren armen Herzen finden, und du sollst das Fest finden, und wir wollen mit dir, und du sollst mit uns feiern.«

Sehnst du dich nicht nach seiner Gegenwart, mein Mitgläubiger? Ich weiß, du tust es, wenn du leer bist, denn im ganzen Himmel ist keine solche Fülle oder solche Befriedigung, wie

---

82 Vgl. Offenbarung 15,2.

83 Vgl. Offenbarung 4,10.

84 Vgl. Offenbarung 3,20.

sie in ihm gefunden werden kann, unter dessen Schatten wir mit Behagen sitzen, wenn er uns in sein Festhaus führt und wenn die Liebe sein Panier über uns ist.

Ich wünsche, dass ihr euch zwei Stücke vergegenwärtigt, und ich bin fertig. Das eine, gläubige Seele, ist, dass du nach Leib, Seele und Geist ganz Christi bist. Stiehl dir nicht, was deinem Herrn gehört, sei kein Verräter an ihm und stelle nicht in Frage deines Meisters Recht zu allem, was er so teuer erkauft hat.

Die nächste Wahrheit ist, dass Christus ganz dein ist, seine Gottheit und seine Menschheit, sein zeitliches Leben und seine ewige Existenz, alle seine Verheißungen, alle seine Ämter, alle seine Gnaden, alles, was er auf Golgatha erkauft hatte, und alles, was er unter seinen Nachfolgern an Gaben austeilte, als er zu seinem Vater auffuhr, und alles, was er sein wird, wenn er in der Herrlichkeit seines Vaters kommt, da alle heiligen Engel ihn begleiten werden. Bis er wieder kommt, freue dich der großen Wahrheit, dass er ganz dein ist und du ganz sein bist, und lebe »*zum Lob seiner herrlichen Gnade, durch welche er dich hat angenehm gemacht in dem Geliebten*« (Epheser 1,6). Gott segne euch alle! Amen.

»Stiehl dich hin zu Jesus!«

> »Stiehl dich fort, stiehl dich fort,
> stiehl dich hin zu Jesus!
> Stiehl dich fort zum Gnadenort,
> denn Jesus wartet dort!
> Dein Heiland ruft dich mit süßem,
> sanftem Säuseln,
> Hörst du nicht der Trompete Ton?
> Säum länger nicht, o mein Sohn!
> Dein Meister ruft dich mit mächt'ger
> Donnerstimme!
> Hörst du nicht der Posaunen Ton?
> Säum länger nicht, o mein Sohn!«

Möchten diese lieblichen Einladungsworte gnadenvoll gesegnet werden! Während ihr den Refrain sanget: »Stiehl dich hin zu Jesus«, wurde ich an etwas erinnert, das sich vor langer Zeit einmal zugetragen hatte, und ich musste lächeln. Vor einer Reihe von Jahren war ein Bruder Prediger fast ebenso exzentrisch, als von mir gesagt wird, dass ich es sei, obgleich diese Besonderheit nicht so sehr in uns als vielmehr in anderen Leuten liegt, die nicht so konzentrisch sind, wie wir es sind. Nach einer Evangelisationsversammlung hielten wir noch eine Gebetsstunde oder eine Nachversammlung für Suchende. Unter diesen Suchenden befand sich ein junger Mann, für den wir beide lebhaftes Interesse fühlten. Ich kniete an der einen und mein Freund an der anderen Seite dieses Mannes und mein Freund betete, und während er betete, konnte ich nicht umhin, zu lächeln. Er sagte: »Herr, hier ist ein armer Sünder, der ein Knecht des Satans gewesen ist, und er ist seinem Herrn davongelaufen, ohne ihm vorher davon Anzeige zu machen.«

Zurzeit amüsierte mich dieser Ausdruck, aber es liegt eine große Wahrheit darin, und ich möchte auf wenige Augenblicke eure Aufmerksamkeit auf diese Wahrheit lenken, denn sie könnte für jemand unter euch, der sich sehnt, der Sklaverei der Sünde und des Satans zu entfliehen, von dauerndem Nutzen sein. Lasst mich zuerst bemerken, dass ihr, **wenn ihr dem Teufel erst Anzeige machen wollt, nie von ihm wegkommen werdet.** Wenn der verlorene Sohn zu dem Bürger jener Stadt im fernen Lande gegangen wäre und zu ihm gesagt hätte: »Ich fühle mich verpflichtet, dir noch eine fernere Woche hindurch die Säue zu hüten, aber ich zeige dir hierdurch an, dass ich nach Verlauf derselben den Dienst aufgebe«, so wäre er nie zu seinem Vater zurückgekommen. Der einzige Weg des Entrinnens war für ihn, sich fortzustehlen, und so sagte er nicht nur: »*Ich will mich aufmachen und zu meinem Vater gehen*« (Lukas 15,18), sondern es heißt von ihm auch: »*Und er machte er sich auf und kam zu seinem Vater*« (Lukas 15,20). Folge seinem Beispiel. Mache dem Teufel keine Mitteilung davon. Das ist der Sinn des Refrains, mit dem wir vertraut geworden sind, seitdem wir ihn zum ersten Mal so ausdrucksvoll von den Jubiläumssängern haben fingen hören:

»Stiehl dich hin zu Jesus.«

Dieser einfache Satz hat vielleicht einen wonnigen Klang für jemand, der ein Leben der Sünde geführt hat und nun heute hier ist. Gehe nicht wieder zurück, um dich unter deine alten Genossen zu mischen, sondern stiehl dich fort, stiehl dich hin zu Jesus. Vielleicht ist dein Leben ein sehr böses und ein dem Gesetz Gottes ganz entgegengesetztes gewesen, doch du bist heute Abend hier unter einer Schar von Betern im Bethause. Nun bitte ich dich, sage nicht, was du morgen oder nach Verlauf eines Monats tun willst, nachdem du dies und das geordnet hast, sondern stiehl dich sofort zu Jesus hin, genauso, wie es der arme Sklave in den südlichen Staaten machte, wenn sich ihm eine Gelegenheit bot, seine Freiheit zu gewinnen. Ich bürge euch dafür, dass er nicht erst zu seinem Herrn ging und zu ihm sagte: »Ich morgen von Ihnen davonlaufen, Massa!« Oh, gewiss nicht! Sondern in einer mondhellen Nacht, da sein Herr es am wenigsten vermutete, war Sambo im Walde verschwunden; er ließ sich von dem herrlichen Polarstern ins Land der Freiheit führen. Ich sage dir wieder: Folge seinem Beispiel, stiehl dich fort, stiehl dich hin zu Jesus, wenn du von Sünde und Satan in Knechtschaft gehalten wirst. Ich kann dir keinen besseren Rat geben. Aufschub ist nicht nur ein Zeitdieb, sondern der Mörder vieler Seelen. Gedenkt an die Verse, die wir zuweilen singen:

>»Eil, o Sünder, werde klug,
> Sieh, die Welt ist voll Betrug!
> Säum nicht länger müßig noch,
> Schüttle ab der Sünde Joch!
> Eile, Gnade zu erflehn,
> So wird es dir wohlergehn!
> Schieb nicht auf, o, komm noch heut,
> Jetzt ist's angenehme Zeit!
> Eil, o Sünder, kehre heim,
> Denn da quillt dir Honigseim!
> Morgen mag, was heut' noch geht,
> Ewig für dich sein zu spät.
> Eil, o Sünder, zaudre nicht,
> Jetzt noch scheint das Gnadenlicht;
> Eil und rette deine Seel,
> Sonst sinkst du hinab zur Höll!«*

Was dann ferner die Idee betrifft, dem Teufel Anzeige zu machen, **so könnt ihr sie nicht machen.** Manche versuchen es, dadurch Anzeige zu machen, dass sie sich vornehmen, der Herrschaft irgendeiner Sünde zu entlaufen, während sie so sicher wie je zuvor in der Gefangenschaft anderer Sünden verbleiben. Es gibt so manchen Mann, welcher der Meinung war, dass er nach und nach das Unrechttun aufgeben und eine Fessel nach der anderen lösen könne, aber er ist nicht imstande gewesen, das zu tun; es kann nur mit einem Male und ganz entschieden getan werden. Die Sünde gleicht der Frau des Potifar: Ihr dürft nicht mit ihr unterhandeln, sondern müsst euer Gewand im Stich lassen und davoneilen.[85] Eure einzige Rettung liegt in sofortiger Flucht. Wir sagen zu euch, was der Mentor dem Telemachus zurief: »Fliehe, Telemachus, fliehe! Du darfst nur hoffen, durch die Flucht überwinden zu können.« Oh, eile sogleich davon, armer Sünder! Stiehl dich fort, stiehl dich hin zu Jesus! Lasst uns diesen Vers singen und den Chorus recht leise wiederholen:

> »Es ruft der Hirte die Seinen all beim Namen
> Und krönt sie mit der Lebenskron.
> Säum länger nicht, o mein Sohn!
> Stiehl dich fort, stiehl dich fort,
> stiehl dich hin zu Jesus!
> Stiehl dich fort zum Gnadenort,
> denn Jesus wartet dort!«

Zum Schluss noch eben dieses Wort. Ihr wisst, dass in jenen alten Tagen der Sklaverei, da ein schwarzer Sklave seinem Herrn zu entfliehen wünschte, oft **jemand da war, der ihm den Weg zeigte.** Es gab dort liebe Leute, die das herstellten, was sie »die Untergrundbahn« nannten, vermittelst dessen sie den armen Sklaven von einem Ort zum anderen verhalfen, bis sie das Land der Freiheit erreichten; so befinden sich heute Abend ringsumher im Tabernakel viele Freunde, die sich sehr freuen würden, wenn sie zu etlichen sprechen könnten, die da wünschen, sich zu Jesus hinzustehlen, und insbesondere werdet ihr, wenn ihr nach Schluss dieser Stunde auf die Plattform kommen wollt, einige meiner Brüder finden, die euch hochbeglückt erzählen werden, wie ihr aus dem schrecklichen Sumpf der Sünde errettet werden

---

85 Vgl. 1. Mose 39,7–12.

könnt. Sie kennen den Weg, einige von ihnen haben selber kaum mühevoll den Schmutz von ihren Kleidern abbürsten können, sie aber werden sich am meisten freuen, wenn sie euch zur Freiheit führen können. Das Allerwichtigste ist, dass ihr zu Jesus kommt. Er ist der große Befreier, und »*so euch nun der Sohn frei macht, seid ihr recht frei*« (Johannes 8,36).

Wenn etliche unter euch ihren Weg zu Jesus gefunden haben, so lasst mich euch sagen, dass es alles sehr gut ist, sich von dem alten Tyrannen wegzustehlen, aber stehlt euch zu keinem neuen Tyrannen hin. Kommt direkt zu Jesus und sprecht: »Dein bin ich, Herr Jesus, und ich schäme mich nicht, dich als meinen Herrn und Meister anzuerkennen.« Tretet kühn hervor und stellt euch ihm zur Seite, lasst euch taufen nach seinem Gebot und nach seinem Beispiel und verbindet euch mit seinem Volk zu inniger Gemeinschaft und zu heiligem Dienst. Wenn ihr wirklich des Herrn seid, so werdet ihr nie das Bedürfnis haben, euch von ihm wegzustehlen, und er wird euch nie eurem alten Herrn wieder zurückgeben, denn er hat erklärt: »*Ich gebe ihnen das ewige Leben, und sie werden nimmermehr umkommen, und niemand wird sie mir aus meiner Hand reißen*« (Johannes 10,28).

Eine Ansprache an Sonntagsschullehrer

Liebe Freunde, ihr Sonntagsschullehrer, ich halte es kaum für nötig, euch heute Abend zu sagen, wie sehr wir euer Werk schätzen und wie dankbar wir Gott für euren heiligen Eifer und für eure christliche Liebe sind. Es befinden sich etliche unter euch, die zu unseren beständigsten Mithelfern im Werk des Herrn gehören; es macht mir stets schon große Freude, eure Angesichter zu sehen, weil ich daran denke, wie viele der lieben Kinder und jungen Leute ihr zu des Heilands Füßen gebracht habt. Fahrt in eurem heiligen Dienst fort, Brüder und Schwestern, und der Herr sei mit euch!

Ich möchte jedoch wünschen, dass ihr nicht nur der Wohltaten gedenkt, die ihr durch dieses heilige Werk anderen erzeigt, sondern dass ihr euch auch **des großen Vorteils erinnert, den ihr selbst durch das Lehren erlangt.** Möchtet ihr, damit ihr durch Dankbarkeit gedemütigt werdet, es eben für einen Augenblick versuchen, darüber nachzudenken, was ihr dadurch gewonnen habt, dass ihr andere unterrichtet. Wenn ich von mir selbst sprechen will, so kann ich nur bezeugen, dass ich der Sonntagsschule sehr viel verdanke. Als Kind war ich nie in einer Sonntagsschule, und das hatte seinen Grund darin, dass meine Mutter dachte, sie könne eine bessere Lehrerin sein als sonst jemand, und so lehrte sie mich daheim, und ich denke, sie hat recht daran getan. Aber nachdem ich den Herrn kennen gelernt hatte, wurde ich bald ein großer Schuldner der Sonntagsschule, weil sie mir ein augenblickliches und wichtiges Arbeitsfeld bot und sie auch wesentlich dazu beitrug, mich auf meine zukünftige Laufbahn vorzubereiten.

Ich konnte anfangs nicht viel für meinen Herrn tun, aber ich dachte, dass ich gehen und in der Sonntagsschule eine Klasse übernehmen könnte, und ich tat es. Dann wurde ich infolge des Unterrichtens in einer Klasse aufgefordert, Ansprachen an die

Schüler zu richten. Ich glaube, ich hatte keine Idee davon, dass ich öffentlich sprechen könne, bis ich damit anfing, die Kinder anzureden, aber Gott schenkte ihnen solche Aufmerksamkeit, dass ich aufgefordert wurde, jeden Sonntag zu ihnen zu sprechen. Etliche der Lehrer, einige der jungen Männer, meinten, es wäre doch zu bedauern, dass einer aus ihrer Zahl beständig der Redner sein müsse, und so wurde es denn abgemacht, dass sie die Ansprachen abwechselnd mit mir halten sollten. Dann teilte der Oberlehrer die Mädchen von den Knaben, und ich hatte dann alle vierzehn Tage zu den Mädchen und an den dazwischen liegenden Sonntagen zu den Knaben zu reden, und so wurde ich an jedem Sonntag in dieser seligen Beschäftigung behalten. Zu meinem Erstaunen dauerte es gar nicht lange, da fand ich, dass sich der Schulraum mit erwachsenen Leuten füllte, und bald hatte ich am Nachmittag mehr Zuhörer, als mein Pastor am Vormittag gehabt hatte. Ich konnte mir das nicht erklären, aber ich wusste, dass die Gelegenheit zum Reden gesegnet wurde.

Einer meiner Freunde erzählte mir jüngst, dass er sich noch einer Ansprache erinnere, die ich in der Schule zu Cambridge vor den Knaben gehalten hätte. Er sagte, dass ich ihnen eine Geschichte von einer Fliege am Fenster erzählt hätte. Ich hätte ihnen gesagt, dass ich im Hause eines Landmanns gestanden und am Fenster eine Fliege gesehen und es versucht hätte, sie zu fangen; sobald ich aber meinen Finger danach ausstreckte, ging sie ein wenig auf der Scheibe hinunter, und wie ich mich bewegte, so bewegte auch sie sich. Ich hätte bald gesehen, dass die Fliege draußen am Glase saß und dass ich sie so natürlich nicht fangen konnte, und mein Freund erinnerte mich daran, dass ich damals zu den Knaben gesagt hätte: »So gibt es viele Leute, die es versuchen, glücklich zu sein, und sie haben es in dieser und jener Weise auf das Glück abgesehen und denken, dass sie es hier oder dort finden werden, aber alle ihre Bemühungen sind vergeblich, denn es ist auf der anderen Seite des Glases. Nur wenn sie erneuert werden im Geist ihres Gemüts, können sie jene Fliege fangen und sich die Glückseligkeit sichern, nach welcher sie sich so sehr sehnen.« Es war für Knaben ein auffallendes Bild, und ich freute mich darüber, dass mein Freund es nicht vergessen hatte. Ich erinnere mich eines Knaben, der von dem Gleichnis sehr betroffen wurde; er war der ungezogenste Junge in der Schule bis zu dem Tage, an welchem Gott diese Botschaft an ihm segnete.

Nun, ich freue mich so darüber, dass ich in einer Sonntagsschule Gelegenheit hatte, meinen Mund für Gott aufzutun, weil es mir half, mit dem Predigen anzufangen, und ich zweifle nicht daran, dass viele unserer Kanzeln von solchen ausgefüllt worden sind, die ihre erste Erziehung im Sprechen für Christus in einer Sonntagsschule erhielten, wo sie aufgefordert wurden, die Kinder anzureden. Ich sage dies nicht, weil ich etwa wünsche, dass ihr alle Prediger werden möchtet, ihr seid nicht alle zu diesem besonderen Dienst nötig. Von unseren lieben Schwestern wird zum Beispiel nicht gefordert, dass sie Prediger werden.[86] Doch welch ein Segen ist es für euch, dass ihr eine Gelegenheit habt, anderen Gutes zu tun und zugleich Gutes für euch zu empfangen.

Ich denke, dass nichts so sehr dazu beiträgt, die Frömmigkeit lebendig zu erhalten, als der Versuch, andere zu Christus zu führen. Wenn jemand seine eigene Schwäche und seine gänzliche Abhängigkeit vom Heiligen Geiste nicht so empfindet, wie es einst der Fall war, so wird er, wenn er anfängt, andere zu lehren, bald herausfinden, dass selbst in jungen Kindern der alte Adam viel zu stark für ihn ist. So lehrt uns der Versuch, andere zu lehren, Demut. Er lehrt uns auch Ernst, denn in der Regel werden Kinder uns nicht aufmerksam zuhören, wenn wir nicht im heiligen Ernst reden. Ich erinnere, gesehen zu haben, wie Knaben in der Schule mit den Händen unter der Bank allerlei Dinge taten, während der Lehrer zu ihnen sprach, und wenn ich zuweilen gewissen Predigern zuhörte, wünschte ich wirklich, dasselbe tun zu können, denn es war in dem, was sie sagten, nichts, das jemand hätte interessieren können. Wenn alle unsere Zuhörer sich

---

86   Vgl. 1.Korinther 14,34.

in dieser Weise amüsieren könnten, wenn wir ihnen alberne Predigten halten, so würde das dazu beitragen, uns aufzuwecken.

Man hat mit der guten alten Sitte, dem Prediger zu klatschen oder ihn auszuzischen, aufgeräumt, weil – während es ganz gut war, wenn die Leute dem Prediger applaudierten – es doch eine ganz andere Sache war, wenn sie ihn auszischten. Deshalb sagte man sich, dass irgendwelche Kundgebung des Beifalls oder des Missfallens unpassend sei, und so hat man damit gebrochen. Ich bin geneigt anzunehmen, dass für etliche von uns, wenn wir albern werden, etwas Derartiges ganz gut wäre, um uns wissen zu lassen, dass es doch nicht genügt, die Zeit unserer Zuhörer und unsere eigene Zeit in solcher Weise zu verschwenden. Es ist nur natürlich, dass, wenn ihr sprecht, als ob eure Herzen meilenweit entfernt wären, auch eurer Zuhörer Herzen weit umherschweifen. Wenn ihr euch selbst nicht für euer Thema interessiert, könnt ihr nicht erwarten, dass sie euch ein besonderes Interesse entgegenbringen. Aber wenn ihr mit wirklichem Ernst für euren Herrn arbeitet und insbesondere, wenn ihr Christus Seelen zuführt, welch ein Segen ist das dann sowohl für euch wie für sie! »*Geben ist seliger denn Nehmen*« (Apostelgeschichte 20,35). Es ist gut, im Hause Gottes Feste feiern zu können, aber hinauszugehen und für Jesus zu sprechen und ihm andere zuzuführen, ist eine der höchsten Glückseligkeiten auf Erden! Fahret fort, Brüder und Schwestern, und müht euch ab für euren Herrn, und Gott sende euch reichliche Erfolge!

Ich halte es nicht für nötig, es euch zu sagen, aber für den Fall es nötig sein sollte, will ich es euch doch sagen, **dass dasselbe Evangelium, das erwachsene Leute selig macht, auch Kinder selig macht.** Ihr dürft den Kindern kein Evangelium geben, das sich von dem unterscheidet, das wir ihren Eltern predigen. Gebt euren Kindern kein wässriges Evangelium – das Evangelium mit Wasser vermischt. Ich habe beachtet, dass Kindern oft gesagt wird: »Ihr müsst Jesus lieben, dann werdet ihr selig.« Ja, aber das ist nicht der biblische Heilsplan. Derselbe lautet: »*Glaube an den Herrn Jesus Christus, so wirst du selig*«

(Apostelgeschichte 16,31), und wenngleich ohne Zweifel da, wo Liebe im Herzen existiert, sie der reichliche Beweis von dem Vorhandensein des Glaubens ist, so seid ihr doch nie zu dem Zweck in die Welt gesandt, den Leuten, gleichviel, ob alt oder jung, zu sagen, dass sie selig werden, wenn sie Jesus lieben. Ihr habt dann eures Meisters Auftrag verändert, wozu ihr gar kein Recht habt. Jene Kinder haben es nötig zu wissen, was sie zu glauben haben, um selig werden zu können, und ihr müsst ihnen sagen, dass sie Christus, dem Gekreuzigten, vertrauen müssen, und dass selbst kleine Kinder durch den Glauben zu Jesus gebracht und so selig werden müssen.

Ich weiß, meine lieben Brüder und Schwestern, dass ihr das tun werdet, ich fürchte nicht, dass ihr anders handeln werdet, aber ich kenne einige Sonntagsschulen, wo es nicht der Fall ist und wo Kinder anders unterrichtet werden als in der Wahrheit, wie sie in Christus Jesus ist. Es gibt andere Schulen, wo es für die Schüler nichts gibt als das Lesen und Erklären der regelmäßigen Lektionen, die von der Sonntagsschulunion herausgegeben werden. Ich halte sie für äußerst vorzüglich für die, die sie verwerten können, aber ich weiß, dass meiner Erfahrung nach sie für mich von keinem Nutzen waren. Sie handelten zu viel von David und Goliath oder von Esra und Saneballat oder von Daniel und Nebukadnezar, aber ich hatte das Bedürfnis, sogleich auf Jesus Christus zu kommen. Ob ihr nun die regelmäßigen Lektionen gebraucht oder nicht, sucht eure Schüler zu Christus zu bringen und tut euer Bestes, jeden einzelnen für den Heiland zu gewinnen, und bedenkt, dass die Überzeugung bei den Kindern eine gewaltige Macht ist.

Es ist mir sicher und gewiss, dass ihr Lehrer alle einen Segen erhalten werdet, wenn ihr einzeln für eure Kinder betet und einzeln mit ihnen sprecht. Gewöhnlich wird durch ein besonderes, persönliches Wort viel mehr ausgerichtet als durch eine allgemeine Botschaft, die einer größeren Anzahl zugleich gebracht wird. Wenn ihr alle Flaschen wäret und ich euch füllen wollte, so würde ich das nicht dadurch versuchen, dass ich auf alle zugleich spritzte, sondern ich würde eine nach der anderen nehmen und langsam und bedächtig die Flüssigkeit hineinschütten. Ich bilde mir ein, dass ihr in eurem Sonntagsschulunterricht es versuchen könnt, zu viel zu tun und dabei doch nichts zu erreichen. Ihr könnt nicht ein ganzes Brot mit einem Mal in ein Kind hineinbringen, aber es kann doch geschehen, wenn ihr es zerteilt und ein Stück nach dem anderen und inzwischen etwas warme Milch gebt. Und wenn ihr eine große Masse Wahrheit habt und euch fragt: »Wie kann ich dem Sinn und Herzen dieses Kindes dieses Brot geben?«, so verteilt es und gebt eins nach dem anderen mit der warmen Milch der Liebe. So bringt ihr die Wahrheit durch Gottes Gnade in die Kinder hinein, und sie werden dadurch aufgebaut. Ich zweifle nicht daran, dass ihr es in dieser Weise tut. Fahrt damit so fort, und möchte Gott euch, liebe Freunde, mehr und mehr segnen! Amen.

Gemeinschaft mit Gottes Größe

Wenn ich des großen Werkes der Heidenmissionen gedenke und alles dessen, was sich unter dem Segen des Herrn als Resultat unseres Gehorsams gegen seinen Befehl: *»Gehet hin in alle Welt und prediget das Evangelium aller Kreatur«* (Markus 16,15) ergeben mag, ist die hauptsächlichste Empfindung, die mein Herz durchzieht, die der Dankbarkeit gegen Gott dafür, dass er mich befähigt, eine Art

Gemeinschaft mit seiner Unendlichkeit –

mit seiner Größe zu haben. Am Anfang meines christlichen Lebens war es mir genügend, **Gemeinschaft mit Gottes Barmherzigkeit** zu haben, mich seines Mitleids als eines vergebenden Gottes zu freuen, der *»barmherzig und gnädig und geduldig und von großer Gnade und Treue ist, der da bewahrt Gnade in tausend Glieder und vergibt Missetat, Übertretung und Sünde«* (2. Mose 34,6 f.). Ich freute mich nicht nur, zu wissen, dass Gott barmherzig und gnädig ist, sondern dass seine Barmherzigkeit und Gnade in der Vergebung meiner Sünden und Missetaten dargestellt worden war. Ich pries den Herrn, weil ich mit David sagen konnte: *»Denn deine Güte ist groß über mich; du hast meine Seele errettet aus der tiefen Hölle«* (Psalm 86,13). Seit jener glücklichen Stunde, da ich zuerst Jesus als meinen Heiland sah, ist es mir Wonne gewesen, ihm zu singen, dessen Güte ewig währt. Ich habe keine Sympathie mit denen, welche den oft wiederholten Refrain des 136. Psalms *»denn seine Güte währet ewiglich«* als eine unnütze Wiederholung beiseitesetzen möchten. Solange wir leben und bis wir sterben, sollte dies der dankbare Gesang aller sein, die da geschmeckt haben, dass der Herr freundlich ist:

»Seine Güt ermüdet nie,
Ewig, ewig währet sie.«

Dies war also meine erste Christenerfahrung: ein Gefühl über-
fließender Dankbarkeit für des Herrn vergebende Barmherzigkeit.

Als ich auf dem Himmelswege ein wenig weiter vorgeschritten
war, kam ich dahin, **Sympathie mit Gottes Gerechtigkeit** zu
haben. Ich fing an, in mir selbst und auch in anderen Leuten
etwas von dem schrecklichen Charakter der Sünde zu sehen,
und zuweilen empfand ich eine brennende Leidenschaft gerechten Zornes in meinem Herzen, wenn ich von Lastern und
Verbrechen in ihren gröberen Formen hörte oder las oder wenn
ich mit dem heftigen Hass sündiger Menschen wider Christus,
dem ganz Lieblichen, bekannt wurde. Unsere modernen Zweifler
sprechen verächtlich von den »Rachepsalmen« Davids, aber wir
haben oft ebensolche Sprache nötig, wie er sie gebrauchte, nicht
zu dem Zweck, rächende Gerichte über unsere Mitgeschöpfe
herabzurufen, sondern als eine Prophezeiung des Urteils, das der
Übeltäter gewisslich wartet.

Selbst unter den milderen Strahlen des Evangeliums haben
wir das furchtbare apostolische Anathema: *»So jemand den
Herrn Jesus Christus nicht lieb hat, der sei anathema. Marana-
tha (das heißt: der sei verflucht. Unser Herr kommt)«* (1. Korinther
16,22). Die Verkündiger eines anderen Evangeliums (so doch
kein anderes ist) sollten sich durch Paulus' ernste Androhung
warnen lassen: *»So jemand euch Evangelium predigt anders,
denn das ihr empfangen habt, der sei verflucht«* (Galater 1,9). Von
der Zeit des Eintritts unserer ersten Eltern in den Garten Eden
an haben Gottes Notsignale geleuchtet, und das rote Licht seiner
unbeugsamen Gerechtigkeit ist noch unverdunkelt. Bei diesem
Licht können wir deutlich lesen, dass *»die Seele, die da sündigt,
soll sterben«* (Hesekiel 18,20). *»Gott ist ein rechter Richter und
ein Gott, der täglich droht«* (Psalm 7,12). Der Herr ist ein Gott
des Gerichts. Indem ich der Gerechtigkeit Gottes gedachte und

dann sah, wie er sie durch das große Opfer am Kreuz auf Golgatha gerechtfertigt hatte, »*auf dass er allein gerecht sei und gerecht mache den, der da ist des Glaubens an Jesus*« (Römer 3,26) freute ich mich ebenso sehr seiner Gerechtigkeit, wie ich mich vorher seiner Barmherzigkeit gefreut hatte.

Seitdem ist es mir bei verschiedenen Veranlassungen so gewesen, als hätte ich **Gemeinschaft mit Gottes Macht.** Während des schrecklichen Donnersturmes, den wir kürzlich hatten, gedachte ich der Worte Hiobs: »*Die Säulen des Himmels zittern und entsetzen sich vor seinem Schelten. Von seiner Kraft wird das Meer plötzlich ungestüm, und durch seinen Verstand zerschmettert er Rahab. Am Himmel wird's schön durch seinen Wind, und seine Hand durchbohrt die flüchtige Schlange. Siehe, also geht sein Tun, und nur ein geringes Wörtlein davon haben wir vernommen. Wer will aber den Donner seiner Macht verstehen*« (Hiob 26,11–14)? Es ist nicht leicht, für so arme Geschöpfe, wie wir es sind, in Sympathie mit Gottes großer Macht zu stehen, wie sie sich in einem mächtigen Donnersturm kundgibt; manche unter uns können kaum mehr tun, als sich, von seiner majestätischen Erhabenheit überwältigt, niederkauern. Was würde aus uns werden, wenn der Herr seine ganze wunderbare Kraft losließe? Unser Trost ist, dass die ganze Fülle der Allmacht verpfändet ist, um uns zu schützen, die wir Christus angehören, und dass er, der für uns ist, größer ist denn alle, die wider uns sein können.

So habe ich, wie ihr seht, Gemeinschaft gehabt mit Gottes Barmherzigkeit, mit Gottes Gerechtigkeit und mit Gottes Macht, aber wenn ich zum Missionsfeld komme und anfange, über das Werk der Heidenmissionen nachzudenken, finde ich da mehr **Gemeinschaft mit Gottes Unendlichkeit** als fast mit allem anderen. Ihr blickt auf die Massen der Menschheit und redet von den fünfzehnhundert Millionen Menschen, die die Erdkugel bewohnen! Was wissen wir über diese fünfzehnhundert Millionen? Wir können nicht einmal verstehen, was eine Million zu bedeuten hat; eigentlich wissen wir nicht viel über fünfzehnhundert, was können wir aber über fünfzehnhundert Millionen wissen? Wenn wir auf diese langen Zahlenreihen eingehen, können wir ebenso gut über eine Million Millionen oder, wenn ihr wollt, über eine noch größere Zahl mit einem Male sprechen, denn wir verlieren schon bei kleineren Zahlen den Boden unter unseren Füßen. Der Ausdruck »Millionen« ist überhaupt einer, von dem wir nur eine schwache Idee haben, und wie können wir der Scharen von Männern, Frauen und Kindern gedenken, ohne von der Großartigkeit dieser Zahlen überwältigt zu werden? Sollen diese Millionen zu Gott bekehrt werden? Es ist unser großes Ziel und unsere Aufgabe, danach zu trachten, dass diese Welt zu ihrem rechtmäßigen Herrn und Meister zurückgebracht werde, damit sie, mit erlösten Seelen gefüllt, unter ihren Schwestersternen im schönen, klaren Licht leuchte zum Lobe der herrlichen Gnade Gottes.

Wir blicken auf die vergangenen Zeiten zurück und trauern darüber, dass so wenige zum Heiland gebracht worden sind. Die Jahre rollen dahin, und nach allem wird nur geringer Fortschritt gemacht, und Jahrhunderte, von welchen wir hofften, dass in denselben Großes erreicht werden würde, vergehen mit einem verhältnismäßig geringen Resultat für Christus und seine Sache und sein Reich. Es ist ein furchtbarer Kampf, dieser Kampf mit der Sünde, das Kreuz wider die zehnfache Mitternacht der menschlichen Verderbtheit, die »törichte Predigt« wider die Weisheit dieser Welt, das Nichts wider alles, soweit es den Anschein hat! Doch Gott, welcher alles in allem ist, ist imstande, seine ewigen Ratschlüsse hinsichtlich der Seligkeit durch die schwachen Mittel auszuführen, die ich mir erlaubt habe als das »Nichts« zu bezeichnen.

Wenn ihr zu den Missionsversammlungen kommt, erhebt ihr euch über jene kleinlichen Bekümmernisse, die manchen so schmerzliche Sorgen machen. Sie verschwenden ihre Zeit in einer fruchtlosen Debatte über die Form eines Abendmahlkelches oder über die Farbe eines Priestergewandes oder über die Stellung eines »zelebrierenden Priesters« vor dem, was er »einen Altar« nennt. Ihr habt die Pfützen der Straße verlassen und schwingt euch aufwärts, hin zu eurem Gott; ihr habt die kleinen Maulwurfhügel, wo die Weltlinge bohren, verlassen und befindet euch hoch zwischen den Alpen, wenn ihr an das Werk der Heidenmissionen herantretet. Hier ist ein Feld, auf welchem auch der Längste unter uns große Schritte tun kann, ohne fürchten zu müssen, dass er in die Domäne seines Mitarbeiters eindringt. Es gibt manche Männer und auch etliche Frauen, welche viel besser sein dürften, wenn sie ihre Herzen ausdehnen und ihre Gedanken nicht auf einen engen Kreis beschränken würden.

Blickt auf unsere kleinen Landstädtchen, wie voll Verleumdungen und Klatschgeschichten sie sind! Sehr oft ist das so, weil die Leute nichts Besseres haben, darüber sie nachdenken können. Ich glaube, dass die Tageszeitung bei all ihren Fehlern den Bewohnern kleiner Flecken doch einige Dienste geleistet hat, denn sie hat ihre Ideen erweitert und ihnen gezeigt, dass außer ihren Grenzen doch noch andere Leute in der Welt wohnen. Ihr hört sie über den Präsidenten der französischen Republik oder über den Präsidenten der Vereinigten Staaten oder über den deutschen Kaiser oder über den Zar von Russland sprechen, und selbst wenn sie lauter Unsinn sprechen, ist es doch besser, als ihre Nächsten verleumden.

Wenn ihr diese Idee auf eine höhere Sphäre übertragt, wenn ihr anfangt, Gottes Wort zu lesen, wenn der Herr euch durch den Tod seines lieben Sohnes in die Gemeinschaft mit sich gebracht hat, wenn er euch zu neuen Kreaturen in Christus Jesus gemacht und seinen Heiligen Geist in euch gegeben und etwas von seinem Mitleid für Seelen in euch gewirkt hat – dann schrumpft im Vergleich zu dem großen Erlösungswerk Christi und zu eurer Verpflichtung, dieses Werk unter den Millionen Menschen auf Erden bekannt zu machen, alles andere in nichts zusammen. Verglichen mit dem furchtbaren Kampf zwischen dem Mensch gewordenen Gott und dem Bösen, das noch in den Herzen und Leben von Millionen unserer Mitgeschöpfe vorhanden ist, kommen uns alle Kriege, die jemals auf Erden geführt worden sind, vor wie die Kämpfe der Ameisen in ihren Nestern. Es gibt kein

Rittertum gleich dem, welches einem guten Streiter Jesu Christi möglich ist.

Mir ist, als lebte ich in der Poesie, wenn ich an das Werk der Heidenmissionen herantrete. Manche unserer jungen Brüder im Kolleg, die da anfangen, Verse zu machen, die oft nur allzu dürftig sind, bilden sich wirklich ein, dass sie eines Tages Miltons sein werden. Ach, ehe ihre Wirksamkeit beendet ist, wird es noch viel Prosa und viel Prosaisches geben. Lasst uns ihnen ihre Poesie nicht rauben, aber Brüder, wenn ihr Poeten zu sein wünscht, so denkt an die Missionen unter den Heiden. Hier ist ein Thema, das eurer Mühe würdig ist. Es ist, als wenn die Schwingen anfangen, einem zu wachsen, wenn man die Triumphe des Kreuzes sowohl in den Heidenländern wie in unserm eigenen Lande betrachtet. Gibt es nicht fast Völker, die Gott geboren sind, und gibt es nicht ganze Länder, die mit dem Samen des Lichts so besät sind, dass mit der Zeit die Ernte kommen muss?

Heidenmissionen gewähren sowohl dem Propheten wie dem Poeten gute Themata. In der Regel liebe ich es, nach dem eingetretenen Ereignis zu prophezeien oder auch, wenn ich vollkommen sicher bin, dass sich etwas ereignen muss, und selbst dann halte ich meinen Mund länger, als die meisten Leute es tun würden. Aber wenn jemand anfängt, ein Heidenmissionar zu sein, dann scheint er wirklich zu einem Propheten heranzuwachsen. Es ist etwas in seiner Beschäftigung, das dem prophetischen Geist so nahe verwandt ist, und er wird mit der herrlichen Gesellschaft verknüpft, die zu allen Zeiten in dem Namen des Herrn prophezeit hat. Er hat höhere Gegenstände und Ziele, als er zu haben pflegte, und einen edleren Ehrgeiz, als ihn viele seiner Kollegen haben, denn seine Absicht, sein Ziel und sein Ehrgeiz geht dahin, Gottes Gnadenabsichten gegen sündige Menschenkinder auszuführen.

Wenn demnach nichts weiteres aus unserem Missionswerk käme als die Erziehung der Arbeiter, die Erhebung der Männer, bis sie imstande sind, eine Art Sympathie mit Gott zu haben, so wäre das schon der Mühe wert, unsere Heidenmissionen zu haben, aber Gott sei Dank, wir haben als das Resultat unserer Bemühungen viel mehr aufzuweisen! Indien, China, Japan, Afrika und die Inseln des Meeres können bezeugen, welche Triumphe für den König Jesus gewonnen worden sind durch die Herolde, die in seinem Namen nach allen Weltrichtungen hinausgezogen sind. Es bleibt aber sowohl daheim wie draußen noch sehr viel Landes einzunehmen.

Erweitert eure Sympathien, teure Freunde, und vergrößert eure Beiträge. Wenn ihr könnt, so gebt euch selbst diesem herrlichen Werk hin, und wenn das absolut unmöglich ist, so helft die unterstützen, die fähig und willig sind, auszuziehen. Bildet euch nicht ein, dass die Ratschlüsse Gottes in eine kleine Büchse verschlossen und irgendwo in eurem Zimmer auf einen Sims gestellt werden können. Sie sind zu groß, um auf irgendwelche Büchse oder auf einen Sims oder auf einen Raum oder Haus oder Straße oder Stadt oder Land beschränkt werden zu können; nein, sie können nicht auf die Welt beschränkt werden, in welcher wir leben, denn alle Welten sind in den Einfluss der ewigen Absicht Gottes eingeschlossen. Seine Ratschlüsse beziehen sich auf das kleinste Stäubchen, das nur mithilfe des Mikroskops entdeckt werden kann, aber sie haben es ebenso mit jenen gewaltigen Weltkörpern, dem Sternenheer, zu tun, das er zählt und mit Namen nennt, wie der morgenländische Hirt das bei seinen Schafen tut. In diesem Heidenmissionswerk ist es mir, als käme ich in den Bereich der Sphären der ewigen Ratschlüsse Gottes, und da höre ich wieder den Ton, der meinem beladenen Herzen Vergebung und Frieden brachte: »*Wendet euch zu mir, so werdet ihr selig, aller Welt Enden; denn ich bin Gott, und keiner mehr*« (Jesaja 45,22).

Zeitgemäße Warnungen

Wir haben große Ursache, Gott zu preisen für die reichen Gnaden, die wir als eine Gemeinde und als ein Volk seit vielen Jahren in der Einigkeit der Brüderschaft, in dem Eifer der Arbeiter, in der Zahl der Bekehrungen, in den Erfolgen aller unserer Unternehmungen und in dem Wachstum als eine Körperschaft genießen. Es liegt mir am Herzen, über eine andere Sache ein Wort zu sagen – über eine Sache, die mir schwer auf dem Herzen liegt. Ich bitte euch durch die Barmherzigkeit Gottes und durch die Liebe Christi Jesu, eures Herrn, als Glieder dieser Gemeinde nichts zu tun, das den Heiligen Geist betrüben und veranlassen könnte, sich zurückzuziehen. Denkt daran, dass Israel Achans wegen eine Niederlage zu erleiden hatte. Nur ein Mann und nur eine Familie hatte die göttliche Anordnung durchbrochen, aber das genügte, das ganze Lager zu beunruhigen. Achan hatte von dem Verbannten etwas genommen und in seiner Hütte verborgen, und ganz Israel hatte deswegen Niederlage zu erleiden.[87] Wie viel mehr mag ein Volk zu leiden bekommen, wenn die Sünde unter demselben allgemein wird und sich ungestraft frei bewegen darf! Ich müsste gegenwärtig sehr im Irrtum sein, wenn die Gemeinde Gottes nicht wegen der Sünde ihrer eigenen Mitglieder, wegen der Sünde in ihrer Mitte schmerzlich zu leiden hat.

Während ich mich umsehe, bin ich betrübt und habe große Traurigkeit in meinem Herzen über das, was ich unter bekennenden Christen, nicht nur hier und da, sondern fast überall erblicke. Viele Christen halten in ihren Familien nicht die göttliche Zucht und Ordnung aufrecht, die den Heiligen geziemt. Ich bin wie vom Donner getroffen, von Christen hören zu müssen, welche ihren Söhnen das Trinken, das späte Aus-

---

87 Vgl. Josua 7.

bleiben und selbst das Fluchen gestatten, während ihre Töchter so auffallend gekleidet sind, wie die Prunksüchtigsten es nur sein können. Es schmerzt mich, dass manche Bekenner keine Familienandachten halten und keine Macht über ihre Kinder haben, sondern anzunehmen scheinen, dass es die Pflicht eines Vaters sei, den Kindern in allen Stücken ihren Willen zu lassen und sich zu ihrem Sklaven zu machen. Wir haben nur zu viele von dem Geschlecht der Elis, die vielleicht fragen: »*Warum tut ihr solches?*« (1.Samuel 2,23), die aber keine Autorität üben und den Sünden ihrer Söhne keinen Einhalt tun. Dies ist eine große Quelle vieler Übel.

Der Herr sagte über Abraham: »*Denn dazu habe ich ihn auserkoren, dass er seinen Kindern befehle und seinem Hause nach ihm*« (1.Mose 18,19), und wo das Haus nicht recht geordnet wird, können wir nicht erwarten, dass der Herr den Eltern besondere Gunst erweisen werde. Ein Ehemann ist der König seines Hauses, und wenn er gestattet, dass sich alles im Zustande der Anarchie befindet, so muss er sich in gewissem Maß selber Schuld geben. Ein Ehemann kann nicht allezeit sein Weib regieren, denn hier und da trifft man eine Isebel an, aber es gibt gewisse Dinge, die er, wenn er ein Christ ist, auch an ihr nicht dulden sollte, und wenn er seine Pflicht versäumt, die Sünde zu verbieten und ihr vorzubeugen, dann wird Gott ihn gewiss dafür heimsuchen. In uns selbst und in unserer Ehehälfte und in unseren Kindern oder Dienstboten darf das Böse nicht übersehen, sondern muss mit einer starken Hand niedergehalten werden. Möchte Gott uns Weisheit und Kraft geben, unsere Pflicht daheim erfüllen zu können! Frömmigkeit im eigenen Hause zeigen heißt wirkliche Frömmigkeit zeigen. Es gab eine Zeit, da es keine bekennende Familie ohne Hausandacht gab, jetzt aber gibt es Dutzende, in denen sie nicht gehalten wird. Etliche unter euch werden sich erinnern können, dass, wenn euer Vater des Geschäfts wegen abwesend war, eure Mutter die tägliche Andacht hielt und dass, wenn die Mutter krank war, da wohl ein Knabe oder Mädchen war, das einen Abschnitt der Schrift lesen und beten konnte, so dass das heilige Feuer niemals ausging. Wenn wir uns des Morgens nicht zum Gebet zusammenfinden, wie können wir da erwarten, am Tage unsere Pflichten mit Erfolg tun zu können? Wenn wir uns am Abend nicht zum Gebet vereinigen, wie können wir da erwarten, dass der Herr die Wohnungen Jakobs während der Nacht bewachen werde? Wenn das Gebet in unseren Familien vernachlässigt wird, wie dürfen wir dann hoffen, zu sehen, dass Gottes Geist unsere Gemeinden durchdringe?

Eine andere sehr ernste Sache betrifft die Vergnügungen der bekennenden Christen. Ich höre es öffentlich von Männern, die sich Christen nennen, ausgesprochen, dass es ratsam wäre, dass Christen das Theater besuchen, damit der Charakter des Dramas verbessert werde. Diese Anregung ist beinahe ebenso verständig, als wenn man uns auffordern würde, eine Flasche Lavendel- wasser in den großen Abflusskanal zu gießen, um dessen Ge- rüche zu verbessern. Wenn die Gemeinde der Welt nachahmen soll, um deren Ton zu veredeln, dann haben sich die Dinge selt- sam verschoben seit der Zeit, da unser Herr sagte: »*Darum gehet aus von ihnen und sondert euch ab und rührt kein Unreines an*« (2. Korinther 6,17). Soll sich der Himmel zu dem höllischen Pfuhl herablassen, um dessen Ton zu veredeln? Der moralische Zu- stand des Theaters ist seit vielen Jahren ein derartiger, dass er zu schlecht ist, um ausgebessert werden zu können, und selbst wenn er verbessert werden könnte, würde er doch wieder ver- derben. Geht mit abgewandtem Angesicht daran vorüber.

Es ist nie mein Los gewesen, ein Theater während der Auf- führung eines Stückes zu betreten, aber ich bekam genug zu sehen, wenn ich spät von entfernten Reisen zurückkam und an Schauspielhäusern vorüberfuhr, um Gott innig zu bitten, dass unsere Söhne und Töchter vor dem Eintritt in solche Häuser be- wahrt bleiben möchten. Das muss eine seltsame Tugendschule sein, die die Hure und den Wollüstling anzieht. Es ist kein Ort für einen Christen, denn er wird von den Irreligiösen und Weltlichen am höchsten geschätzt. Wenn unsere Gemeindeglieder es sich zur Gewohnheit machen, das Theater zu besuchen, dann werden sie nach der Richtung des Lasters hin bald viel weiter gehen und werden bald alle Freude an den Wegen Gottes verlieren. Wenn der Theaterbesuch unter bekennenden Christen allgemein wird, wird er sich bald als der Tod der Frömmigkeit erweisen. Man findet, dass der Geschmack für solche Dinge allenthalben zunimmt, denn wir können kaum noch Plätze besuchen, die einst der Wissenschaft und Kunst geweiht waren, ohne uns von etwas umgeben zu finden, das einer theatralischen Aufführung sehr ähnlich sieht.

Ich zweifle nicht daran, dass diese Dinge, die an sich harmlos genug sein mögen, dahin geführt haben, den Geschmack zu erzeugen und zu nähren, der schließlich zum Theater und dem Ähnlichen führt. Wer kann annehmen, dass Amüsements, die mit den Verführungen des Lasters verflochten werden, passende Erholungen für ein reines Gemüt seien? Wer könnte sich zu Gott nahen, nachdem er da gesessen hat, um so manche Ausführung zu bewundern?

Wenn es jemals eine Zeit gab, da die Christen von ihrer Strenge und Entschiedenheit ablassen durften, so ist sie gewisslich jetzt nicht da, wo selbst die Luft befleckt ist und unsere Straßen widerhallen von den Rufen der Händler, die schmutzige Blätter mit abscheulichen Bildern feilbieten. Es ist betrübend, zu hören, wie heutzutage die Leute über Taten der Sünde sprechen, wie junge Männer und Frauen ohne Erröten von Dingen reden, die nur verderben und zerstören können, als ob es Kleinigkeiten und spaßhafte Dinge wären. Es ist ein wahrer Jammer, dass die Zwecke der Gerechtigkeit die Veröffentlichung ekelhafter Einzelheiten erfordern. Was diejenigen betrifft, die nicht nur Schändlichkeiten begehen, sondern auch Gefallen haben an denen, die sie begehen,[88] so komme unsere Seele nicht in ihren Rat. Mein Herz seufzt oft: »*O hätte ich Flügel wie Tauben, da ich flöge und wo bliebe*« (Psalm 55,7)! Es steht gewisslich schlimm um die

88   Vgl. Römer 1,32.

Gemeinde Gottes, wenn ihre Glieder unrein werden. In diesen Tagen müssen wir doppelt streng sein, damit nicht irgendwelche Lockerheit des Verhaltens bei uns eindringe. Tatsächliche Sünde muss mit starker Hand unterdrückt werden, aber wir müssen auch selbst den bösen Schein meiden.

Meine lieben Brüder und Schwestern, seid rein. Was ihr auch sonst nicht seid, seid rein im Herzen, mit den Lippen und im Leben! Duldet niemals schlechte Einbildungen, noch weniger sprecht von dem, was unrein ist, lasst dergleichen nie von euch gehört werden, sondern tut, was den Heiligen geziemt. Ein wollüstiger Blick, ein zweifelhaftes Wort, eine zweifelhafte Tat muss ernstlich vermieden werden. Irgendetwas und alles, das dem Unkeuschen nahekommt, muss verabscheut werden. Nur die reinen Herzens sind, werden Gott schauen.[89] Wir sind alle den menschlichen Leidenschaften ausgesetzt, und dieses unser elendes Fleisch lässt sich nur zu leicht bezaubern von denen, die seinen Lüsten dienen möchten, und ehe wir wissen, wo wir uns befinden, wird die Seele gefangen genommen. Wachet unter viel Gebet, wachet besonders in dieser bösen Zeit. Rufet: »*Führe uns nicht in Versuchung*« (Matthäus 6,13), und wenn das Gebet aufrichtig ist, werdet ihr euch von zweifelhaften Orten fernhalten. Macht einen Bund mit euren Augen, dass ihr nicht blickt auf das, was da befleckt,[90] und verstopft eure Ohren, dass ihr nicht Unreines hört. Bittet Gott, dass er eure Herzen rein und heilig bewahre. Bewacht eure Lippen, dass sie, wenn sie von der Sünde sprechen, nicht Verderbtheiten verbreiten. Ich fürchte nicht so sehr, dass ihr in grobe, offenbare Sünde geratet, als dass ihr das tun könntet, das euch ein klein wenig dem Wege dahin zuführt.

Ich denke, es ist Augustin, der uns eine Geschichte von einem seiner jungen Freunde erzählt, der den größten Widerwillen gegen alles hatte, das mit dem römischen Amphitheater in Verbindung stand. Ein heidnischer Freund versuchte ihn zu über-

---

89 Vgl. Matthäus 5,8.
90 Vgl. Hiob 31,1.

reden, das Kolosseum zu betreten, und da er sehr in ihn drang und er auch diesem Freund sich etwas verpflichtet fühlte, so entschloss er sich, einmal mitzugehen, aber während der ganzen Zeit Augen und Ohren dicht geschlossen zu halten. Es mochte als ein sehr kleines Risiko erscheinen, dort wie einer zu sitzen, der blind und taub war, aber inmitten des Spiels applaudierte das Volk einem gewissen Gladiatoren, der ihm ausnahmsweise gut gefallen hatte, so laut, dass der junge Mann seine Augen öffnete, um zu sehen, um was es sich da handle. Von diesem Augenblick an war er bezaubert, er sah zu und freute sich des Anblicks, und obgleich er vorher die bloße Erwähnung der Spiele nicht ertragen konnte, wurde er schließlich ein regelmäßiger Besucher der grausamen Spiele und sogar deren Verteidiger, und nach einer kurzen Zeit gab er das Bekenntnis des Christentums ganz auf. Hütet euch vor dem Sauerteig der weltlichen Vergnügungen, denn er wirkt still, aber sicher, und nur ein klein wenig davon durchsäuert den ganzen Teig.

Haltet den Unterschied zwischen einem Christen und einem Ungläubigen aufrecht und macht ihn mit jedem Tage deutlicher. Habt ihr nie von dem Prediger gehört, welcher sich über den Teufel beklagte, weil ihm dieser mit einem seiner Gemeindeglieder davongelaufen war? Der Feind erwiderte: »Ich fand ihn auf meinem Grund und Boden, und darum nahm ich ihn.« So möchte ich dem Erzbetrüger auch ein »Halt!« zurufen, aber das wird nichts nützen, wenn er euch auf seinem Gebiet findet. Jeder Vogelsteller beansprucht den Vogel, den er in seinem eigenen Netz findet. Dies ist sein Beweisgrund: »Ich fing ihn in meinem Netz, und darum ist er mein.« Wir werden es vergeblich versuchen, dem Erzfeind dieses Eigentumsrecht streitig zu machen.

Meidet auch den bösen Schein. »Aber wir dürfen nicht zu streng sein«, sagt jemand. Dazu ist in dieser Zeit keine Gefahr vorhanden. Ihr werdet in der Heiligkeit nie zu weit gehen, noch je eurem Herrn Jesus zu ähnlich werden. Wenn jemand euch beschuldigen sollte, dass ihr es zu streng und zu genau nehmt, so betrübt euch deswegen nicht, sondern versucht es, diese Beschuldigung zu verdienen. Ich kann nicht annehmen, dass unser Herr Jesus Christus an dem letzten großen Tage sagen wird: »Ihr seid nicht weltlich genug gewesen. Ihr habt zu eifersüchtig über euer Verhalten gewacht und euch nicht genügend der Welt gleichgestellt.« Nein, meine Brüder, so etwas ist unmöglich. Der da gesagt hat: *»Darum sollt ihr vollkommen sein, gleichwie euer Vater im Himmel vollkommen ist«* (Matthäus 5,48), hat eine Regel vor euch aufgestellt, über die ihr nie hinausgehen könnt.

»Recht gut«, sagt jemand, »aber sollen wir denn gar keine Genüsse haben?« Mein lieber Freund, die für Christen bereiteten Genüsse sind viel und groß, aber es sind nicht solche, die von Sünde und Torheit duften. Nennst du Laster und Torheit Vergnügungen? Dann will ich dich um deine Freuden nicht beneiden. Wenn ich aufs Land hinaus gehe, sehe ich, wie die Leute des Landmanns große Mengen Futter für die Schweine bereiten, aber ich beneide diese nie um ihr feines Mahl. Ich habe auch nichts dagegen einzuwenden, wenn ihnen der Trog zweimal voll gegeben wird. Aber nehme ich teil daran? Ich nicht. Ich nicht! Ich habe dafür keinen Geschmack. Verleugne ich mich nun deshalb? Gewiss nicht! Es fällt mir nie ein zu denken, dass in der reichen Mischung etwas Begehrenswertes enthalten ist. Ich zweifle nicht daran, dass sie für die Geschöpfe, für die sie bereitet ist, einen angenehmen Duft hat, wenigstens einen recht starken, und dass sie deshalb hochgeschätzt wird. Wenn denn manche Personen die Vergnügungen der Welt und der Sünde genießen können, so mögen sie es tun. Arme Seelen, sie haben nichts anderes zu genießen, sie haben kein Paradies zu ihrem Hernach, sie haben keine Jesusbrust, an welche sie gegenwärtig ihr Haupt legen können, und so lasse man sie das haben, was sie glücklich macht, solange sie es haben können. Aber wenn ich zu den Kindern Gottes spreche, nehme ich einen anderen Ton an, da diese Dinge für euch keinen Reiz haben, wenn ihr wirklich die höheren Wonnen der Gemeinschaft mit Gott geschmeckt habt.

»Aber«, sagst du, »ein wenig von den Vergnügungen der Sünde möchte ich doch gern genießen.« So richte denn bei dir selbst, ob du nicht fälschlich ein Kind Gottes genannt worden bist. *»Wer aus Gott geboren ist, der tut nicht Sünde«* (1.Johannes 3,9), darunter ist nicht zu verstehen, dass er nicht in Schwachheitssünden fällt, sondern dass es nicht seine Freude ist, Sünde zu tun. Er ist eine neue Kreatur und er findet seine Freude und sein Vergnügen darin, seinem Gott so nahe als möglich zu leben.

»Wie weit dürfen wir uns der Welt gleichstellen?« ist eine Frage, die oft in mancher Menschen Herzen aufgeworfen wird, wenn auch nicht in so vielen Worten. Habt ihr nie die Geschichte von der Dame gehört, die einen Kutscher suchte? Zwei oder drei bewarben sich um die Stelle, und in Beantwortung ihrer Fragen sagte der Erste, der sich gemeldet hatte: »Ja, Madame, Sie können keinen besseren Kutscher finden, als ich es bin.« Sie erwiderte: »Wie nahe glauben Sie, das Gefährt dem Abgrund bringen zu können, ohne dass ein Unfall passiert?« »Madame, ich könnte bis auf eine Elle daran vorbeifahren und Sie würden vollkommen sicher sein können.« »Schon gut«, sagte sie, »Sie gefallen mir doch nicht.« Der Zweite hatte von der Frage gehört, um deren Beantwortung willen der andere zurückgestellt worden war, und darum war er mit seiner Antwort bereit: »Gefahr, Madame? Nun, ich könnte bis auf Haaresbreite an den Abhang heranfahren und wäre dennoch vollkommen sicher.« »Dann passen Sie überhaupt nicht für mich.« Als Nummer Drei herankam, wurde er gefragt: »Sind Sie ein guter Fahrer?« »Nun«, erwiderte er, »ich bin vorsichtig und habe noch nie einen Unfall erlebt.« »Aber wie nahe meinen Sie der Gefahr kommen zu können?« »Madame«, sagte er, »das ist etwas, das ich noch nie versucht habe. Ich halte mich von der Gefahr stets so weit ab, als ich es nur irgend kann.« Die Dame erwiderte sogleich: »Sie sind der Kutscher, den ich suche, Sie können sogleich in meinen Dienst treten.«

Einen solchen Kutscher verschaffe dir selbst, dass er dein Herz leite und deinen eigenen Charakter bewahre. Siehe nicht darauf, wie nahe du der Sünde kommen kannst, sondern siehe zu, wie weit du dich von ihr fernhalten kannst. Wenn du diesen Rat nicht annimmst und wenn der Geist Gottes nicht in dir die

Reinheit des Lebens wirkt, dann wird seinerzeit die Gemeinde die Hände aufheben und sagen müssen: »Wer hätte das gedacht! Es war ein so netter junger Mann, von dem wir so viel erwarteten, es war der, der zu sagen pflegte: ›Ihr müsst es nicht gar zu genau nehmen‹, und wo ist er nun?« Um das Schlimmste zu vermeiden, halte dich von dem Schlechten fern.

Was eures Herrn Werk betrifft, so haltet euch gebunden an den Altar Christi und bleibt auf ewig mit ihm eng vereint, und wenn das der Fall ist, so bin ich gewiss, dass ihr herausfinden werdet, dass ihr durch das Aufgeben weltlicher Vergnügungen nichts verloren habt. Des Herrn Wege sind liebliche Wege, und alle seine Steige sind Friede.[91] Im heiligen Leben liegt eine sichere und liebliche Annehmlichkeit, und diese Annehmlichkeit liegt zum großen Teil in dem Umstand, dass sich ein reichlicher Friede daraus ergibt. Gott gebe uns Gnade, uns auf diesen friedvollen Pfaden halten zu können, selbst wenn andere uns Puritaner nennen und unsere heilige Scheu vor der Sünde bespötteln sollten. Amen.

91   Vgl. Sprüche 3,17.

»Vom Teufel versucht«

Der Brief, den ich nun vorlesen möchte, kommt aus einer gewissen Provinz Schottlands. Im Original beginnt jede Zeile mit einem großen Buchstaben, so dass der Brief fast den Anschein einer Poesie hat. Ich glaube, dass in entfernten Landstrecken die Idee vorherrschend ist, dass das die korrekte Schreibweise ist, und der Schreiber dieses Briefes ist zu ernst, um etwas sorglos zu tun oder gar gegen die bestehende Sitte zu verstoßen. Hier ist der Brief:

»An den ehrwürdigen Herrn C. H. Spurgeon. Da ich glaube, dass Sie einer der treuen Knechte Gottes sind, sowie auch, dass Sie eine große Gemeinde und darin viele wahre Gläubige haben, erlaube ich mir, an Sie zu schreiben in der Hoffnung, dass Sie und Ihre Gemeinde meiner in den täglichen Gebeten gedenken werden, und auch, dass Sie es öffentlich mitteilen werden, dass ich das Volk Gottes um die Fürbitte für meine Seele und um mein eigenes Heil ersuche, da ich weiß, dass des Gerechten Gebet viel vermag.[92] Lieber Herr, ich möchte Ihnen sagen, dass ich von dem Widersacher viel zu leiden habe. Es ist wahr, dass ich mich nicht mit jenem Heiligen, John Bunyan, vergleichen kann aber in seinem Buche ›Die überschwängliche Gnade‹ erzählt er uns, wie er versucht wurde, und ich fühle, dass die alte Schlange, welche ist der Teufel und Satanas, die Eva im Garten versuchte und den heiligen John Bunyan mit fast denselben Versuchungen verfolgte, auch mich bis zu diesem Tage quält, und wenn Sie wüssten, was ich alles von seinen feurigen Pfeilen zu erdulden

---

92   Vgl. Jakobus 5,16.

habe, so würden Sie mich bemitleiden. Ich glaube, es sind nun fünfundzwanzig Jahre, wenn nicht mehr vergangen, da ich anfing zu Gott zu beten, und dennoch sind meine Versuchungen schrecklich. Doch ich kann nicht sagen, dass ich in Verzweiflung geraten bin, denn ich weiß, dass mein Erlöser lebt und dass ich ihn sehen werde.[93] Meine Prüfungen von dem Widersacher sind schrecklich. Wenn ich auf meinen Knien zu Gott bete, kommt er oft plötzlich wie ein Schuss, und ich glaube, er tut, was er nur kann, um mein Herz und meine Begierden von Gott und vom Himmel wegzustehlen. Er versucht, mich zu bewegen, irgendein verkehrtes Wort auszusprechen, und manchmal macht er mein Herz und Fleisch zittern, während ich zu Hause am Tische sitze oder spreche, oder im Gotteshause weile, oder wenn ich auf Reisen bin. Was ich auch tun mag, ich fühle, dass er alles tut, was er nur kann, um meine arme Seele zugrunde zu richten. Darum flehe ich um das ernste Gebet aller Christen für meine arme Seele, und ich weiß, dass er mir den Segen dieser Fürbitte nicht versagen wird. Ich glaube, dass wir einander nach dem Fleisch noch nie gesehen haben, und Gott allein weiß, ob wir uns je auf Erden sehen werden, aber ich hoffe, dass wir uns im Himmel sehen werden, wo sich der Widersacher uns niemals wird nähern können. Ich hoffe, dass Sie dies Ihrer Versammlung mitteilen werden. Ich bin, lieber Herr, Ihr gehorsamer Diener, der da wohnt in der Grafschaft ... ›Der Herr kennt die Seinen‹ (2. Timotheus 2,19).

PS: Ich werde glücklich sein, Ihren freundlichen Rat entweder in einem Traktat oder in einer Zeitung zu finden. Ich bin Leser des ›Herald‹.«

93   Vgl. Hiob 19,25.

Ich bezweifle den Anfang sehr: »An den ehrwürdigen C. H. Spurgeon«, denn ich bin nicht ehrwürdig. Romaine pflegte zu sagen, dass es höchst erstaunlich sei, wahrzunehmen, wie viele ehrwürdige, wohl ehrwürdige und hochwürdige Sünder es auf der Erde gebe. Gewiss, Ehrwürden und Sünder geben eine merkwürdige Verschmelzung ab, und da ich weiß, dass ich ein Sünder bin, weise ich den Ehrwürden ab. Mir ist es erstaunlich, dass solcher schmeichelhafte Titel erfunden werden konnte, und noch erstaunlicher ist mir, dass es liebe Männer gibt, die zornig werden, wenn ihnen dieser Titel nicht in gebührender Weise gegeben wird. Die Überschrift ist jedoch eine geringfügige Sache. Ich möchte aber über den Brief selbst einige wenige Bemerkungen machen, damit wir umso verständiger und inbrünstiger unsere Bitten für den Schreiber kund werden lassen können.

Und da beachten wir zuerst mit Vergnügen, **dass der Schreiber noch nicht in Verzweiflung geraten ist,** denn er sagt ausdrücklich: »*Ich weiß, dass mein Erlöser lebt*« (Hiob 19,25). Wenn er sich mehr bei seinem lebendigen Erlöser aufhalten und weniger auf die veränderliche Strömung seiner eigenen Gedanken blicken möchte, so würde die Schlinge zerreißen und er würde frei werden. Es ist reizend zu sehen, wie arme Seelen, wenn sie vom Teufel hier- und dorthin geworfen werden, sich noch an ihre Hoffnung anklammern; halb fürchtend, annehmen zu dürfen, dass Jesus ihr Herr ist, fühlen sie dennoch, dass sie die geringe Hoffnung, die sie haben, nicht aufgeben könnten. Einer seligen Inkonsequenz zufolge zweifeln sie und kleben doch fest, fürchten sie und vertrauen dennoch, verurteilen sie sich selbst und hoffen doch. Solche Seelen sind ein Rätsel, sie bringen ihre Freunde in Verlegenheiten und verwirren sich selbst am allermeisten. Wenn wir sie nur überreden könnten, ihre Gedanken dem seligen »Ich weiß« zuzuwenden, so würden sie den Feind bald davonjagen, denn der Teufel verabscheut ein gläubiges »Ich weiß«. Er ist viel zufriedener mit »ich hoffe« und am zufriedensten mit dem »ich fürchte«, aber das »Ich weiß« verwundet ihn schrecklich, und wenn der, der es in Wahrheit sagen kann, sich mit diesem Sinn wappnet, so wird er bald den Feind überwinden. Der Satan fürchtet den Namen des Erlösers, und er fällt vom Himmel wie ein Blitz vor denen, die es verstehen, sich vertrauensvoll auf ihn zu berufen.

Nachdem wir den angenehmen Punkt in dem Briefe beachtet haben, sind wir nun genötigt zu bemerken, **dass es etwas sehr Schreckliches ist, fünfundzwanzig Jahre in dieser Weise versucht zu werden, und doch ist es nicht das erste Mal, dass wir davon gehört haben,** dass die Versuchung lange angehalten hat und stark gewesen ist. Ich habe in meiner Bibliothek ein Buch von Timotheus Rogers über »Seelenbekümmernis«, in welchem er uns von zwei Predigern, Rosewell und Porter, erzählt, von denen letzterer sechs Jahre vom Satan unterdrückt wurde und sich nachher doch des Lichtes des Angesichts Gottes erfreuen durfte. Robert Bruce, der vor vielen Jahren Prediger in Edinburgh war, litt zwanzig Jahre lang unter den Schrecken des Gewissens und fand danach Errettung. Rogers sagt: »Ihr habt in dem ›Buch der Märtyrer‹ von Fox ein Beispiel von einem gewissen Glover, der von innerem Kummer fünf Jahre lang so abgezehrt worden war, dass er weder Freude an seiner Speise noch Ruhe im Schlaf, noch Vergnügen am Leben hatte. Er war so bekümmert, als ob er in der untersten Hölle gelegen hätte, und doch wurde dieser liebe Knecht Gottes nach solchen scharfen Versuchungen und starken Schlägen des Satans aus aller seiner Trübsal befreit und dadurch so von allem entwöhnt, dass er war wie einer, der bereits im Himmel wohnte, denn er führte ein fast himmlisches Leben und verabscheute in seinem Herzen alles Weltliche.«

Keiner von diesen Fällen dehnt sich ganz so lang aus, wie der im Briefe erwähnte, aber ich erinnere, von jemand gehört zu haben, der etwa siebenundzwanzig Jahre im Gefängnis gelegen hatte und dann doch zur vollkommenen Freiheit kam. Aber selbst dies ist weniger merkwürdig als der Fall, den Turner in seinen »Merkwürdige Führungen« von einem Charles Langford erwähnt. Er sagt darin, dass er nahezu vierzig Jahre lang vom Satan ernstlich mit Fäusten geschlagen wurde, und dass dieser nichts versäumte, um ihm allen nur erdenklichen Schaden zuzufügen. Vierzig Jahre lang wurde er durch die unbehagliche Wüste der Versuchung geführt und auch sein hellster Tag war während der ganzen Zeit nur dunkel. Der Satan erfüllte seine Seele mit verfluchten und lästerlichen Gedanken und allerlei schrecklichen Versuchungen. Es gefiel dem Herrn, sein gottseliges Weib zu seiner Errettung aus seiner Lage zu gebrauchen. Er hörte einmal, wie sie nach ihrer Gewohnheit vor dem Gnadenthron flehte:»Mein Vater! Mein Vater! Was willst du mit meinem Manne machen? Er hat doch in deiner Sache gestanden und dafür gesprochen und gehandelt. Oh, um deiner eigenen Ehre willen, vernichte ihn nicht! Welche Entehrung wird deinem großen Namen werden, wenn du es tust! Tue doch lieber mit mir, wie es dir gefällt, aber schone meines Mannes etc.« »Gott, dem es gefällt, seine Kraft dadurch zu erzeigen, dass er kleine und unwahrscheinliche Mittel gebraucht, kam«, so erzählte Langford, »und anerkannte seine eigene Vorschrift und krönte das Schreien und den Glauben und die Geduld einer armen Frau mit solchem Erfolge, dass ich ihn beständig preisen werde. Mein Widersacher, der Teufel, wurde von meinem lieben Herrn Christus an seinen Ort verwiesen. Christus zerbrach die ehernen Tore und befreite mich von seiner Wut.« Ihr seht, dass langjährige Versuchungen vom Satan nicht so seltene Trübsale sind, als manche annehmen mögen.

Aber kommen diese Versuchungen vom Teufel zu wirklich begnadigten Menschen? Gewiss. Die Beispiele, die ich angezogen habe, beweisen es, und abgesehen davon würde uns unsere Vernunft veranlassen, das zu erwarten. Wenn ein Wegelagerer auf der Lauer läge und etwas über die Reisenden wüsste, so würde er die Bettler nicht anhalten, denn er würde wissen, dass er von ihnen nichts erwarten dürfte. Würde er es versuchen, die Reichen oder die Armen zu berauben? Natürlich würde er sich die aussehen, die da Geld haben, und genau so greift der Satan die an, die Gnade haben, und überlässt die sich selber, die keine haben.

Wenn ein Freund des Jagdsports sich mit Entenschießen beschäftigt, so beeilt er sich nicht allzu sehr, die toten Enten aufzusuchen, die um ihn her fallen, sondern er lenkt seine Aufmerksamkeit denen zu, die noch sehr lebendig und nur leicht verwundet sind und vielleicht davoneilen könnten. Die getöteten kann er jederzeit auflesen. So macht es der Satan, wenn er sieht, dass eines Menschen Seele verwundet ist, die aber doch noch ein gewisses Maß geistlichen Lebens hat, so lenkt er seine Stärke nach dieser Richtung hin in der Hoffnung, sich das arme, blutende Wesen zu sichern. Es ist die vorhandene Gnade, die sein boshaftes Auge und seine diabolischen Pfeile anzieht. Er würde nicht sichten, wenn kein Weizen da wäre, noch in ein Haus einbrechen, wenn keine Schätze darin wären. Es ist darum kein übles Zeichen, wenn ihr euch vom Teufel versucht findet. Seine Angriffe sind keine Anzeichen von einem Mangel an Gnade, sondern vielmehr ein Zeichen davon, dass sie da ist.

Aber kann ein Gläubiger versucht werden, schlechte Sprache zu führen? Oh, dass er es kann! Der reinste Sinn ist zuweilen am meisten durch das Zuraunen der schmutzigsten Gedanken und der schrecklichsten Worte angegriffen worden. Ich wurde als Kind mit solcher Sorgfalt erzogen, dass ich nur sehr wenig von schmutziger oder gemeiner Sprache wusste, zumal ich kaum jemals einen Menschen fluchen hörte. Und doch erinnere ich, dass ich in meinen frühesten Christentagen Zeiten hatte, da mir so böse Gedanken in den Sinn kamen, dass ich meine Hand vor den Mund legte, aus Furcht, dass ich veranlasst werden könnte, sie auszusprechen. Dies ist ein Weg, auf welchem Satan die quält, welche Gott aus seiner Hand errettet hat. So sind viele der teuersten Heiligen drangsaliert worden. Geliebte, lasst euch diese feurige Trübsal, wenn sie über euch kommt, nicht befremden, denn es widerfährt euch nichts Neues, sondern nur das, was gottseligen Menschen gemeinsam ist.

Was kann denn in dem Falle eines geschehen, der so durch feurige Versuchungen niedergeschlagen und abgequält worden ist? Wenn ich der Schreiber dieses Briefes wäre, so nehme ich an, dass ich tun würde, wie er getan hat, aber wenn ich richtig handelte, **würde ich gehen und dem Herrn Jesus Christus** alle diese Zumutungen des Teufels klagen und ihn bitten, dazwischenzutreten und den Bösen zurückzuhalten. Es ist sein Amt, der Schlange den Kopf zu zertreten,[94] und er kann und will es tun. Wir brauchen nicht fürchten, dass unsere armseligen Gebete und Tränen vergeblich sein werden. Jesus ist sehr treu, und er wird zu unserer Befreiung kommen. »Dieser große Hirte der Schafe«[95] wird dem Wolfe nicht gestatten, seine Lämmer zu Tode zu quälen.

Außerdem, dass der Versuchte seine Sache dem Herrn unterbreitet, mag es ihm nützlich sein, **seine Trübsale niederzuschreiben.** Sehr viel Beunruhigung des Gemüts kommt her von der absoluten Verwirrung der Gedanken, und ein beschriebener Zustand mag dazu behilflich sein, die Spinngewebe zu beseitigen. Luther auf der Wartburg warf ein Tintenfass nach dem Kopf des Teufels und diesem Beispiel könnte man wirklich folgen, denn oft, wenn ihr eure nebeligen Gedanken sich vor euren Augen in Schwarz und Weiß verdichten seht, haben sie nicht halb so viel Macht über euch, als es vorher der Fall war, und oft verlieren sie diese ganz. Ich habe euch schon früher von der armen Frau erzählt, die ihrem Prediger klagte, dass sie den Heiland nicht liebe. Da trat der Pastor ans Fenster und schrieb mit seinem Bleistift auf ein Stück Papier: »Ich liebe den Herrn Jesus Christus nicht.« Er brachte es der Frau und sagte: »Nun, Sara, möchten Sie Ihren Namen hierunter schreiben?« Ihr Schreck wurde offenbar, und sie rief aus: »O nein, Herr Prediger, das könnte ich nicht, lieber wollte ich sterben!« »Aber Sie haben es doch gesagt.« »Ja, ich sagte es, aber schreiben werde ich es nicht. Da habe ich den Herrn denn doch zu lieb, als dass ich das unterschreiben könnte.« Ist nicht Weisheit in meinem Rat, eure Versuchungen niederzuschreiben?

---

94   Vgl. 1.Mose 3,15.
95   Vgl. Hebräer 13,20.

Doch das hauptsächlichste Heilmittel ist, **damit fortfahren, zum Heiland zu gehen,** sobald uns eine neue Lästerung zugeflüstert und wir zu einer anderen Sünde versucht werden, denn er will den Heiligen Geist, den Tröster, senden, dass er euch errette. Wenn Satan sieht, dass eine Seele durch seine Versuchungen beständig zu Christus getrieben wird, so ist er zu listig, um sie fortzusetzen. Er wird dann bei sich selbst sagen: »Diese meine Angriffe erreichen nichts, denn jedes Mal, wenn ich ihn versuche, läuft er zu seinem Heiland, und so wird er stärker und heiliger. Ich will ihn sich selber überlassen, und vielleicht wird er dann schläfrig, und so kann ich ihm durch mein Stillesein größeren Schaden zufügen, als wenn ich ihm nachbrülle.« Der Teufel ist ein feiger Geist und fürchtet sich, denen entgegenzutreten, die mutigen Herzens sind. Streckt eure Hand aus und ergreift das Schwert des Geistes[96] und gebt ihm einen gläubigen, festen Stoß, und er wird seine Drachenflügel zu eiliger Flucht ausbreiten. Ein Mensch tut besser daran, hundert Meilen weit umherzugehen und über Hecken und Gräben zu springen, als dem Erzfeinde zu begegnen. Wenn ihr ihm jedoch begegnen müsst, so verzagt nicht, sondern tretet ihm furchtlos entgegen. *»Widerstehet dem Teufel, so flieht er von euch«* (Jakobus 4,7).

Möchte der Bruder, dessen Brief ich gelesen habe, in dem Herrn seinen starken Helfer finden, damit er bald aus der Finsternis an sein wunderbares Licht komme!

---

96 Vgl. Epheser 6,17.

»Es geht nach Haus, es geht nach Haus!«

Soeben unterhielt ich mich mit einem Ältesten der Gemeinde und bemerkte, dass er wohl an 75 Jahre alt sein dürfte, und er erwiderte: »Ich bin 82.« »Das ist«, sagte ich, »ein gutes, hohes Alter.« »Ja«, antwortete er, »das ist es«, und dann nickte er freudig mit dem Kopfe und fügte hinzu: **»Es geht nach Haus, es geht nach Haus!«** Das dürfen auch wir sagen, Brüder; das dürft auch ihr sagen, Schwestern. Wir wollen unseres Bruders Worte im Chor aufnehmen und sagen: »Es geht nach Haus, **es geht nach Haus!«**

»Es geht nach Haus.« Es ist Musik in diesem einfachen Satz, eine so sanfte Melodie wie in der Abendglocke. Im jüngeren Leben mag der Ton mehr anregend und trompetenartig sein und unsere Jugend zur Tätigkeit anspornen, indem aber unsere Jahre zunehmen und die Sonne sich dem Untergange zuneigt, ist die Musik, die in dem Worte liegt, süß und zart, und wir lieben es, ihr in unserer ruhigen Stimmung zu lauschen, denn jedes Wort hat einen Silberton: **»Es geht nach Haus, es geht nach Haus.«** Dies ist unser großer Trost: Wie lang auch der Weg sein mag – es geht nach Haus. Wir mögen leben, um 82 oder selbst 99 Jahre alt zu werden, aber zu seiner Zeit werden wir nach Hause kommen. Wir brauchen diese selige Wahrheit nicht bezweifeln, denn der Herr hat uns gelehrt, in dem Liede Moses zu singen: *»Du bringst sie hinein und pflanzest sie auf dem Berge deines Erbteils«* (2.Mose 15,17). Der Weg mag rau sein, aber es ist des Königs Hochstraße, und keine Briganten können uns von demselben herabzerren, auf diesem Wege werden wir das Vaterhaus droben erreichen. Etliche unter uns sind ihrem sechzigsten Jahre noch nicht sehr nahegekommen, und vielleicht haben wir noch manche lange Strecke zurückzulegen, aber – gelobt sei Gott! Wir werden heimkommen.

»Es wird nicht lang mehr währen,
Halt noch ein wenig aus;
Es wird nicht lang mehr währen,
So kommen wir nach Haus.
Da wird man ewig ruhn;
Wenn wir mit allen Frommen
Daheim zum Vater kommen,
Wie wohl, wie wohl wird's tun!«

Ein Grund, aus welchem wir uns sicher fühlen, dass wir nach Hause kommen werden, ist, **dass wir auf dem Wege zu finden sind, der dorthin führt.** Dies ist ein großes Wunder, es ist tatsächlich ein größeres Wunder, als unser Heimkommen sein wird. Als wir in der Irre gingen und dem Vaterhause den Rücken kehrten und das sündige Leben liebten, suchte uns der Herr in seiner unendlichen Barmherzigkeit heim und legte das Verlangen in unsere Brust, zu ihm zurückkehren zu können, und stellte unsere Füße auf den Weg des Lebens. Das ist ein Wunder der Gnade, das anzustaunen ich nie müde werde, und im Hinblick auf alles das, was es in sich schließt, fühle ich mich hinsichtlich des Heimkommens ganz ruhig. *»Denn so wir Gott versöhnt sind durch den Tod seines Sohnes, da wir noch Feinde waren, viel mehr werden wir selig werden durch sein Leben, so wir nun versöhnt sind«* (Römer 5,10). Die Liebe, die uns dem Feuer entrissen hat, wird uns gewisslich bewahren, dass wir nicht wieder in dasselbe zurückfallen. Gott beginnt kein Werk, ohne die Absicht zu haben, es auch hinauszuführen.[97]

Überdies, meine Brüder, **sind wir auf dem Wege bereits weit vorgeschritten** und darum werden wir heimkommen. Wenn wir uns die vielen Versuchungen und Prüfungen und die Sündigkeit unserer Natur vergegenwärtigen, fühlen wir uns ver-

---

97 Vgl. Philipper 1,6.

pflichtet, den Herrn von ganzem Herzen dafür zu preisen, dass er uns bis zu diesem Tage bewahrt hat. Das Leben, das noch vor uns liegt, kann kaum noch mehr Wunder aufzuweisen haben, als das hinter uns liegende aufweist, warum sollten wir denn annehmen, dass der Herr seine Hand zurückziehen werde? Nichts als die allmächtige Gnade hat uns so weit bringen können und diese Gnade ist ausreichend, uns auch während des Restes des Weges zu bewahren. Wir werden heimkommen, denn »*der Herr denkt an uns und segnet uns*« (Psalm 115,12). Selbst in der Todesstunde wird uns die Furcht nicht überschatten. Ihr wisst, wie schön der Dichter es gibt:

> »*Die gläubig fleh'n, mit Tränen sä'n,*
> *Sie sind im Herrn geborgen.*
> *Ins Heim so traut, das Gott gebaut,*
> *Zieh'n wir, vielleicht schon morgen!*
> *Es geht nach Haus, zum Vaterhaus,*
> *Wer weiß, vielleicht schon morgen!*«

Ich bin davon überzeugt, dass wir heimkommen werden, **weil wir oft Botschaften von dem Vater selber erhalten,** und diese Liebesworte versichern uns, dass er unserer gedenkt, und wenn er unserer gedenkt, wird er uns nicht umkommen lassen. Ferner erfahren wir auch wesentliche Hilfe und Tröstungen von ihm, die uns bei Tag und Nacht auf dem Wege werden. Wenn er die Absicht hätte, uns schließlich doch noch zu verwerfen, dann würde er unsere Herzen nicht so oft durch seine gnadenvollen Besuche und durch seine Liebesbeweise auf dem Wege erfreut haben. Wie die Landvögel, die sich auf das Takelwerk des Schiffes niederlassen, dem Passagier die Versicherung geben, dass er sich der Küste nähert, welche er noch nicht sieht, so erzählen uns die himmlischen Segnungen, die uns zu unserer Stärkung so reichlich zufließen, dass das Land der Herrlichkeit nahe ist. Wir werden bald im schönen Hafen Anker werfen.

Wir werden heimkommen, denn andere, die einst auf demselben Pfade neben uns wanderten, **sind schon heimgekommen.** Als sie Abschied von uns nahmen, fragten wir sie, wie sie das Ende ihrer Reise zu erreichen hofften, und sie sagten uns, dass ihre ganze Hoffnung auf der souveränen Gnade beruhe, und auf was anderes verlassen wir uns denn? Warum sollte diese Gnade, die ihnen eine sichere Reise gewährte, sie nicht auch uns sichern? Es ist wahr, dass wir sie nicht verdienen, aber sie verdienten sie auch nicht. Es war bei ihnen Sache der Gnade, und dasselbe ist bei uns der Fall. Aber diese Gnade ist treu und beständig. Alle, die mit Jesus reisen, werden vor dem gähnenden Abgrund bewahrt bleiben. Und ob es auf Planken und Schiffstrümmern geschehen sollte, wir werden sicher zu Lande kommen.

Wir werden heimkommen, **denn wenn es nicht geschieht, welche Klage wird es im Himmel geben!** Denkt ein wenig darüber nach. Welche Trauer über die Verlorenen würde sich in den Wohnungen droben kundgeben, wenn die Kinder nicht heimkämen! Weder Gott noch die Heiligen könnten die göttliche Familie unvollständig sehen und dennoch glücklich sein. Jeder Engel im Himmel würde eine Enttäuschung fühlen, wenn bei dem Ablesen der Stammrolle ein Kind Gottes abwesend wäre. Freuten sie sich nicht einst über jeden unter uns, der als Sünder Buße tat? Diese sympathische Freude wäre in unserem Falle eine verfrühte gewesen, wenn wir auf dem Wege umkommen sollten. Aber die Engel sind nicht dazu verurteilt, zu finden, dass ihre Hoffnungen vernichtet sind, ebenso wenig wird der große Vater finden, dass er selbst sich zu früh gefreut habe. Der Himmel wäre ein einsamer Ort, wenn bei den Festmählern irgendeines Davids Stuhl leer bliebe. Wir können es nicht ertragen, uns einzubilden, dass irgendein Glied der heiligen Familie vermisst werden und ewig verloren sein sollte! Es kann nicht sein, denn in dem Lande absoluter Vollkommenheit

»Soll nicht eine fehlen von den Seelen,

Die zum Leben dir der Vater übergeben.«

Wir werden heimkommen, denn der große Vater selber wird nicht ruhen, bis es geschieht, und er, der uns mit seinem teuren Blut erkauft hat, wird nie zufrieden sein, bis er seine Erlösten in ihren weißen Gewändern um sich her stehen sieht. Welche Aufregung würde es geben, wenn wir, nachdem wir mit unserer Familie auf einer Reise gewesen sind, beim Nachhausekommen ein liebes Kind vermissten! Ich appelliere an das Herz eines jeden Vaters: Würdest du schlafen können? Würdest du nicht umkehren und jeden Winkel des Weges untersuchen und nach dem lieben verirrten Lamm forschen? Du würdest überall rufen: »Habt ihr nicht meinen Liebling gesehen?« Ich kann mir unseren guten Hirten denken, wie er dasselbe hinsichtlich eines jeden sagen würde, der nicht heimkäme. Er würde nicht ruhen, bis er seines Herzens Freude gefunden hat. Gönnte er sich das erste Mal irgendwelche Ruhe, bis er uns auf seinen Schultern und mit Freuden heimbrachte? Und würde er das zweite Mal ruhen, bis er uns sicher in die Herrlichkeit eingeführt hat? Nein, er kann nie völlige Freude in seinem Herzen haben, bis alle seine Erlösten an dem Ort der Wohnungen sind.

Brüder, es geht nach Haus, wir werden gewisslich heimkommen, und welche Freude wird das werden! Gedenkt der Seligkeit, unseren Vater, unser Heim, unseren Heiland und alle die sehen zu können, die uns um Jesu willen lieb und teuer sind! Eine ehrwürdige Schwester, die mich jüngst sehr beschattigt sah, bemerkte, dass wir reichlich Zeit haben würden in der Ewigkeit, um miteinander sprechen zu können. Ich kann nicht recht einsehen, wie da Zeit sein kann, wenn die Zeit aufgehört hat, aber ohne Zweifel wird es Raum und Gelegenheit zur völligsten Gemeinschaft miteinander geben und besonders zur Gemeinschaft der vereinten Wonne an der anbetungswürdigen Person unseres hochgelobten Herrn. Ich erwarte von der Gemeinschaft mit vollkommenen Heiligen droben viel Glückseligkeit, weil ich an der Gesellschaft unvollkommener Heiligen hier unten schon so viel

Freude gehabt habe. Viele von uns sind kürzlich heimgegangen und wir werden älter, aber wir wollen das nicht beklagen, da das Heim droben gefüllt und eine vollkommene Gesellschaft gebildet wird, die ewig dauert.

Ich erinnere mich einer Bemerkung meines lieben Freundes John Edwards, die er machte, ehe er uns verließ, um ins Vaterland droben zu gehen. Ich sagte eines Tages zu ihm: »Unser Bruder Soundso ist heimgegangen«, und er erwiderte: **»Wo soll er denn auch sonst hingehen?«** So ist es. Wenn es Abend wird, ist das Heim für jeden unter uns der passende Ort und wir wenden uns instinktiv demselben zu. Wir denken schlecht von Leuten, die sich nicht darum kümmern, heimzugehen, wenn sie ihre Arbeit verrichtet haben. Manche Arbeiter bleiben spät bei der Arbeit, aber niemand beneidet sie um deswillen. Die meisten denken, dass, je früher sie heimgehen können, desto besser ist es. Denkt ihr nicht auch so? Sehnt ihr euch nicht, nach Hause gehen zu können? Es ist am besten, nicht ungeduldig zu werden, sondern den ganzen Tag mit heiligem Dienst auszufüllen und dann übers Heimgehen, über die Krone von allem, nachzudenken. Selbst diese arme Welt kann uns ziemlich heimisch werden, wenn wir den rechten kindlichen Geist haben. »Wo bist du zu Hause?«, fragte jemand ein kleines Mädchen. Die Antwort war: »Ich bin zu Hause, wo Mutter ist.« So ist da unser Heim, wo Jesus ist, und wenn er will, dass wir noch eine Weile außerhalb des Himmels bleiben sollen, so fühlen wir uns auch in seiner süßen Gemeinschaft in der Wüste daheim.

Hier schalte ich jedoch ein Wort der Warnung ein. Es dürfte weise sein, uns zu fragen: »Wo ist unser Heim?« Jemand sagte, es ist gut, heimzugehen, **wenn wir ein gutes Heim haben, dahin wir gehen können.** Dieser Punkt ist des tiefen Nachdenkens wert. Jedes Geschöpf geht hin an seinen Ort, der Fuchs zu seiner Grube, der Vogel zu seinem Nest, der Löwe zu seiner Höhle und der Mensch zu seinem Heim. Der Gerechte wird sich zu dem Licht erheben, das ihm aufgeht, was aber die Ungläubigen betrifft, wohin werden sie gehen? Wohin müssen sie gehen? Ihr könnt **nach ihren Vergnügungen** auf ihren Ort schließen. Welches sind ihre Vergnügungen? Eitelkeit, Sünde, das eigene Ich. Von diesen Dingen ist nichts im Himmel, und darum können die, die sie lieben, dort nicht eingehen. Wenn sie ihr Vergnügen auf den Wegen des Satans gefunden haben, so werden sie dort ihr endloses Teil finden.

Wir können Menschen **nach ihrer Gesellschaft** beurteilen. Gleich und gleich gesellt sich gern. Welcher Art Gesellschaft gibst du den Vorzug? Der Mensch, der die Lieder des Trunkenbolds singt, der Mann, der sich in losem Gerede ergeht – ist er dein Gesellschafter und dein Freund? Dann wirst du in der Sammlung der Toten zu ihm und zu solchen, wie er ist, gesammelt werden. Ich erinnere mich, dass eine liebe Frau auf ihrem Sterbebette zu mir sagte: »Ich bin gewiss, dass mich der Herr nicht ewig bei den Ungläubigen und Gottlosen wohnen lassen wird, denn solche Gesellschaft habe ich nie geliebt. Ich denke, er wird mich zu meiner Gesellschaft gehen lassen, die ich geliebt habe.« Ja, das wird er. Die hier deine Gesellschaft ausmachen, werden auch dort deine Genossen sein.

Ihr könnt euch eure zukünftige Wohnung voraussagen, wenn ihr euch **euren gegenwärtigen Charakter** vor Augen führt, denn eure ewige Bestimmung wird die reife Frucht eures Charakters in dieser Zeit sein. Wenn ihr bei dem Kommen des Herrn zum Gericht zu den Gottlosen gezählt werdet, müsst ihr euer Teil fern von Gott haben. Die Falschen, die Schmutzigen und Gebetslosen können kein Heim unter Aufrichtigen, Reinen und Heiligen finden. O ihr, die ihr unerneuerten Herzens seid, ich bitte euch, denkt über die Worte des Psalmisten nach: *»Bettete ich mich in der Hölle«* (Psalm 139,8). Welch ein Bett! Aber wie ihr euch bettet, so werdet ihr liegen müssen. Wenn ihr Ruhe in der Sünde findet, so bettet ihr euch in der Hölle. O meine Lieben, wage doch niemand unter euch das Risiko eines solchen Elends! Wir haben hier einander geliebt, lasst uns nicht geteilt werden. Lasst uns zusammen den Weg der Heiligkeit pilgern. Lasst uns miteinander Jesus nachfolgen, und dann werden wir alle zu demselben Vaterhause heimgehen. Meine Freude, meine Krone, mein zweiter Himmel soll es sein, mit euch allen dort in dem süßen, süßen Heim zusammenzutreffen, wo die Gefahr vorüber ist, wo die Schmerzen verbannt sind und Sünde ausgeschlossen ist.[98] Unser Vater will uns empfangen, unser erstgeborener Bruder will sich über uns freuen, und der Heilige Geist will fröhlich sein über uns. Die Lieben, die wir als verloren beweinten, werden uns begegnen, und alle übrigen der Gesellschaft der durch Blut Erlösten werden uns bewillkommnen. Haben eure Seelen nicht den freudigen Vorgeschmack von der erhabensten aller Familienversammlungen? Ist es unseren Herzen nicht ein Jubiläum, der großen Versammlung und der Gemeinde der Erstgeborenen zu gedenken, deren Namen im Himmel angeschrieben sind?

»Es geht nach Haus,
Es geht nach Haus!«

98   Vgl. Offenbarung 21,4.

... das Gute behalten!

Über Sola Gratia Medien®

Sola Gratia Medien wurde 2019 gegründet, um bibeltreue Literaur zu publizieren. Hierbei soll ein Schwerpunkt auf solchen Büchern liegen, die
- auf der Bibel als irrtumsfreies Wort Gottes gegründet sind,
- Gottes Gnade verherrlichen,
- theologisch vertiefen und geistlich erneuern sowie
- sich den geistigen Quellen der Reformation verpflichtet fühlen.

Weitere Informationen finden Sie unter
E-Mail: info@solagratia.de
www.solagratia.de

Die Verlagsarbeit wird getragen durch:

Reformations-Gesellschaft-Heidelberg e.V.
Postfach 100141
57001 Siegen · Deutschland
www.reformationsgesellschaft.de

Stichting Vrienden van Heidelberg en Dordrecht
E-Mail: info@svvhed.org
www.svhed.org

Empfehlung

Iain H. Murray
Spurgeon wie ihn keiner kennt

Wie kam es dazu, dass C. H. Spurgeon heute von vielen Christen zwar als genialer Prediger und eine Art Großvater des modernen Evangelikalismus geschätzt wird, dass er aber gleichzeitig in seinem eigentlichen Anliegen gar nicht verstanden wird?

Schon vor seinem Tode im Jahr 1892 wurde in Zeitschriften und unter Kirchenführern darüber diskutiert, was der eigentliche Wert seiner Arbeit gewesen sei. Nicht sein »enges Glaubensbekenntnis«, sondern sein »wahrhaft liebevoller Charakter« sei das Wichtigste, hieß es in einer Zeitschrift. Doch das »Image« Spurgeons wurde weiterhin verzerrt, und seine eigene Voraussage über das weitere Schicksal seiner Glaubensgrundsätze im 20. Jahrhundert sollte sich bewahrheiten: »Ich bin bereit, mich die nächsten fünfzig Jahre von den Hunden fressen zu lassen, denn die fernere Zukunft wird mich rechtfertigen.« Dieses Buch zeichnet die Hauptlinien von Spurgeons geistlichen Denkens anhand der drei großen Kontroversen auf, an denen er beteiligt war.

Da geht es zunächst um seinen Stand gegen das verwässerte Evangelium, das in Mode war, als der junge Prediger in den 50er Jahren des 19. Jahrhunderts in London ankam; dann, zweitens, um die berühmte »Taufwiedergeburts«-Debatte von 1864, und, drittens, um die zermürbende »Down-Grade-Kontroverse« von 1887–1891, als Spurgeon versuchte, die Christen wachzurütteln und ihnen die Gefahr vor Augen zu malen, dass die Kirche »unter dem Schlammregen moderner Irrlehren begraben werde«.

Pb., 264 Seiten
Artikelnummer: 819.723
ISBN: 978-3-948475-23-9
9,90 Euro

Empfehlung

John Bunyan
Was ist Gebet?

Nicht nur Christen, sondern auch Menschen in der säkularen Welt sind bis heute begeistert von den faszinierenden Bildern und Allegorien in der »Pilgerreise« John Bunyans. Nicht umsonst gilt es als eines der bedeutendsten Werke in der englischen Literatur. In *Was ist Gebet?* sehen wir nun, worin die wahre Größe Bunyans bestand. Er war ein auf Gott ausgerichteter Mann – und ein eifriger Beter.

Der erste Teil des Buches trägt die Überschrift *Beten mit dem Heiligen Geist und auch mit dem Verstand.* Wahres Gebet ist ein übernatürliches Gnadenmittel Gottes, das mit dem Heiligen Geist geschieht, den Gott seinen Kindern schenkt, aber es geschieht gleichzeitig auch unter dem ganzen Einsatz des Menschen und seines Verstandes. Bunyan zeigt auf, welche Hindernisse es beim Beten auf der Seite des Menschen geben kann und erklärt mit der Bibel und anhand praktischer Anwendungen, wie diese überwunden werden können.

Der zweite Teil von Bunyans Ausführungen ist überschrieben mit *Der Thron der Gnade* und ist eine Einladung zum freimütigen Gebet auf Grundlage von Hebräer 4,16. In diesem Werk sehen wir, unter welchen Bedingungen ein Mensch beten kann und auch erhört wird. Er muss zu dem Thron der Gnade kommen.

Gb., 240 Seiten
Artikelnummer: 819.702
ISBN: 978-3-948475-02-4
12,90 Euro